能源转型
研究与实践

邱忠涛 等◎编著

中国电力出版社
CHINA ELECTRIC POWER PRESS

图书在版编目（CIP）数据

能源转型研究与实践 / 邱忠涛等编著 . —北京 : 中国电力出版社，2022.4
ISBN 978-7-5198-6907-6

Ⅰ . ①能… Ⅱ . ①邱… Ⅲ . ①能源发展—研究 Ⅳ . ① F407.2

中国版本图书馆 CIP 数据核字 (2022) 第 119914 号

出版发行：中国电力出版社
地　　址：北京市东城区北京站西街 19 号（邮政编码 100005）
网　　址：http://www.cepp.sgcc.com.cn
责任编辑：杨敏群　刘红强（010-63412531）
责任校对：黄　蓓　郝军燕
装帧设计：北京永诚天地艺术设计有限公司
责任印制：钱兴根

印　　刷：北京九天鸿程印刷有限责任公司
版　　次：2022 年 4 月第一版
印　　次：2022 年 4 月北京第一次印刷
开　　本：710 毫米 ×1000 毫米　16 开本
印　　张：15.75
字　　数：231 千字
定　　价：68.00 元

前言

能源是经济社会发展的重要物质基础。近年来，在习近平总书记“四个革命、一个合作”能源安全新战略指引下，我国能源生产和消费革命向纵深推进，能源科技创新不断突破，能源安全可靠供应的基础进一步夯实。碳达峰碳中和重大战略目标的确立，以及构建新型电力系统重大部署的提出，为能源电力高质量发展指明了方向和路径，能源清洁低碳转型进入新阶段。

从生产侧看，新能源实现跨越式发展，发电用能加速清洁化、低碳化，提升系统调节能力成为迫切需求；从消费侧看，终端用能呈现高效化、电气化、多元化特征，源网荷储一体化推进；从技术创新看，新型输电、储能、氢能、碳捕集利用和封存（CCUS）等重大前瞻性技术加速孕育，产业发展空间广阔。在数字革命与能源革命融合发展、赋能转型的驱动下，能源电力行业的规划思路、建设路径、系统运行等面临重大调整，许多新理念新技术新模式大量涌现。国家出台一系列政策措施，从顶层设计、体制机制、市场建设、财税金融、法律法规、制度标准等各方面为能源转型提供有力保障，引领新实践蓬勃发展。

本书作者在长期跟踪能源电力改革发展实践的基础上，综合十多年研究成果，对能源转型理论和实践进行了系统思考和梳理，重点突出转型发展的新特征新实践新趋势，希望能够为学习探讨相关理论与实践提供有益借鉴。本书在第九章收录国内外部分能源电力企业转型实践案例，作为探究时代背景下企业改革发展和管理创新的参考。

本书中的经济、能源、电力装机、电量、用电负荷、各类能源等指标数据，以国家统计局、能源局、中国工程院、中电联以及中国煤炭协会、氢能联盟等行业组织发布的数据为准。涉及的情景分析、未来研判和预测等，基于相关课题成果。需要指出的是，现阶段在“双碳”目标下讨论能源转型，还受到诸多边界条件的限制，比如有关碳排放的基础数据、计量体系、分析范式、政策框架还不尽完善，技术进步和政策影响很难精准测算、市场进程和机制设计还有很大空间。这些因素对未来能源电力发展有重大影响，同时也为研究能源转型增添了趣味和空间。

本书由邱忠涛、代贤忠、杨力俊编著，赵九斤、冯永春参与了大量资料收集和整理工作。感谢国网能源院专家给予悉心指导并参与校对，他们是：左新强、韩新阳、张富强、黄碧斌、谭显东、刘林、张成龙、范孟华、张晓萱、张幸。感谢英大传媒集团李建强、杨敏群、刘红强等同志和编辑们给这本书的出版提供了专业支持。

限于作者水平，虽反复推敲，书中难免存在粗浅疏漏不足之处。恳请读者谅解并批评指正。

编著者

2022 年 4 月

目录

第一章
能源转型发展新态势

本章提要

本章分析贯彻能源安全新战略面临的新形势新要求，从能源供给、能源消费、能源技术、能源体制、能源国际合作五个方面，探讨"双碳"目标下能源体系的重塑，分析未来转型发展情景，以统筹兼顾能源的安全性、经济性、清洁性为目标，提出能源可持续发展的三角模型。

第一节　贯彻能源安全新战略迈入新阶段

党的十八大以来，我国能源行业以习近平新时代中国特色社会主义思想为指导，着力推动能源生产和消费革命，努力构建清洁低碳、安全高效的能源体系，有力支撑了经济社会发展。

2014 年，习近平总书记在中央财经领导小组第六次会议提出“四个革命、一个合作”能源安全新战略，为我国能源改革发展提供了根本遵循。“十四五”以来，面对错综复杂的国际形势和艰巨繁重的国内改革发展稳定任务，我国全面开启建设社会主义现代化国家新征程，作出加快构建新发展格局的决策部署，对未来经济发展战略和路径作出重大调整完善。同时，把碳达峰碳中和作为经济社会高质量发展的内在要求，开启了贯彻能源安全新战略的新阶段。

从能源结构看，我国能源资源以煤炭为主，油气对外依存度长期居高不下，资源短板始终存在。在地缘政治博弈加剧的条件下，油气运输通道安全保障压力增大，进而影响国家能源安全。在相当长一段时期内，我国能源需求总量仍会进一步攀升。虽然近年来能源强度持续下降，但我国能耗仍处于较高水平，节能降耗潜力巨大。在经济发展和碳排放的双重约束下，清洁能源、替代能源技术快速迭代，能源科技成为创新引领的关键。传统的安全因素和非传统的安全因素交织，体制机制障碍亟待破除，转型发展任务十分紧迫。

实现从能源大国到能源强国的转变，关键在于全面落实能源安全新战略，不断深入推进能源革命，全力以赴保障能源安全，坚定不移走绿色低碳可持续发展道路。尤其是后疫情时代，中美大国关系、全球产业链分工深刻调整，更需要能源发挥引领和支撑作用，推动产业转型升级和新旧动能转换。

第二节 数字革命助力能源产业链现代化

数字产业发展进入战略机遇期和政策红利期，数字经济成为我国经济发展新引擎。2020 年我国数字经济规模达到 39.2 万亿元，占 GDP 比重为 38.6%；数字经济增速达到 GDP 增速 3 倍以上，成为稳定经济增长的关键动力。地方上，已有广东、江苏、山东等 13 个省市数字经济规模超过 1 万亿元；北京、上海数字经济 GDP 占比超过 50%。2021 年数字经济发展进入快车道。各级政府密集出台扶持政策，引导和推进企业加快数字化转型。国务院国资委下发《关于加快推进国有企业数字化转型工作的通知》，明确指出打造能源企业数字化转型示范，助力提升传统产业和新兴产业国际竞争力。

新一轮科技革命和产业变革深入发展，互联网、大数据、人工智能等现代信息技术加快与能源产业深度融合，能源生产运行技术信息化智能化水平持续提升，能源系统向智能灵活调节、供需实时互动方向发展，推动能源生产消费方式深刻变革。《“十四五”现代能源体系规划》指出，要适应数字化、自动化、网络化能源基础设施发展要求，加快智能化数字化技术在能源电力领域应用，推动能源基础设施数字化，建设智慧能源平台和数据中心，加快能源产业数字化和智能化升级，推动质量变革、效率变革、动力变革，提升能源产业链现代化水平。

延伸阅读

新能源云为新能源产业赋能助力清洁低碳转型

国家电网公司聚焦构建清洁低碳、安全高效的能源体系，充分发挥电网平台枢纽作用，将新一代信息技术与新能源全产业链业务深度融合，创新建设新能源数字经济平台——新能源云，归集发、输、用、储全环节数据和信息，涵盖从资源到规划、从接网到消纳、从补贴申报到审核、从监测到运维、从政策技术到碳中和服务，构建“横向协同、纵向贯通”“全环节、全贯通、全覆盖、全生态、全场景”服务体系，服务发电商、设备商等各类企业超过 1 万家，为新能源开发利用提供有力支撑，促进产业链上下游协同发展，助力推进碳达峰碳中和。

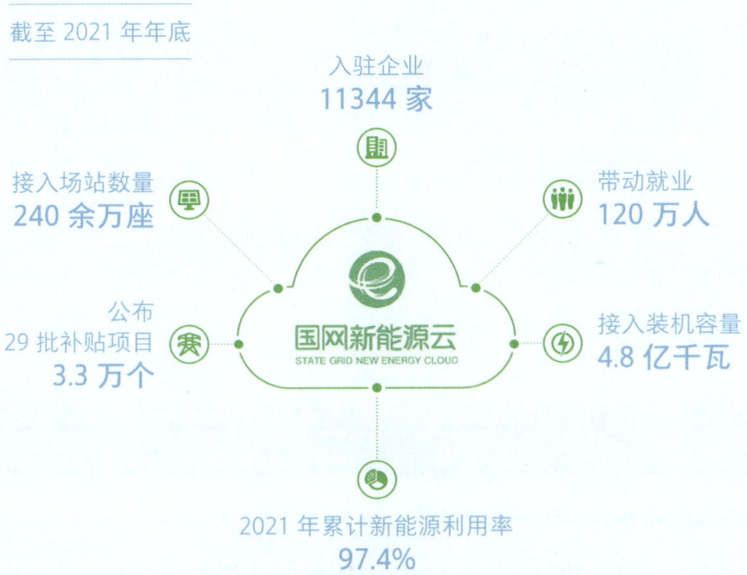
截至 2021 年年底
入驻企业
11344 家
接入场站数量
240 余万座
带动就业
120 万人
公布
29 批补贴项目
3.3 万个
国网新能源云
STATE GRID NEW ENERGY CLOUD
接入装机容量
4.8 亿千瓦
2021 年累计新能源利用率
97.4%

第三节 “双碳”目标下能源体系重塑

一、我国碳排放现状及趋势

根据中国工程院研究成果[1]，2020 年我国二氧化碳排放量为 139 亿吨。

能源活动是我国二氧化碳的主要排放源，电力领域是我国能源行业中最主要的碳排放部门。据统计，2019 年我国电力行业二氧化碳排放量约 39.9 亿吨，占能源活动二氧化碳排放量的 40%，未来电力行业还将承接其他行业用能转移，碳排放占比继续提升。

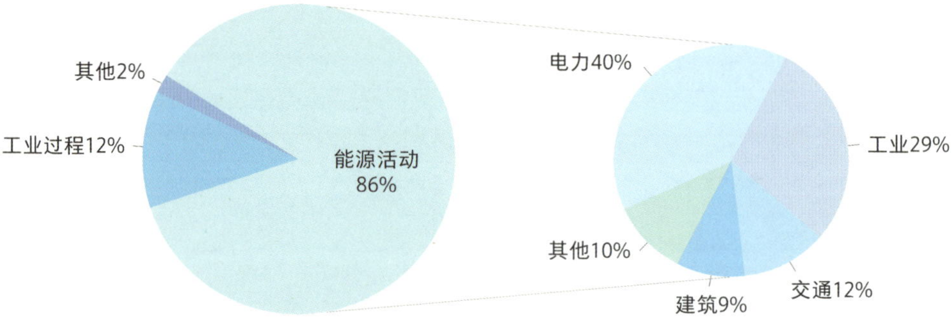

图 1-1　2019 年我国二氧化碳排放情况

二、我国能源生产消费结构演变

从能源生产和消费两个方向来看，其结构变化呈现以下趋势：以风、光为代表的清洁能源将逐步成为一次能源供应的主体，预计非化石能源占一次能源消费比重将由 2020 年的 15.9% 上升至 2030 年的 25% 以上，2060 年达到 80% 以上。与此同时，单位 GDP 能耗持续下降，相较于 2020 年，2030 年和 2060 年能耗将分别下降约 33% 和 79%。

[1] 源自中国工程院 2022 年 3 月发布的《我国碳达峰碳中和战略及路径》咨询研究报告。

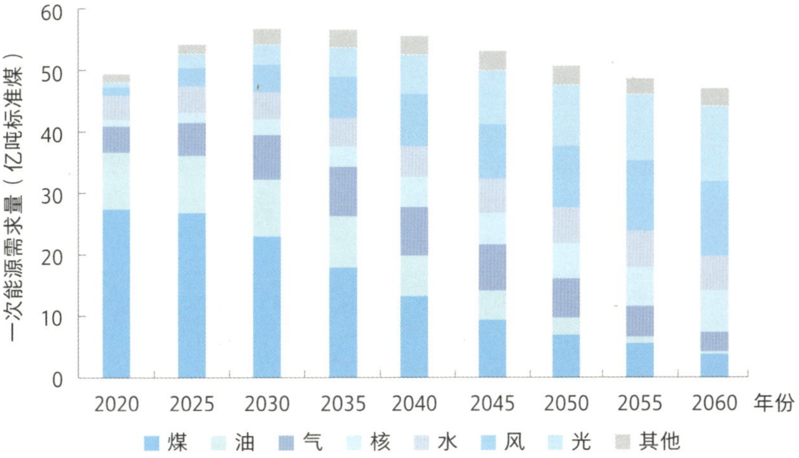

图 1-2　2020—2060 年我国一次能源结构

从终端能源结构看，化石能源消费占比将稳步下降。电力作为清洁能源配置的主要载体，在终端能源消费中的角色愈发重要，终端用能电气化水平可望由 2020 年的 27% 上升至 2030 年的 38%，2060 年超过 70%，氢能远期应用加速，在工业和交通领域替代逐步加强，2060 年占终端能源消费的比重有望达到 15% 左右。

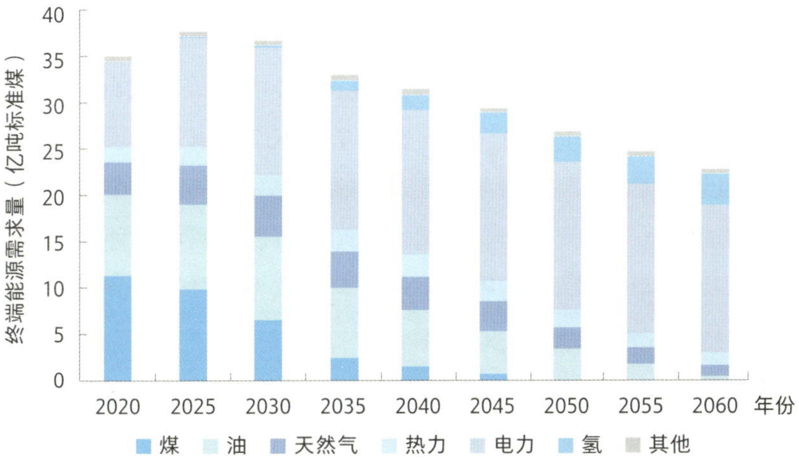

图 1-3　2020—2060 年我国终端能源结构

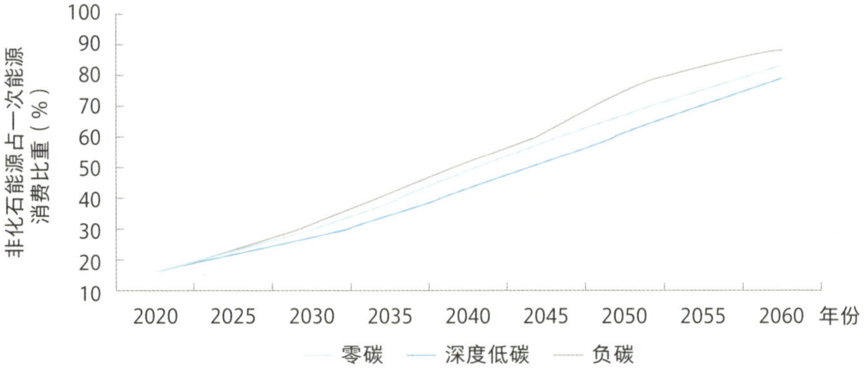

图 1-4　不同情景下[1]非化石能源占一次能源消费比重

三、能源体系变革

“双碳”目标的实现将全面重塑我国能源体系，主要体现在能源供给重塑、能源消费重塑、能源技术重塑、能源体制重塑和能源国际合作重塑五个方面。

能源供给重塑。碳中和对能源供给体系的本质要求是实现排碳与固碳的综合平衡。以煤炭、石油、天然气等化石能源为主体的能源供给体系将被重塑为以高比例清洁能源为主体的能源供给体系。能源供给方式从大规模、集中式供给向集中式和分散式并举供给转变，东部分布式新能源发展带动资源配置和产业格局优化。电能、氢能等二次能源将加快对终端化石能源的替代。

能源消费重塑。碳中和对能源消费体系的本质要求是实现碳排放总量和碳排放强度的双控。能源消费考核方式从能耗“双控”向碳排放“双控”转变。终端用能体系向电气化、高效化、多元化演进，实现多种能源的高水平综合利用、梯级利用和循环利用，需求侧响应成为重要的调节资源，综合能源服务成为提升能源效率的关键抓手。

能源技术重塑。碳中和对能源技术体系的本质要求是实现绿色低碳技术

[1] 情景分析详见本章第四节。

创新发展和产业转型升级。能源技术创新更加突出绿色低碳方向、更加突出协同融合要求，储能、氢能、CCUS 等单项绿色低碳技术将加快创新突破，源网荷储协同、电热气冷融合等系统技术将加快集成应用，能耗、碳排放的监测计量技术将加快普及。技术进步将带动能源相关产业向绿色化、智能化、高端化发展。

能源体制重塑。碳中和对能源体制的本质要求是实现市场和政府“两只手”的最大合力。发挥市场在资源配置中的决定性作用，加强政府和市场的有机协调和配合，更加注重供求、价格、竞争等市场机制建设，既不能否定市场化改革方向，又不能盲目市场化、忽视宏观调控。电力市场化改革、电网管理模式变革将不断深入，价格市场化形成机制将不断完善，能源法治体系将更加健全，市场环境将更加公平开放。

能源国际合作重塑。碳中和对能源国际合作的本质要求是实现开放条件下的能源安全。国际能源科技竞争和能源地缘政治形势日益复杂，能源国际合作利益格局深刻调整，呼之欲出的“碳边界调整机制”将对我国出口产品竞争力和外贸结构产生一定影响。为维护我国能源安全、提升自主可控水平，需要充分利用好国内国际两个市场，实现多渠道的能源进出口贸易，确保能源产业链安全。

第四节　能源电力低碳转型的情景分析

碳预算、电力需求、新能源资源、碳汇、氢能及 CCUS 等因素是影响电力系统低碳转型路径的重要边界条件。统筹考虑各行业碳减排难度、潜力、技术经济性差异及电能替代带来的行业间排放转移，初步预计 2020—2060 年我国电力系统碳排放预算为 780 亿 ~ 1300 亿吨。2030、2060 年全社会用电量分别达到 11.8 万亿、15.7 万亿千瓦时。西部北部、东中部新能源资源技术可开发量分别为 76 亿、13 亿千瓦。2060 年碳汇吸收能力约 15 亿吨。氢能及 CCUS 在 2030 年后商业化应用，助力电力系统深度脱碳。

以 2060 年为目标年，考虑电力系统承担不同减排责任和目标，设计三种低碳转型发展情景。

情景一：深度低碳情景

此情景下，终端能效水平稳步提升，非化石能源比重日益提高，电力系统源网荷储协调发展，2060 年仍保留一定量火电机组和电力系统排放配额，电力系统碳排放量约 10 亿吨。

情景二：零碳情景

该情景进一步加快了供给侧非化石能源发展速度，扩大绿氢规模、加快煤电 CCUS 改造，并将产生的二氧化碳与绿氢结合制取甲烷、甲醇等，实现电力系统零碳发展和碳循环经济。

此外，在零碳情景下，从排放峰值联合减排路径两个维度可以进一步制定子情景。其中，排放峰值可以划分高、低峰值两个子情景：以 2030 年新能源发电规模达到 12 亿千瓦为约束，搭建高排放峰值子情景；另外考虑新能源发展力度进一步增大，装机规模超 12 亿千瓦，构建零碳情景下的低排放峰值子场景。而减排路径可以划分下凸曲线、下斜直线和下凹曲线三个子情景。

情景三：负碳情景

该情景需要在零碳发展的基础上大力推动生物质掺烧和生物质碳捕集技术（CBECCS）等负碳技术进步，电力系统 2050 年实现碳中和，2060 年碳排放量达到 –6 亿吨左右。

一、三种情景下电力结构

电源装机结构：零碳情景下，2030、2060 年电力系统总装机容量达 40.6 亿、71.9 亿千瓦，新能源装机（含生物质）占比分别提升至 45% 和 69%（2020 年占比为 27%）；煤电装机占比分别降至 31% 和 5%。深度低碳和负碳情景下，2060 年新能源装机占比分别为 67%、72%。

发电量结构：零碳情景下，2030、2060 年电力系统总发电量达 11.8 万亿、15.7 万亿千瓦时，新能源发电量（含生物质）占比分别提升至 28% 和

60%（2020 年占比为 12%）；煤电发电量占比分别降至 42% 和 4%。深度低碳和负碳情景下，2060 年新能源发电量占比分别为 54%、62%。

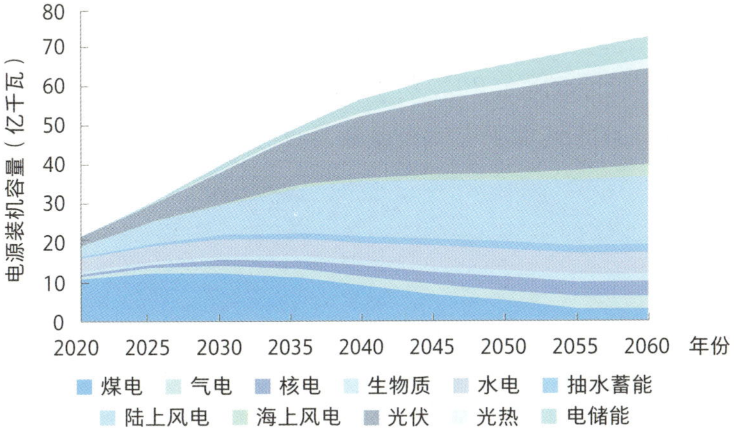

图 1-5　零碳情景下 2020—2060 年电源装机结构

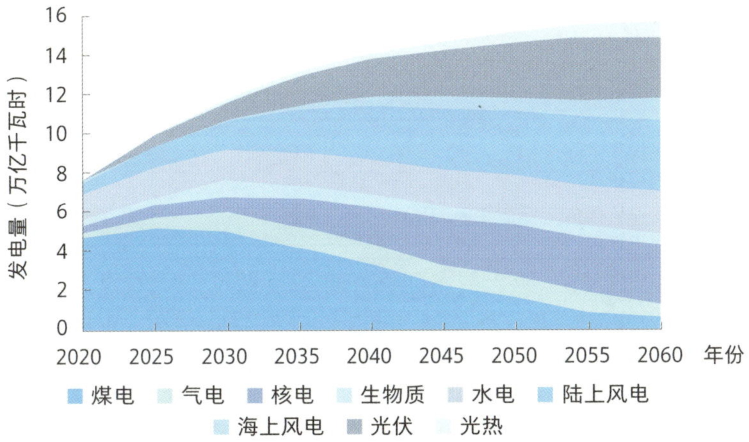

图 1-6　零碳情景下 2020—2060 年发电量结构

二、三种情景下碳排放

情景差异主要体现在碳排放峰值及达峰时间，碳预算越小峰值越低达峰时间越早。碳排放峰值从低到高、达峰时间从先到后依次为负碳情景、零碳情景和深度低碳情景。

深度低碳情景：2030 年左右电力系统碳排放达峰，预计电力碳排放峰值约 47 亿吨。

零碳情景：2030 年前电力系统碳排放达峰，预计峰值约 44 亿吨，其中，煤电排放 40 亿吨，气电排放 4 亿吨。达峰后进入峰值平台期，2035 年前后，电力系统碳排放降至 2020 年水平。

负碳情景：2025 年前后电力系统碳排放达峰，预计电力碳排放峰值约 41 亿吨。

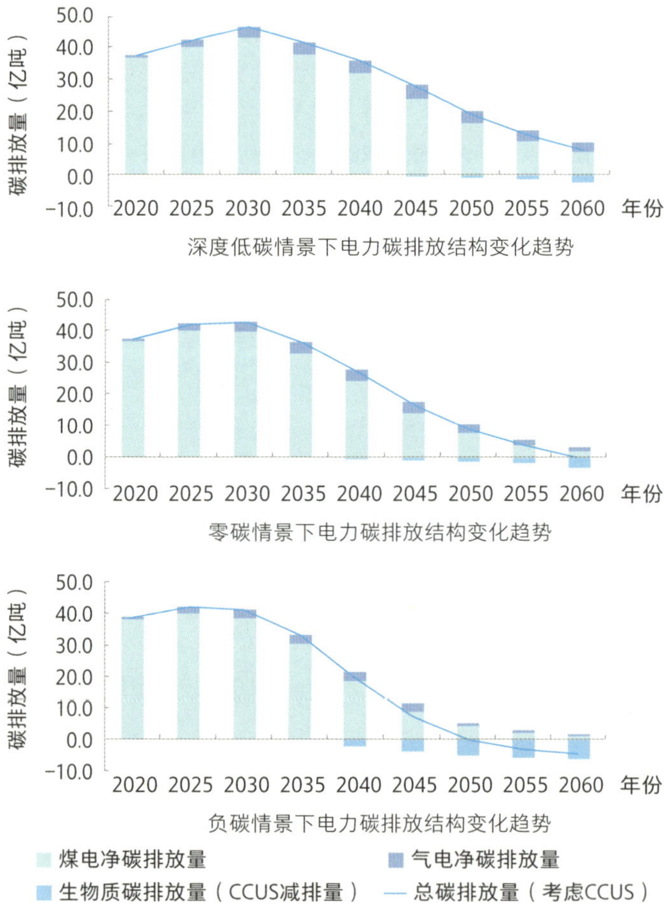

图 1-7　2020—2060 年不同情景下电力碳排放结构变化趋势

三、三种情景转型成本

碳减排目标决定了电力低碳转型成本，深度低碳情景转型成本最低，负碳情景最高。电力行业减排力度和承担减排责任越大，所付出的转型成本越高。

零碳情景下，2020—2060 年全规划周期电力供应成本贴现到 2020 年约 57.3 万亿元（4% 贴现率）。负碳情景下，随着新能源并网比例迅速提高，对灵活调节资源、输配电网和碳捕集利用设备的投入也将大幅增加，电力供应成本较零碳情景提高 17% 左右。深度低碳情景下，电力供应成本最低，较零碳情景降低 12% 左右。

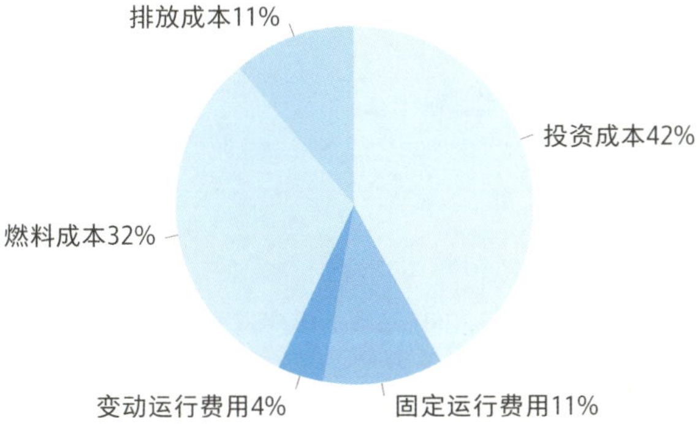

图 1-8　零碳情景下 2020—2060 年全规划周期成本构成

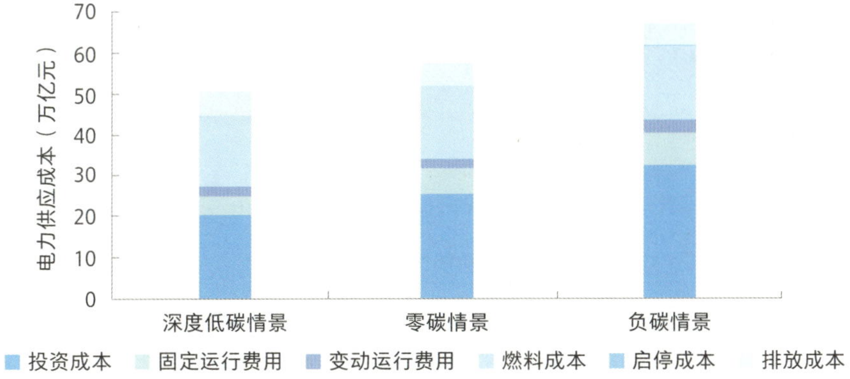

图 1-9　不同情景下电力供应成本对比

2020—2040 年，随着新能源电量渗透率快速提升，电力供应成本上升。新能源电量渗透率超过 15%，系统成本（不含场站成本）进入快速增长临界点。从国际上看，系统成本上升已成基本共识。

2045 年前后电力供应成本开始进入平台期，然后进入下降通道。电力需求进入低速增长阶段，电力基础设施新增投资较少；电力需求由上网边际成本很低的新能源提供，系统运行成本大幅降低。

2060 年后，随着前期大规模的发电、输电投资成本回收完成及新能源、储能、CCUS 相关技术成熟，电力供应成本将大幅降低。

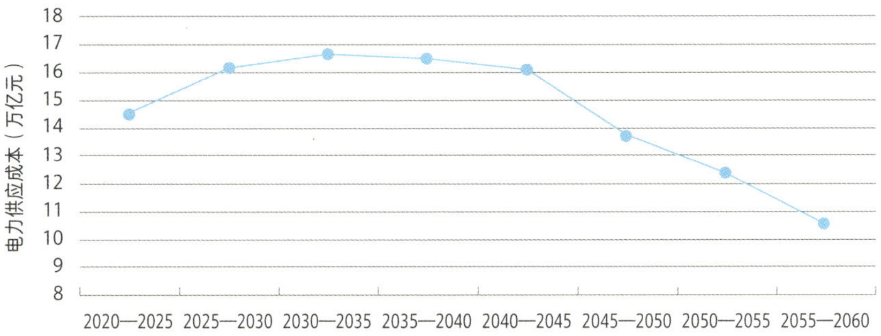

图 1-10　2020—2060 年电力供应成本走势示意图

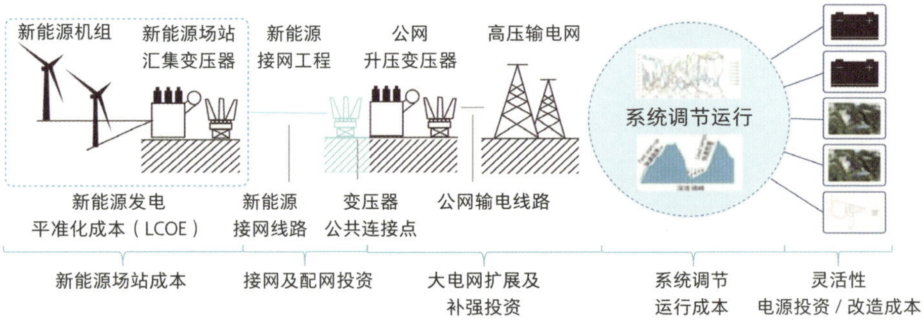

图 1-11　新能源利用成本构成

四、转型路径优选

量化分析表明，电力碳预算高低直接影响转型力度和成本，采用“先慢后快”的节奏安排碳达峰到碳中和的减排路径，有利于降低成本和实现难度。

电力系统实现碳达峰难度不大，但控制峰值水平更有利于降低碳中和目标的实现难度。若电力碳排放峰值提高 5 亿吨，2030—2060 年每年碳减排需求量提高约 1700 万吨，电力成本需提高 4% ~ 7%。

碳预算保持不变情况下，“下凸曲线”减排路径技术经济评价相对更好，若电力碳减排路径保持匀速，“下斜直线”或先快后慢“下凹曲线”，将对新能源规模和脱碳技术应用提出更高要求，预计 2020—2060 年电力成本需提高 4% ~ 8%。

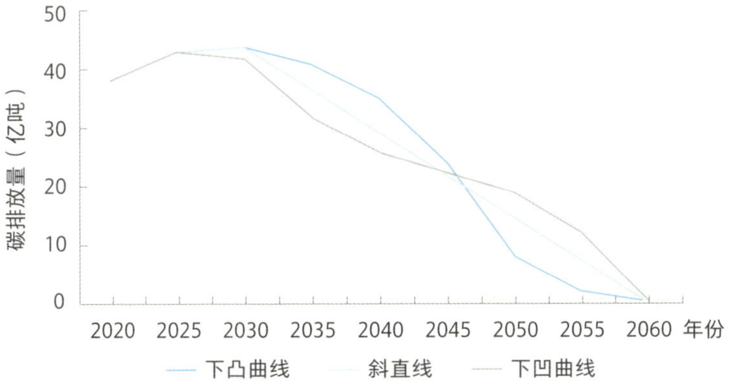

图 1-12 零碳情景下 2020—2060 年不同减排路径对比

综合判断，电力系统低碳转型路径按 2030 年前碳达峰、2045—2050 年左右加速脱碳、2060 年零碳电力系统三个阶段推演。

1. 碳达峰阶段

预计电力碳排放峰值约 44 亿吨，占能源燃烧二氧化碳排放峰值的 49%，较 2020 年提高 9 个百分点。其中，煤电排放二氧化碳 40 亿吨，气电排放二氧化碳 4 亿吨。

新增电力需求主要由非化石能源发电满足。从装机结构看，零碳情景下，2020—2030 年期间装机增量以非化石能源发电为主。2030 年非化石能源发电装机容量 24.7 亿千瓦，占总电源装机容量的 61%，较 2020 年增长 14.8 亿千瓦，占新增装机容量的 80%。从电量结构看，零碳情景下，2020—2030 年期间约 70% 新增电力需求由非化石能源发电满足。2030 年非化石能源发电量达到 6.0 万亿千瓦时，占比从 2020 年的 36% 提升至 51% 左右，新能源发电量约 3.5 万亿千瓦时，占比从 2020 年的 10% 提高到约 30%。

负碳和深度低碳情景下，非化石能源发电将分别呈现出加速、放缓增长的态势。

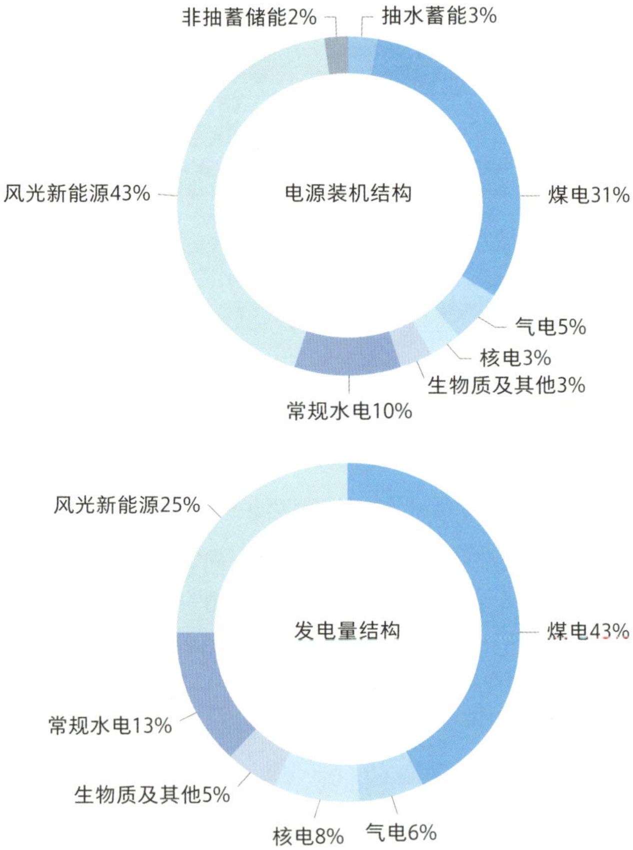

图 1-13　零碳情景下 2030 年全国电源装机结构及发电量结构

2. 加速脱碳阶段

电力排放达峰后进入 2～3 年短暂平台期，之后减排速度整体呈先慢后快的下降趋势，2050 年前随着新能源、储能技术经济性进一步提高和新一代 CCUS 技术商业化应用规模扩大，电力系统进入加速脱碳阶段。

电源装机及发电量结构：零碳情景下，2030 年后，水、核、生物质等传统非化石能源受资源和站址约束，增速逐步放缓，新能源发展速度进一步提高，非化石能源发电实现“电力需求增量全部满足，存量逐步替代”。2050 年电力系统总装机容量达 64.2 亿千瓦，新能源装机容量及发电量占比分别提升至 64% 和 56%；煤电装机容量占比降至 8%。

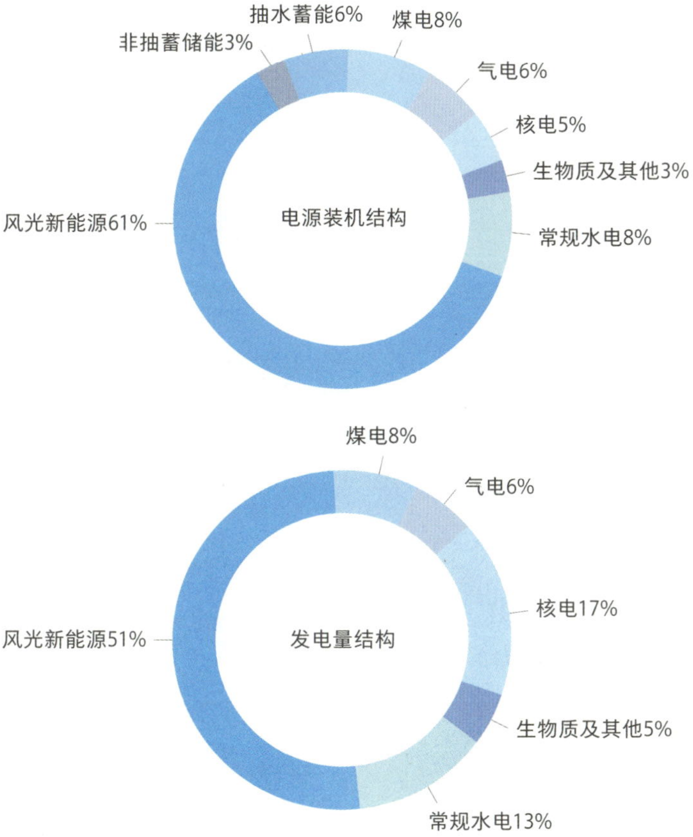
抽水蓄能6%
煤电8%
非抽蓄储能3%
气电6%
核电5%
生物质及其他3%
风光新能源61%
电源装机结构
常规水电8%
煤电8%
气电6%
核电17%
风光新能源51%
发电量结构
生物质及其他5%
常规水电13%

图 1-14　零碳情景下 2050 年全国电源装机结构和发电量结构

碳排放：2045 年后电力系统碳排放进入加速下降阶段。零碳情景下，2050 年二氧化碳总排放量为 24.8 亿吨，包括工业过程排放的 2 亿吨、能源活动排放的 22.8 亿吨，其中，发电净排放 10 亿吨。

3. 碳中和阶段

2060 年将实现零碳电力系统。

零碳情景下，2060 年非化石能源发电量 14 万亿千瓦时，占比超过 92%，较 2030 年增长 8.6 万亿千瓦时，其中新能源发电量占增量的 71%。

负碳和深度低碳情景下，2060 年非化石能源发电量分别提高 8600 亿千瓦时和降低 8000 亿千瓦时，占比分别提高 6 个百分点和降低 5 个百分点。

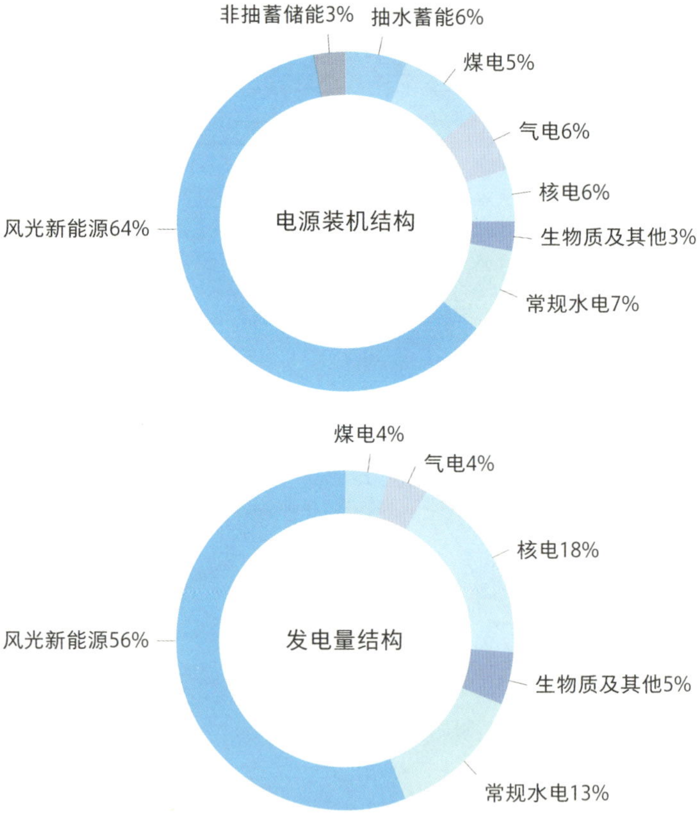
非抽蓄储能3%
抽水蓄能6%
煤电5%
气电6%
核电6%
生物质及其他3%
常规水电7%
风光新能源64%
电源装机结构
煤电4%
气电4%
核电18%
生物质及其他5%
常规水电13%
风光新能源56%
发电量结构

图 1-15　零碳情景下 2060 年全国电源装机结构和发电量结构

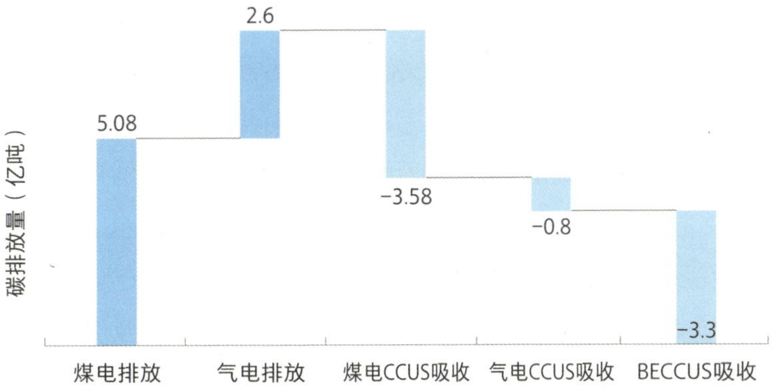

图 1-16　2060 年电力系统碳排放平衡情况

表 1-1　零碳情景下 2060 年电力碳排放和碳捕集构成

项目＼类别	煤电	气电	生物质发电
装机（亿千瓦）	3.3	3	1.8
CCUS 改造（亿千瓦）	2.2	1	0.6
净排放量（亿吨）	1.5	1.8	-3.3
CCUS 捕集量（亿吨）	3.58	0.8	3.3
燃料耗量（折合标准煤）	1.75	1.57	2.12

第五节　能源可持续发展的三角模型

一、能源可持续发展形势

“双碳”目标下，能源在支撑经济社会发展、生态环境保护中的作用更加突出，实现安全、经济、清洁的多元化发展目标，是能源可持续发展的根本要求。

从安全发展的形势看，受世界地缘政治冲突、极端天气频发、突发事件冲击、市场供需失衡等多因素叠加影响，能源电力的安全保供任务十分艰巨，中短期内新能源安全可靠替代、电力系统安全稳定运行依然是首要任务。

从经济性的角度看，传统能源虽具有技术成熟可靠、度电成本低的优势，但受环保、技术、政策等因素影响，清洁替代的经济性和生产力正逐步提升，而由于新能源大规模发展，也带来了现有电力系统消纳能力和系统总成本上升的矛盾。能源既是基础产业也是生产要素，关键是找到能源转型与经济社会高质量发展的平衡点。

从清洁发展的形势看，我国电力、工业、交通、建筑等领域排放总量大、时间窗口紧，电气化成为各领域降碳的重要抓手，能源供给和消费格局发生巨大变化。电力行业除了需要自身的持续减排外，还需承载其他行业转移的碳排放，服务清洁低碳转型的任务十分艰巨。

二、能源可持续发展三角模型

为评估能源可持续发展水平，通常采用能源可持续发展的三角模型[1]，其核心内涵是统筹兼顾能源的安全性、经济性、清洁性。能源安全性衡量能源资源可持续性和能源基础设施的安全可靠性；能源经济性衡量能源成本的经济社会可承受能力和居民可负担能力；能源清洁性衡量尽可能少的生态破坏和气候影响。

“双碳”目标下，能源可持续发展三角模型的三个方面联系更加紧密，关系深刻演变。能源安全性是底线，能源清洁性是硬约束，能源经济性是关

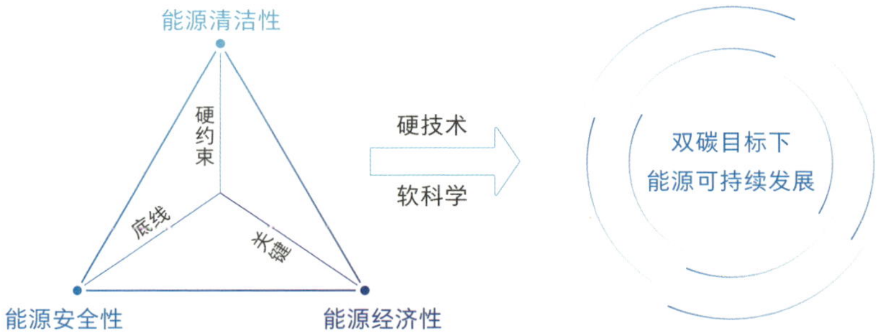

图 1-17　能源可持续发展的三角模型

[1] 业内有一种说法是“不可能三角”或“三元悖论”。这个概念最早提出用来解读一个国家的金融政策。

键。能源可持续发展的突出考验是，在清洁低碳的追求下，如何安全经济稳定地获取能源。实现能源安全、清洁目标都需要成本投入，亟须推进技术、体制机制创新，加快实施能源供给侧结构性改革，推动能源发展方式转变，深入推进能源转型，破解系统性挑战，构建清洁低碳、安全高效的现代能源体系，以可承受的成本，实现“双碳”目标下能源可持续发展。

延伸阅读

世界能源委员会持续发布能源三难困境指数

2021 年，世界能源委员会发布最新的《全球能源三难困境指数报告》，从能源安全、能源公平和环境可持续性三个维度，利用 32 项具体指标对全球 128 个经济体的能源三难困境指数进行评估和排名，并分析了近年来能源三难困境指数的变化趋势，中国总体排名第 51 位，但进入了进步最快的前 10 名。

总得分前10名

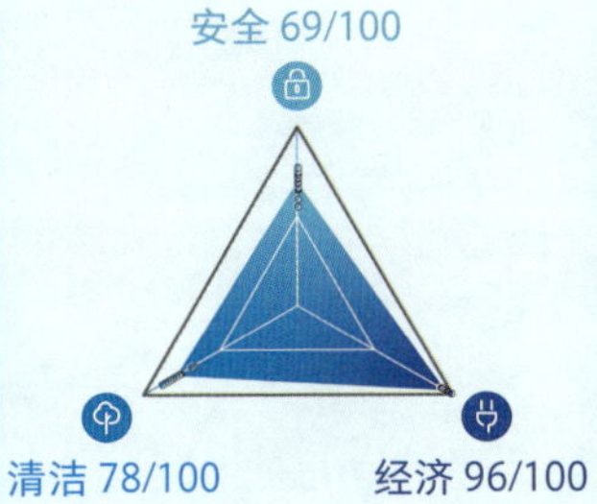
安全 69/100
清洁 78/100
经济 96/100

排名	国家	等级	得分
1	瑞典	AAAa	84.2
2	瑞士	AAAa	83.8
3	丹麦	AAAa	83.0
4	芬兰	AAAa	81.7
4	英国	AAAa	81.7
5	法国	AAAa	81.1
5	澳大利亚	AAAa	81.0
6	加拿大	AABa	80.6
7	德国	AAAa	80.4
8	挪威	BAAa	79.6
9	新西兰	AAAa	79.1
9	美国	AABa	79.0
10	西班牙	ABAa	76.9
10	卢森堡	CAAa	76.9

进步最快前10名

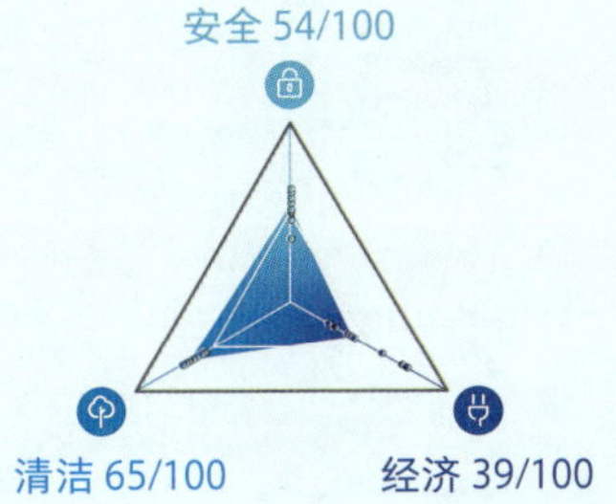
安全 54/100
清洁 65/100
经济 39/100

排名	国家	等级	得分	比 2000 年增加
82	柬埔寨	CDDd	47.5	57%
83	缅甸	BDCd	47.4	34%
59	多米尼加	DCBc	60.7	33%
80	肯尼亚	BDBc	50.7	33%
88	埃塞俄比亚	DDCd	42.1	31%
76	洪都拉斯	CDBd	52.5	28%
53	泰国	CCCb	62.7	26%
78	尼加拉瓜	CDBd	51.7	26%
60	斯里兰卡	CCBc	60.1	25%
51	中国	BBDb	64	25%

图 1-18　2021 年能源三难困境指数

第六节 实践案例

案例 1 G7 成员国电力行业零碳路径

2021 年 10 月，国际能源署（IEA）发布了《G7 成员国实现电力行业零碳排放报告》，为电力行业实现净零碳排放提供了发展路线图。

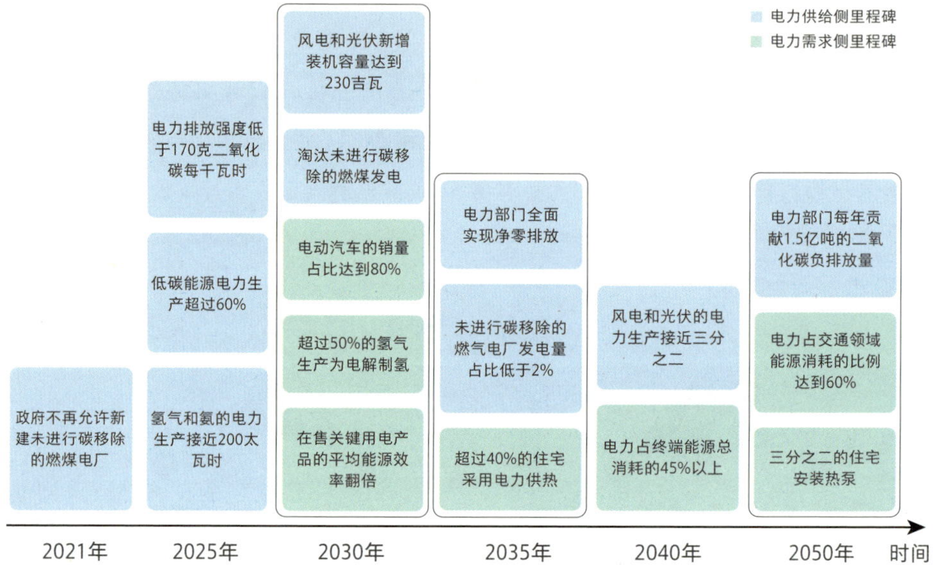

电力供给侧里程碑
电力需求侧里程碑
政府不再允许新建未进行碳移除的燃煤电厂
电力排放强度低于170克二氧化碳每千瓦时
低碳能源电力生产超过60%
氢气和氨的电力生产接近200太瓦时
风电和光伏新增装机容量达到230吉瓦
淘汰未进行碳移除的燃煤发电
电动汽车的销量占比达到80%
超过50%的氢气生产为电解制氢
在售关键用电产品的平均能源效率翻倍
电力部门全面实现净零排放
未进行碳移除的燃气电厂发电量占比低于2%
超过40%的住宅采用电力供热
风电和光伏的电力生产接近三分之二
电力占终端能源总消耗的45%以上
电力部门每年贡献1.5亿吨的二氧化碳负排放量
电力占交通领域能源消耗的比例达到60%
三分之二的住宅安装热泵
2021年
2025年
2030年
2035年
2040年
2050年
时间

图 1-19 G7 电力行业脱碳转型里程碑

（1）分阶段确定关键里程碑，有序推进电力行业脱碳转型。电力供给侧，到 2030 年，风电和光伏新增装机容量达到 230 吉瓦；到 2035 年，电力部门全面实现净零排放；到 2050 年，电力部门每年贡献 1.5 亿吨的二氧化碳负排放量。电力需求侧，到 2030 年，电动汽车的销量占比达到 80%，超过 50% 的氢气生产为电解制氢；到 2035 年，超过 40% 的住宅采用电加热取暖；到 2050 年，电力占交通领域能源消耗的比例达到 60%。

（2）扩大部署低碳技术与逐步淘汰煤炭并举，转型兼顾能源安全。可再生能源发电呈现规模化发展，风电和光伏发电量占比大幅提升，从 2020 年的 14% 增长至 2030 年的 42%，到 2050 年将达到 66%，形成以可再生能源为主的发电格局。淘汰燃煤电厂等高排放电力产能，在 2030 年淘汰未进行碳移除的燃煤电厂，剩余火电厂将通过技术改造用于电网灵活性调节。电网运行和关键材料供应成为能源安全关注点，火电规模下降将显著减少 G7 对煤炭、石油等能源的进口依赖，电网运行、关键材料供应等能源安全问题逐渐突出，需采取措施保障电力部门顺利转型。

（3）深入开展多领域电气化，提升能源利用效率，强化消费侧节能减排。交通、工业和建筑领域的电气化水平迅速提升，电动汽车的快速发展、电力冶炼与绿氢的规模化生产、电加热供暖的广泛应用加速提升电气化水平。大幅提高能源利用效率，电力需求的增长将导致 2050 年 G7 电价平均上涨 40%，能源效率的提升对减少电力需求、降低用能成本至关重要。家用电器的效率提升对降低电力需求的贡献最大，到 2050 年，此项提升将为 G7 减少超过 1.6 万亿千瓦时的电力需求。

（4）提升电网可靠性、稳定性、灵活性，以应对可再生能源规模化发展带来的电力安全问题。可靠性方面，开发长期储能技术等保证电力供需平衡；通过大电网互联互通实现跨区域电力调度；制定极端天气应对方案、网络安全政策等提升电网抗风险能力。稳定性方面，通过保留必要的同步发电能力、升级电网调度运行规则、部署同步调相机等方式保证系统惯量，提升电网抗扰动能力。灵活性方面，通过火电厂改造、调动分布式小型负载需求响应能力等措施保证充足的灵活性调节资源。

（5）开展技术成熟度研究，合理引导技术创新发展，推动清洁能源技术应用。不同成熟度的技术对各阶段的减排影响不同，2030 年 G7 的二氧化碳减排主要依赖现在成熟且逐步规模化的技术，但浮式海上风电、CCUS（碳捕集、利用与封存）、氢能等未成熟技术将在实现 2035 年目标中发挥关键作用。推动科技联合攻关，鼓励研究机构开展知识共享和示范项目合作，促进技术创新。

案例 2 世界典型城市碳中和实践

城市既是经济增长的主要贡献体，又是温室气体排放主体，在全社会推进碳中和进程中肩负着重要责任。以下为几个世界典型城市碳中和推进情况。

一、阿德莱德以发展高比例风光推动供给侧脱碳

城市特点：阿德莱德位于南澳大利亚州南部沿海，是澳洲第五大城市，风光资源丰富，年平均日照时长达 2400 小时，风能可开发量达 1000 万千瓦。阿德莱德已明确于 2025 年前实现净零排放，届时其将成为全球首批实现碳中和的城市。

主要做法：一是大力发展风光发电。将光伏、风电作为主要的城市能源，以补贴等方式推广光伏发电，市政设施已实现 100% 可再生能源供电，家庭光伏覆盖率为 41.6%。二是同步完善配套储能设施。2016 年，受强台风、暴雨、冰雹等极端天气影响，阿德莱德所在州 9 座风电场脱网，进而发生全州大停电。为此，阿德莱德近年来加大储能建设力度，提高风电场储能配置比例，如北部霍恩斯戴尔风电场配套储能 15 万千瓦，占风电装机容量的 47.6%，可为 30 万户家庭供电 1 小时以上。

获得成效：阿德莱德风光发电量占比已超过 55%，煤炭、石油发电量为零。2007—2020 年，全市人口、经济分别增长 41%、33%，但温室气体排放总量累计下降 21%，实现了碳排放与经济增长的脱钩。

二、奥斯陆以发展低碳交通、建筑供暖推动消费侧脱碳

城市特点：奥斯陆是挪威首都，城市交通碳排放占比达 61%。该市冬季气候寒冷，供暖需求较大，建筑供暖碳排放占比约 17%。奥斯陆已明确于 2030 年前实现城市碳中和。

主要做法：一是打造清洁低碳交通体系。通过提升公交覆盖率和出行便捷性来减少私家车使用，同时积极推广电气化交通工具。该市公交系统由巴

士、有轨电车、地铁、短途火车、轮渡等构成，乘客刷卡 1 小时内可任意换乘不同交通工具。2020 年该市纯电动汽车销量占新车总销量的 50% 以上，电动汽车总量占汽车总量的 22%，人均电动汽车保有量全球第一。二是全力推动可再生能源供暖。近年来使用垃圾焚烧和生物质燃料替代化石燃料进行建筑供暖。2019 年该市建筑取暖用油较 2011 年降低了 90%，垃圾焚烧与生物质燃料供暖占比逾 80%。

获得成效：2011—2019 年，奥斯陆的人口、经济分别增长 14%、35%，但碳排放总量累计下降 14.2%，其中供暖碳排放量下降 78.3%，交通领域碳排放量下降 17.3%。

三、温哥华以生态和技术两手抓提升城市除碳能力

城市特点：温哥华是加拿大最大的林产品出口城市，软木产量居全球第二，依托丰富的林业碳汇资源，并辅以技术除碳手段，计划于 2050 年实现碳中和。

主要做法：一是加快建设城市森林。温哥华提出最绿城市行动计划，推动政府与民众共同种植，2011—2020 年期间累计种植树木 15 万棵，城市郁闭度（林冠覆盖面积与城市地表面积之比）从 18% 提升到 26%。二是发展技术除碳并纳入核证减排量（CER）。温哥华对城市垃圾填埋场气体收集系统进行了优化，以减少温室气体排放。该项目投产后两年分别认证了 5.58 万吨和 10.52 万吨 CER 用于抵消碳排放。

获得成效：包括生态和技术除碳在内，2020 年温哥华温室气体排放量同比减少了 7.9%，其中城市森林新增固碳 2.4 万吨，垃圾填埋场新增除碳 1.2 万吨。

案例 3 碳排放精准计量探索与实践

碳计量即碳排放量计量，又称碳核查或编制温室气体清单。通过碳计量获得碳排放的基础数据，用来评价低碳经济的发展状况，反映节能减排效

果。碳计量在我国低碳经济发展过程中发挥着“眼睛”和“尺子”作用。构建碳排放精准计量体系是发展低碳技术，建设低碳经济，实现节能减排的关键和前提。

一、碳计量发展现状

美国、欧盟碳市场建立了一套以实测法为基础的碳计量体系，出台了相应管理条例。我国碳市场尚未建立统一、科学、完备的计量体系，近些年采用的碳排放因子法、物料平衡法存在着数据无法溯源、数据实时性差等问题。构建碳排放精准计量体系，对于支撑我国碳市场建设、培育新兴产业具有重要意义，也为全社会低碳绿色发展奠定基础。一是健全碳交易市场机制。碳排放数据的实时、准确，可以保障交易的公平公正，扩大碳交易市场范围，实现更大范围资源优化配置。二是抢占碳交易新兴产业市场。2030年碳金融市场交易规模预计超千亿元，衍生出碳计量、碳交易代理等业务。率先抢占碳交易产业市场制高点，培育更多效益增长点。三是提升社会综合能效水平。支撑能效计量体系建设，实现能效可溯源、可评价的量化评估，推动综合能源服务等“供电 + 能效”工作拓展。

二、碳计量实践

国网江苏电力构建了火力发电节能减排监管平台，开发上线了碳排放实时计量系统，初步构建起了电–碳模型、能–碳模型，为开展碳计量实践提供了先行探索。

（1）开发上线发电机组碳排放实时计量系统。开展火电机组碳计量实测法研究，成功上线国内首个电力行业碳排放精准计量系统。通过对燃煤、燃气发电机组 2000 余个监测点每 10 秒进行一次采集分析，实现发电机组碳排放物指标的实时监控。江苏已在 9 家电厂共计 8487 兆瓦容量的机组上部署应用，单台机组日采集数据超 1000 万条。应用碳排放计量大数据，初步建立全省电–碳模型，掌握全省发电企业发电碳排放强度，解决了碳排放因子等估算法的人为因素较多、中间环节复杂、数据滞后问题，提升计算精准度达 6%。通过关键数据计算，江苏 1000 兆瓦容量燃煤机组发电排放强度约为 879 克 / 千瓦时，为发电企业参与碳交易市场提供科学依据。

（2）建立重点单位用户侧碳排放监测体系。研发应用企业碳排放核算平台，接入钢铁、化工等 900 余家燃煤、燃气等重点用能单位的能耗数据，综合应用电–碳模型，实现全省重点单位每日碳排放量的精准计量。应用重点单位每日碳排放数据，精确测算江苏各行业平均供电排放因子，初步建立地区、企业能–碳模型。开展全省碳排放测算，2020 年江苏电碳排放因子为 0.536，电力行业碳排放量约为 3.4 亿吨，度电碳排量年均降低 5.7%，预计“十四五”年均降低 6% 左右，为制定全省碳达峰碳中和实施路径提供了可靠的数据支撑。组织全省产业碳排放核算，制定全省能源清洁发展和产业优化发展规划。江苏重点用能单位共计排放 3.28 亿吨二氧化碳，其中，黑色金属冶炼业、化学原料和化学制造业、石油加工及炼焦业、燃气生产和供应、计算机通信设备制造业为江苏碳排放重要企业，分别排放 1.41 亿、0.65 亿、0.27 亿、0.23 亿、0.09 亿吨。

（3）推动碳数据产品和能效检测服务应用。建设“重点用能单位能耗在线监测系统”，接入全省“百千万”重点用能单位（用能占江苏三分之二）的综合能源数据，为做好节能管理提供数据和决策支撑。率先推出“碳码”数据产品，提供精准碳排放量查询和能效账单服务。建成国内首个省级能源计量中心（电力），具备变压器、电机、风机、水泵、锅炉等主要用能系统能效测评的试验能力。探索开展能效现场测试，分析测算企业设备改造前后的能源效率、运行经济性、碳排放等数据，获得政府及企业人员高度认可，促进全社会能效提升。

第二章

新型电力系统认知

本章提要

本章分析新型电力系统的内涵及特征，提出构建新型电力系统的基本原则、需要解决的关键问题，从提出背景、涉及主体、建设重点、边界范围、目标逻辑五个方面，认识新型电力系统与能源互联网的关系。

第一节　新型电力系统内涵及特征

2021 年 3 月 15 日，习近平总书记在中央财经委第九次会议上，对碳达峰碳中和作出进一步部署，明确了新型电力系统在实现“双碳”目标中的基础地位，为现阶段推动能源电力发展明确了行动纲领、提供了根本遵循。

延伸阅读

党中央关于新型电力系统的论述

2021 年 3 月，中央财经委员会第九次会议，在研究促进平台经济健康发展问题和实现碳达峰碳中和的基本思路和主要举措中，首次提出构建以新能源为主体的新型电力系统。

2021 年 10 月，国务院发布《关于完整准确全面贯彻新发展理念做好碳达峰碳中和工作的意见》，提出“构建以新能源为主体的新型电力系统，提高电网对高比例可再生能源的消纳和调控能力”。

2021 年 10 月，国务院发布《2030 年前碳达峰行动方案》（国发〔2021〕23 号），提出加快构建新能源占比逐渐提高的新型电力系统。

2022 年 1 月，国家发展改革委、国家能源局发布《关于完善能源绿色低碳转型体制机制和政策措施的意见》（发改能源〔2022〕206 号），明确新型电力系统发展战略和总体规划的目标是“推动电力来源清洁化和终端能源消费电气化，适应新能源电力发展”。

2022 年 1 月，中共中央政治局就努力实现碳达峰碳中和目标进行集体学习，首次提出“要加大力度规划建设以大型风光电基地为基础、以其周边清洁高效先进节能的煤电为支撑、以稳定安全可靠的特高压输变电线路为载体的新能源供给消纳体系”。

2022 年 3 月，国家发展改革委、国家能源局印发《“十四五”现代能源体系规划》，明确推动新型电力系统构建的目标是“推动电力系统向适应大规模高比例新能源方向演进”。

新型电力系统是深度融合低碳能源技术、先进信息通信技术与控制技术，以太阳能、风能等新能源发电及其他清洁能源发电为供给主体，以坚强智能电网为配置平台，以源网荷储协同互动和多能互补为重要支撑，具有清洁低碳、安全可控、灵活高效、开放互动、智能友好特征的电力系统。它是清洁低碳、安全高效能源体系的重要组成部分。

从其呈现的目标特征看：一是清洁低碳，以清洁能源发电为供给主体，以电为中心实现碳循环利用；二是安全可控，与传统电力系统相比，抵御故障的韧性好、事故后恢复的弹性强，系统自愈能力强；三是灵活高效，支撑各类能源互通互济、灵活转换，各类市场主体广泛参与、充分竞争、主动响应，整体效率高；四是开放互动，适应各类新技术、新设备以及多元负荷大规模接入，新型负荷双向互动；五是智能友好，高度数字化、智慧化、网络化，对海量发供用电对象智能协调控制，实现源网荷储各要素友好协同。

从新型电力系统的演进过程看，电源结构方面，由连续可控出力的煤电装机占主导，逐步向强不确定性、弱可控出力的新能源发电装机占主导转变。电网形态方面，由单向逐级输电为主的传统电网，逐步向包括交直流混联大电网、微电网、局部直流电网和能源互联网转变。负荷特性方面，由传统的刚性、纯消费型，向柔性、生产与消费兼具型转变。技术基础方面，由同步发电机为主导的机械电磁系统，逐步向由电力电子设备和同步机共同主导的混合系统转变。运行特性方面，由源随荷动的实时平衡模式，逐步向源网荷储协同互动的非完全实时平衡模式转变。

图 2-1　新型电力系统特征

第二节　构建新型电力系统的基本原则

构建新型电力系统，是一项极具开创性、挑战性的系统工程，需要重点把握四个方面的原则。

（1）坚持系统观念。统筹考虑安全、经济、清洁等多重目标，做好能源转型进程中的电力供应保障，稳妥有序调整新能源和常规电源规模，科学谋划转型节奏，促进一次能源供应企业、发电企业、电网企业、用户等协调运作、形成合力，以源网荷储全环节协同发展促进电力供需平衡。

（2）坚守安全底线。统筹好新能源和常规电源发展，新能源以提供电量为主，依靠常规电源，满足高峰负荷平衡。用好用足需求侧调节手段，按照“需求响应优先、有序用电保底”原则，保障电力电量供需平衡。

（3）坚持创新驱动。着力破除不适应新型电力系统建设的体制机制障碍，深入推进电力市场化改革和电网管理模式优化提升。加快产学研深度融合发展，强化科技创新制度体系建设，推动绿色低碳关键核心技术取得重大突破。

（4）坚持市场导向。政府和市场两手发力，更加突出市场导向，发挥市场机制作用，对各方参与主体形成有效激励约束，激发各环节主体和社会资本开放合作，共建共享。推动新能源市场化消纳利用，推动电网转型成本有效疏导，引导全社会共同承担减排责任。

第三节 构建新型电力系统的关键问题

构建新型电力系统需要统筹解决下面五个方面的关键问题。

（1）电力安全可靠供应。随着新能源的大规模高比例接入，电力系统“双高”（高比例可再生能源、高比例电力电子设备）“双峰”（夏冬高峰、早晚高峰）特征日益凸显，保障电力安全可靠供应面临前所未有的挑战。2021年9—10月，受电煤价格快速上涨、能耗双控等因素影响，全国先后有20个省（区、市）实施有序用电，电力保供引起广泛关注。电力供应紧张事件警示我们，能源清洁低碳转型需要处理好低碳发展和电力保供的客观矛盾。保障电力安全可靠供应始终是能源转型进程中首要的关键问题。需要统筹优化电源类型、规模和布局，加快建设互联互通、智能高效的现代化电网，加强应急和备用电源建设，持续提升电力系统安全保障和应急响应能力。健全能源产供销储协调运行机制，对煤炭等一次能源，按照战略性资源进行保底管控，形成保供稳价长效机制。

延伸阅读

恶劣气象条件对构建新型电力系统的挑战

新型电力系统的典型特征是大量新能源通过电力电子装置接入电网。一方面，风电、光伏等新能源“靠天吃饭”，出力存在间歇性、波动性、不确定性，给电力的稳定可靠供应引入不确定性因素。另一方面，电力电子并网装置无法为系统提供转动惯量，耐受恶劣气象条件的能力较差，在极端情况下无法为系统提供持续的电源支撑。2019 年 8 月英国停电事故中，系统无惯量电源占比近 50%，雷击引起线路故障停运后，风电场和分布式电源相继脱网，系统频率低至 48.8 赫兹，触发低频减载，导致 100 万户居民停电。

（2）系统调节能力建设。随着“双碳”深入推进，新能源在能源生产和消费结构中的比重将不断提高。预计到“十四五”末，新能源发电装机占我国发电总装机比例将超过 30%。为适应新能源大规模高比例并网消纳，迫切需要提高电力系统灵活调节能力，增加调峰、调频、备用、转动惯量、爬坡等辅助服务。需要完善电力市场机制、健全价格财税等激励机制，加快煤电灵活性改造、大规模储能建设、氢储能示范应用、需求侧可调节资源调用。

（3）系统转型成本疏导。大规模新能源并网和消纳，将带来电力系统总体建设和运营成本的大幅上升。我国正处在产业结构转型升级的关键时期，需要科学把握能源电力转型节奏，减少煤电沉没成本，避免投资浪费，有序发展新能源，统筹各类配套设施建设，并建立向终端用户传导的长效机制。逐步减少新能源保障性利用小时数，推动参与电力市场交易，扩大绿色电力交易规模，疏导新能源发电相关成本。以容量补偿机制起步，探索建立容量市场，保障调节性、应急备用电源合理收益，确保充足的电源容量投资。完善碳价与电价传导机制及配套补偿机制，衔接碳配额、绿证、绿电交易等市场机制，通过工业、交通、建筑等领域的产品和服务收费，向电力用户之外的其他用户疏导碳减排成本，推动各行业协同降碳。

（4）科学技术和理论创新。随着新能源大规模接入，以及分布式能源、储能、电动汽车、智能用电设备等交互式设施大量使用，电力系统的技术基础、控制基础和运行机理将深刻变化。加强新型电力系统基础理论研究、关键技术攻关的需求十分迫切。需要从能源转型实际出发，持续深化电力系统基础理论、新型应用技术和颠覆性技术研究，集中突破基础材料和器件、柔性输电、直流组网、大容量电化学储能、电制氢等关键技术，推进示范工程建设。持续创新煤电清洁高效利用技术、新能源发电技术，积极部署氢能发电、小型核电、核聚变等前瞻性发电技术，支撑构建多元化的清洁低碳电源体系。通过大云物移智链等数字化技术手段，有效解决能源转型过程中的系统平衡、协同控制等问题。强化电力系统大数据、人工智能和算力建设，实现电源侧和负荷侧双向匹配调节，动态维持系统平衡，保障电力系统在提升新能源消纳能力的基础上安全稳定运行。

（5）有为政府和有效市场。我国电力市场建设起步晚，地区发展差异大，高质量构建全国统一电力市场体系，充分发挥电力市场对能源转型和电力保供的促进作用，并与碳市场建设实现高效协同，任务艰巨而繁重。需要坚持有为政府和有效市场的双轮驱动，在规划引领、政策扶持、市场监管等方面加强引导，完善绿色低碳转型的体制机制和保障措施，加速传统产业转型升级，推动绿色低碳产业高质量发展。深化能源领域体制改革，构建公平开放、有效竞争的能源市场体系，实现要素畅通流动、资源高效配置。

第四节 新型电力系统与能源互联网的关系

新型电力系统与能源互联网既有区别又有联系，两者提出背景不同、涉及主体不同、建设重点不同，但边界范围交织、目标逻辑相通，统一于“双碳”和能源清洁低碳转型的高质量发展要求。

提出背景不同。新型电力系统是在碳达峰碳中和背景下提出的，主要是着眼于依靠电力系统转型发展，支撑能源系统清洁低碳转型，表现为构建清洁能源比例日益提升的新型电力系统。能源互联网是在“互联网 +”的大背景下提出的，主要是着眼于将“互联网 +”理念应用于能源领域，促进能源领域提升效率效益，表现为构建源网荷储互动和多能互补的能源互联网。

目标逻辑相通。新型电力系统目标逻辑是通过电力系统转型服务能源体系重塑，能源互联网目标逻辑是通过源网荷储互动和多能互补服务电网转型升级，而电网转型升级又是能源体系重塑的基础，因此，两者的目标逻辑相通。

边界范围交织。新型电力系统和能源互联网的很多典型场景是交织共生的，例如储能、综合能源、可调节负荷、源网荷储互动、氢电耦合等。新型电力系统是能源互联网的典型形态之一，与电热气冷构成的区域综合能源系统对应，共同构成能源互联网的典型形态。

涉及主体不同。新型电力系统涉及电力系统的源网荷储各环节，主要是电力系统相关主体，不涉及石油、天然气等传统能源主体。能源互联网不仅涉及电力系统各环节，还涉及电热气冷多能互补相关的传统能源主体。但是，随着电制氢、化石能源制氢 + CCUS、氢燃料电池交通、电动汽车、氢储能技术在新型电力系统的发展应用，新型电力系统与能源互联网将涉及更多共同的主体。

建设重点不同。新型电力系统建设重点在于以清洁能源发电替代化石能源发电，围绕清洁能源发电、输送、消纳，系统灵活性建设，系统安全性提升，电力供应保障等发力。能源互联网建设重点在于源网荷储协同互动、多能互补，围绕能源网架体系、信息支撑体系、价值服务体系等发力。

延伸阅读

德国“平衡组”机制

平衡组是德国电网运行管理和市场组织的基本单元。电网中的生产者（电源）和消费者（用户）均须隶属于某一平衡组，并由某一主体担任平衡组管理人。平衡组是一个虚拟的组合单元，成员之间无须通过电网连接，但必须处于同一个输电网运营商的调度区域。

平衡组制定“自平衡”的发供电计划，实时运行中各平衡组偏差由输电网运营商在系统层面进行统一平衡。平衡组基于每日发、用电量预测和市场交易组织，以“进出电量相等”为原则制定自平衡计划，上报输电网运营商。实时运行中，平衡组均可能偏离其自平衡计划，此时由输电网运营商调用预留的平衡备用容量在系统层面进行统一平衡。平衡备用容量包括一次、二次和三次备用容量，各类备用容量在目标、响应时间、启动方式及价格组成方面各有不同。输电网运营商配置和调用平衡备用容量产生的平衡成本将根据各平衡组的平衡偏差情况分摊至各平衡组，作为惩罚费用。

表 2-1　15 分钟间隔内某个平衡组电量平衡案例　单位：万千瓦时

输入电量		输出电量	
发电厂 X	115.3	用户 A	1.4
发电厂 Y	42.2	用户 B	11.2
从 S 购买	10.0	向 C 出售	90.0
从 T 购买	5.1	向 D 出售	70.0
合计	172.6	合计	172.6

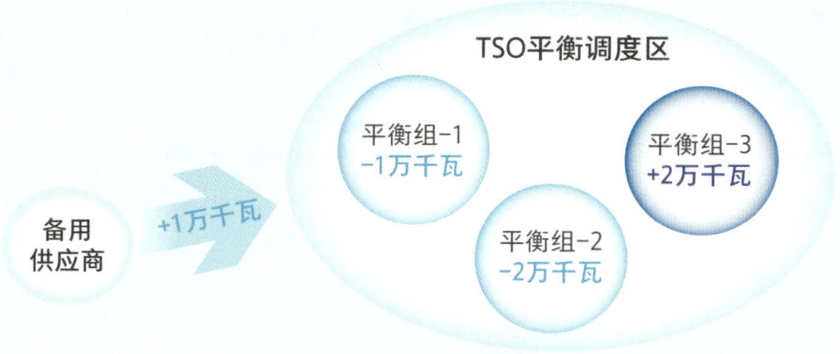

图 2-2　输电网运营平衡偏差调整机制示意图

平衡组机制强化了平衡组管理主体的平衡责任，是一种“自下而上”的平衡管理机制，可大大降低系统平衡压力。近年来，在新能源发电量逐年提升的背景下，德国输电网运营商平衡发电和用电的备用容量非但没有增加反而有所下降[1]。主要原因在于：一是平衡组机制有效激励了新能源预测技术水平的提升，减少因新能源出力波动造成的系统平衡误差；二是平衡组拥有“自调度”空间，可实现组内资源的最佳调度，充分挖掘灵活性潜力，进而提升系统灵活性水平。

[1] 数据来源：德国电网监管报告 2020，发布时间 2021 年 8 月。

第五节　实践案例

案例 1　英国电力紧缺

英国新能源渗透率较高、电力清洁化进程较快，同时也是构建电力市场最早的国家之一。

一、英国电力供需形势紧张

2021 年以来，英国电力供需持续趋紧，电价持续上涨且涨幅显著。其批发市场日前电价的月均水平自 2021 年二季度开始迅速攀升，7 月约 95 英镑 / 兆瓦时，打破 1 月所创纪录；8 月进一步升至 110 英镑 / 兆瓦时；受跨国线路减容及燃料价格上涨影响，9 月电价涨至 240 英镑 / 兆瓦时；12 月时，由于燃料价格飙升，电价继续暴涨至 271 英镑 / 兆瓦时，日均水平一度超过 410 英镑 / 兆瓦时，创历史新高。因无力承担过高电价，2021 年已有 22 家能源供应商停止交易[1]，波及数十万终端用户，度冬期间预计将有 350 万家庭陷入“能源贫困”[2]。

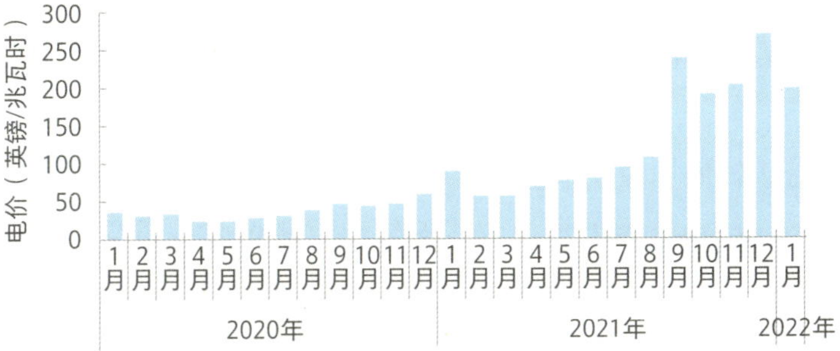

图 2-3　2020 年以来英国电力批发市场日前电价（月度平均）[3]

---

[1] 在英国电力市场，能源供应商购买电力并卖给终端用户，销售电价可变但存在滞后，电价短期大幅波动可能导致供应商破产。

[2] 英国前首相戈登 · 布朗言论，“能源贫困”是指家庭能源支出超过净收入的 10%。

[3] 数据来源：英国天然气和电力市场办公室（Ofgem）。

二、英国电力紧缺的原因分析

（1）英国经济社会活动恢复带动电力消费较快增长。英国经济在新冠疫情向好、财政刺激政策相继出台等因素综合影响下回暖，带动二季度全社会终端用电量达到665亿千瓦时，同比增长11%；三季度升至644亿千瓦时，与去年同期气温偏高情况下用电量基本持平。

（2）天然气供应存在较大缺口，价格飙至历史高位。2020年英国气电发电量占总发电量比重达34.7%。英国天然气近半依靠进口，受全球需求旺盛、地缘政治冲突、美国等国产能下降、本国库存不足等因素影响，天然气供给严重不足。2021年天然气月均价格较年初最大涨幅达259%，价格屡创新高，成为英国电力短缺的主要原因。

（3）可再生能源出力不足，风电出力降幅明显。英国可再生能源发电量在2020年占到总发电量的41.1%，但受日照、风速、来水等因素影响，2021年二、三季度可再生能源发电量分别较2020年同期下降9.6%、17.0%，创2017年三季度以来新低。其中，风电发电量同比大幅减少14.2%、31.7%，达到2018年二季度以来最低水平。

（4）受英法输电线缆受损影响，受入电量有所下滑。2021年9月英国因换流站发生火灾，使英法海底输电线缆受损。法国作为英国最大电力供应国，该事故致使英国受入电力减少约100万千瓦，进一步加剧英国电力供需紧张形势。

（5）低碳转型加速煤电退出，电力供应多样性不足。受能源低碳转型政策影响，英国煤电装机及发电量不断下滑，2020年煤电发电量仅占总发电量的2%，较2010年下降28个百分点。电力供应多样性减少进一步加剧天然气供给不稳定及新能源出力不确定带来的能源供给风险。

三、对保障我国电力供应安全的启示

（1）保持电力供应多样性，降低单一能源突发性供应紧缺风险。一是防止煤电过快退出，加强煤电清洁高效开发的顶层设计，继续发挥煤电在我国能源低碳转型过程中的电力供应兜底保障作用；二是积极有序发展新能源，近期以推动能源转型和提升本地电力保障能力为主要方向，坚持集中与分布式并举，优先就地平衡；三是根据各地资源禀赋，加快推进西南、西藏地区水电，安全高效推进沿海及内陆核电，合理推进城乡地区地热能、生物质能等多能源品种的开发利用。

（2）提升新能源出力的预测及应对能力。一是加大电力气象技术研发投入，提升对风电、光伏出力的预测能力，以及极端天气下对新能源出力大幅波动的预警能力；二是深化煤电灵活性改造，研究新能源与氢能、电化学储能等新型储能设施的联合建设及运行技术，不断提升电源调节能力；三是推广应用需求响应、分时电价等需求侧管理策略，加强用户侧与电网的互动能力。

（3）构建完善的电力保供机制。一是持续优化煤、气储备体系，保障电煤等关键化石能源的应急库存水平；二是探索新型电力系统应急支撑机构常态化运行，完善通用制度及差异化实施细则，全方位推进系统可观、可测、可控、可调，巩固完善新形势下的“三道防线”。

案例 2　德国电网助力能源转型的重点举措

2021 年，作为德国四大输电网运营商之一的 Transnet BW 公司发布了《德国电网 2050》报告，为德国实现能源转型提供了电网规划布局方法及举措。德国新能源消纳比例较高，代表了新型电力系统发展的可能方向，报告反映的问题和提出的举措，对我国构建新型电力系统具有参考价值。

一、德国电网面临的问题

（1）大规模新能源消纳压力。德国新能源产业发展迅猛，预计 2050 年光伏装机容量将到达 173 吉瓦，陆上和海上风电的装机容量达到 120 吉瓦，风光新能源发电量占比达到 87%，其中风力发电占比 65%，光伏发电占比 22%。随着新能源发电占比的大幅提升，德国电网在新能源消纳、灵活调节能力及需求侧容量管理等方面承受的压力将逐渐显现。

（2）新能源政策法规不完善。尽管德国已出台多项政策法规来规范新能源的发展路径，但仍存在较多不完善的地方。其问题首先体现在原有政策法规对新能源发电扩建速度规划不合理，无法满足欧盟制定的阶段性碳减排目标。此外，不完善的新能源发电补贴制度也是其政策法规的一个重要漏洞。

（3）资源分布不均。德国的电力能源结构在空间上呈现负荷与发电中心南北分离的总体形势。西北部地区近海，风能具有很大的开发潜力，并网电量将远超区域用电需求；而南部地区靠近内陆，风力资源贫瘠，仅靠光伏发电无法覆盖用电需求，电力缺口严重，使得电网在北电南输方面存在较大压力。

二、德国电网的解决措施

（1）开展跨领域能源流分析，从供给侧和需求侧提升电网的灵活性。利用跨领域协同能源流全景模拟，分析各行业部门能源需求情况。在能源供给侧，利用自身完善的天然气管道优势，发展高效燃气轮机和热电联供装备，替代煤炭发电，保障电力和热能供给。在能源需求侧，通过高效热泵、电氢转换、热电联供、电动汽车等实现跨领域的多能源协同互补，提高可再生能源利用效率。

（2）完善新能源、氢能等低碳能源发展政策。为解决可再生能源爆炸式增长所带来的成本负担以及电网匹配问题，一是将市场机制全面引入可再生能源项目，让可再生能源回归商品属性，降低发电成本；二是严格限定可再生能源年度新增规模，有计划地调节可再生能源布局。此外，明确氢能市场的拓展思路和氢能技术发展方向，促进跨领域能源协同互补。

（3）加强输电网规划，促进电力互联互通。为解决因资源分布不均衡带来的电力输送问题，一是充分发挥智能化、数字化技术在电网中的作用，根据输电情况和天气数据，灵活控制功率，优化电网负荷率，提升电网功率输送能力；二是计划扩大电网互联范围，在保证南北干线电力安全输送的同时，参与欧洲电力市场，平衡地区电力供需关系，提升跨境电力交易水平。

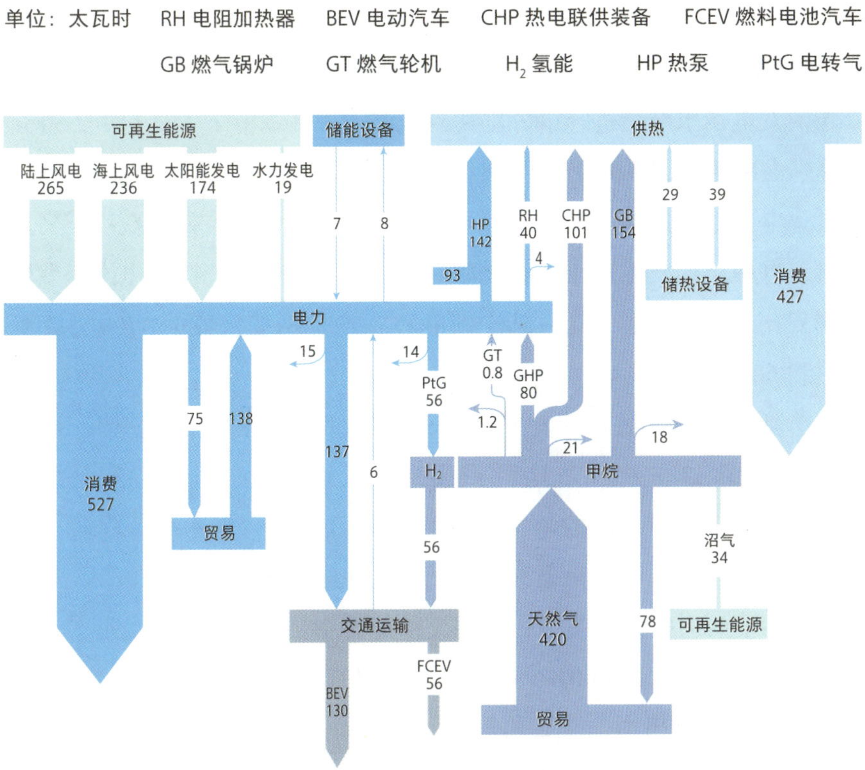

图 2-4　德国 2050 年跨领域协同能源流全景模拟

案例 3　国家电网服务新能源大规模开发利用

国家电网深入贯彻绿色发展理念，着力构建新型电力系统，引领带动源网荷储全环节综合施策，举全网之力促进新能源开发利用，积极推动能源清洁低碳转型。2021 年，国家电网经营区新能源利用率达到 97.4%，同比提高 0.3 个百分点，连续 3 年超过 95%。

一、2021 年新能源消纳情况

2021 年，国家电网累计消纳新能源发电量 8148 亿千瓦时、同比增长 39%，新能源发电量占发电总量的 12.8%、同比提高 2.6 个百分点；新能源利用率97.4%，同比提高0.3个百分点，自2019年起连续3年超过95%。截至2021年年底，国家电网经营区装机总容量18.4亿千瓦，其中煤电、风电、光伏发电、水电装机容量分别达到8.85亿、2.72亿、2.63亿、2.50亿千瓦，分别占装机总容量的48.1%、14.8%、14.3%、13.6%，成为前四大电源。

国家电网经营区新能源并网容量已突破5亿千瓦，主要呈现以下特点。

（1）电源结构发生变化，新能源成为新增装机主体。国家电网经营区全年新增发电装机1.4亿千瓦，其中新能源新增并网装机容量8700万千瓦、占比达到62%。

（2）新能源"大装机小电量"，短期难以成为电力供应主体。新能源装机占比达29.1%，全年发电量虽同比增长近四成，但仅占发电总量的12.8%；煤电以不到50%的装机占比提供了超过60%的电量，保障了超过75%的高峰负荷需求，仍是电力供应的绝对主力。

（3）新能源时空特性明显，顶峰支撑能力不足。我国用电负荷具有冬夏"双峰"特征，新能源约60%的发电量集中在春秋两季，与负荷特性匹配度不高。新能源发电出力低于装机容量15%的时长约占全年的一半，高于装机容量35%的时长不足全年的5%，难以可靠支撑电力高峰负荷。2021年7月7日，国家电网经营区最大负荷8.72亿千瓦，但风电最低出力不足1600万千瓦，仅占装机容量的6.5%。

二、服务新能源高质量发展的主要做法

国家电网按照全局统筹、量率[1]一体原则，多措并举、度电必争，积极服务新能源高质量发展，全力保障电力安全可靠供应。

（1）发挥电网平台功能，增强资源配置能力。积极建设配套电网工程，具备并网条件新能源项目"能并尽并"。建成投运陕北—湖北、南昌—长沙等重点工程，持续提升跨区跨省输电能力。2021年在运特高压直流输电能力提升980万千瓦，累计输送电量4046亿千瓦时，同比增长10.4%。

[1] 新能源装机规模、新能源利用率。

（2）加快抽蓄电站建设，提升系统调节能力。发布加快抽水蓄能开发建设6项举措，建成投运河北丰宁等5座抽蓄电站，国家电网经营区在运抽蓄电站26座、2661万千瓦，在建36座、4733万千瓦，全年完成抽发电量644亿千瓦时，同比增长19%。

（3）加强统一调度，保供应促消纳。发挥大电网优势，统筹安排运行方式，实施省间互济和备用共享，促进新能源"多发满发"。统筹各类发电资源，持续提升新能源功率预测精度，保障电力安全可靠供应。国家电网经营区可再生能源总量、非水可再生能源发电消纳责任权重分别达到27.7%、14.5%，分别超过国家目标2.8个、1.7个百分点。

（4）扩大市场交易规模，拓展消纳空间。积极开展风光水火打捆外送、发电权、新能源优先替代等多种交易，全年新能源省间交易电量1300亿千瓦时、同比增加40%。创新开展绿色电力交易，18个省份累计达成交易电量76.4亿千瓦时。

（5）建成新能源云平台，提供便捷服务。建成全球最大规模的新能源云平台，为用户提供新能源并网、补贴申报等一站式全流程线上服务，累计接入新能源场站267万座，服务上下游企业超过1万家。

案例4 甘肃构建新型电力系统的重点举措

甘肃省新能源资源富集，风光可开发容量居国内前列，新能源装机占比已超过43%，成为省内第一大电源。"十四五"末新能源电量渗透率将由2021年的21.5%提高至30%以上，加之先天的区位特点和网架基础，决定了甘肃具备构建新型电力系统的良好条件。

一、面临形势

（1）"双高"特性日益凸显，电力系统安全稳定风险剧增。以新能源为主体的新型电力系统改变了传统交流电网的基本特性，电力系统整体运行特性逐渐由机电暂态转向电磁暂态，使得系统出现宽频振荡新问题的同时，频率、电压等老问题也重新出现。一是高比例电力电子化设备投运，极易诱发电网弱阻尼宽频振荡事故。从2015年至今，新疆哈密新能源基地已发生次/超同步振荡100余次，严重时导致3台直流配套火电机组同时跳机。二是高占比新能源并网下的低转动惯量问题造成系统频率越限风险剧增。2020年甘肃新能源日波动最大幅值1142万千瓦，占全省最大负荷的54.6%，系统功率平衡面临很大挑战。三是暂态过电压问题日益突出，严重影响电网安全和新能源消纳。

（2）系统主体多元互动，电网运行管理难度加大。一是由“源随荷动”单向调控模式转变为“源网荷储”全网协同调控模式。甘肃调度中心统计数据显示，截至2021年，甘肃的储能装机容量为6万千瓦，根据《2021储能产业应用研究报告》统计，甘肃电化学储能装机规模在全国排名第五。储能的大规模发展使得电网运行控制技术与管理模式面临深刻变革。电网调控模式需从有限智能化调度决策演变为人工智能决策的智能调度，从机电动作秒级响应演变为电力电子与现代通信相结合的毫秒级响应。二是电源与负荷界限逐渐模糊，使得电力系统运行方式日益复杂。根据国网甘肃电力发布的数据，“十四五”期间，甘肃将建成充电站900座、充电桩6.5万台，满足超过7.35万辆电动汽车的充电需求。随着源荷兼备双重特点的电动汽车、清洁供暖、屋顶光伏、家用储能等的广泛应用，需求侧响应将成为电网调节的重要手段。三是高比例新能源集群的强波动性和尖峰冲击，使得调度计划难度日益加大。2020年全年甘肃晚高峰时段（17:00—20:00）新能源出力低于300万千瓦的天数达197天，占比54%，呈现“高电力、低电量、有电量、无电力”特点。

（3）调节性资源大规模建设，系统运行成本显著增加。随着新能源装机比例的增加，出于电力平衡的需要，在大力推进灵活性电源改造和储能建设的同时，电网也需要同步进行建设升级、改善调度运行等。据经济合作与发展组织（OCED）预测，当风光发电量占比为10%、30%、50%时，系统成本提升分别约5%、21%、42%。“十四五”末甘肃新能源发电量占比将在30%以上，系统运行成本将显著增加。

二、关键举措

（1）源网建设方面。一是加快推进各级电网协调发展，不断优化网架结构，全面提升电网综合配置能力。建成各级电网、各类电源和多元负荷协调发展的坚强送端高韧性枢纽电网，全面提升电网安全稳定水平和新能源承载能力。二是加强系统灵活调节电源建设。当前甘肃调峰需求为 850 万 ~ 1050 万千瓦，而实际调峰能力冬季最大约 730 万千瓦，未来缺口将进一步加大。应加快抽水蓄能电站建设，积极推动“新能源 + 储能”建设，全面提升存量常规电源调节潜力。

（2）市场体制机制建设方面。一是完善电力市场交易机制，释放市场活力促进新能源消纳。消纳问题是决定甘肃新能源可持续发展的根本性、全局性因素。应进一步完善市场机制设计，优化以中长期交易和现货交易为主体，大用户直购、发电权益交换等立体式政策体系。二是推进电力需求侧响应能力建设，全面提升电网弹性水平。加强可时移负荷、虚拟电厂、储能系统参与源网荷系统互动技术应用，推动峰谷时段电价优化机制实施，不断完善分时电价政策，全面推广峰谷电价、尖峰电价。

（3）技术创新及应用方面。一是加快新型电力系统关键技术科技攻关，建立全局感知智能决策的源网荷储协同控制体系。聚焦“双高”特性下甘肃电网安全稳定运行问题，积极开展新能源主动支撑技术、虚拟电厂以及高比例新能源电网安全稳定控制技术研究。二是积极应用大云物移智链技术，助力新型电力系统建设。推进电网各环节数字化转型，建设具有活力的电力数字生态，不断提升电网设备状态感知能力和数字化管控能力。

第三章

发电用能进入清洁低碳新时代

本章提要

本章研判电源结构加速清洁低碳转型趋势，从发展节奏、量率关系、开发模式、责权利对等四个方面分析新能源发展需要做到的四个统筹，展望化石能源发电功能定位转变、供需双侧提升灵活调节能力的需求和路径。

第一节　电源结构加速清洁低碳转型

“十三五”期间我国新能源装机容量累计新增 3.6 亿千瓦，年均新增规模达到 7232 万千瓦。截至 2021 年年底，全国电源装机容量中，火电 12.97 亿千瓦，水电 3.91 亿千瓦，核电 0.53 亿千瓦，风电 3.28 亿千瓦，太阳能 3.06 亿千瓦，生物质发电 0.38 亿千瓦，新能源总装机容量 6.72 亿千瓦，占比 27.8%；全国发电量中，火电 5.65 万亿千瓦时，水电 1.34 万亿千瓦时，核电 0.41 万亿千瓦时，风电 0.66 万亿千瓦时，太阳能 0.33 万亿千瓦时，生物质发电 0.16 万亿千瓦时，新能源总发电量 1.14 万亿千瓦时，占比 13.8%。我国新能源已进入规模化发展的新阶段。

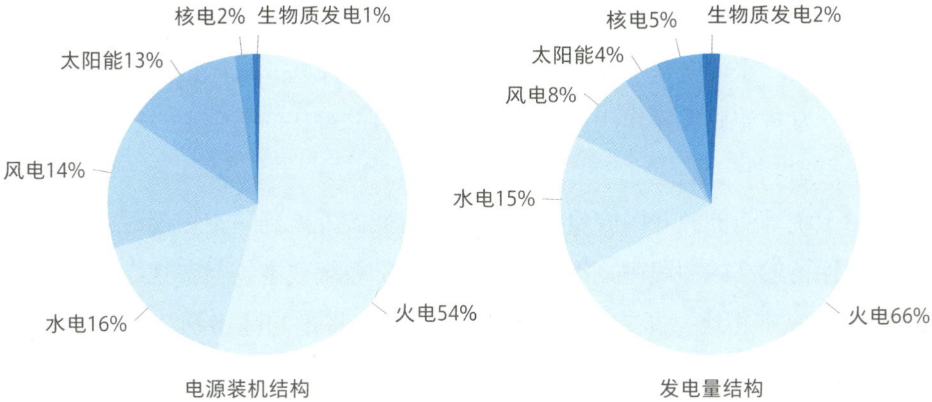

图 3-1　2021 年电源装机和发电量结构

“双碳”目标下，新能源发电装机容量和发电量占比将持续提升。以2060年达到零碳（近零排放）目标进行预测。电源装机方面，2030、2060年电力系统总装机容量分别达40.6亿、71.9亿千瓦，其中，新能源装机（含生物质）占比分别提升至45%和69%，煤电装机占比分别降至31%和5%。发电量方面，2030、2060年电力系统总发电量分别达11.8万亿、15.7万亿千瓦时，其中，新能源发电量（含生物质）占比分别提升至28%和60%，煤电电量占比分别降至42%和4%。

第二节 新能源发展的四个统筹

（1）统筹集中式和分布式新能源开发利用。坚持集中式与分布式并举，优先推动风能、太阳能就地就近开发利用，推动构建新能源供给消纳体系。在西部沙漠、戈壁、荒漠地区建设一批大型风电、光伏基地，在东部沿海建设大型海上风电基地；同时在离负荷较近的林地、园地和牧草地上开发分布式风电，在城镇和农村住宅屋顶、工矿用地屋顶、铁路高速公路、滩涂水库坑塘和农业大棚等场景开发分布式光伏。

（2）统筹新能源与常规电源发展节奏。新能源对电力平衡、安全运行的支撑能力弱，若煤电装机过快削减，将导致电力系统灵活调节能力、应急备用能力不足。需要坚持“先立后破、不立不破”原则，有序推进煤电功能定位调整，发挥兜底保障作用。在新能源安全可靠替代的基础上，实现传统能源逐步退出。

（3）统筹新能源并网容量和利用率。新能源发展到一定规模后，如果仍然要求保持较高的利用率，需要额外大幅增加系统成本，与常规煤电推算到终端用户成本相比，新能源在终端的利用成本将平均高出约20%。结合各地区电源结构等实际情况，合理降低新能源利用率，在新能源大发时段适当允许弃风弃光，可以降低系统成本，一定条件下反而可以扩大新能源并网规模，增加新能源发电量，促进电力领域碳减排。

（4）统筹新能源发电主体的责权利。通过加装虚拟同步机，配套储能、调相机、无功补偿装置，实施高低压穿越能力改造，推动新能源并网由“被动适应”向“主动支撑”转变。未来，新能源逐渐提升系统支撑和调节能力，承担更多的电力电量平衡责任，实现各类市场主体的责权利对等。

延伸阅读

省级电网新能源发展指数

新能源发展指数用于评价新能源发展状况，利用好这些指数，有助于促进新能源高质量发展。

(1) 新能源发展饱和指数。该指数为某一区域并网新能源装机容量与该区域消纳能力（即理论完全可接纳的新能源装机容量）的比值。指数值越高，说明该地区新能源剩余消纳空间越小；如果指数值超过100%，说明该地区在当前电力系统结构下消纳能力已达到极限，需要采取措施提高消纳能力。

利用新能源发展饱和指数，可以把考察区域的新能源发展饱和程度划分为红色、橙色、绿色三个等级，用以引导新能源投资、建设时序和布局优化，明确新能源差异化调峰义务。红色等级表示新能源接入空间已经严重不足，应暂缓接入，且新接入的新能源发电厂站应承担更多的调峰义务。橙色等级表示新能源开发投资具有一定风险。绿色等级表示具备新能源开发空间，应鼓励增加新能源投资和装机规模。

(2) 新能源区域平衡指数。该指数是参考基尼系数计算方法得出的，用来判断某一地区所辖各行政区新能源消纳能力的均衡程度，也可以用来分析某一地区新能源消纳能力的分布状况与当地新能源装机消纳需求之间的匹配程度。该指数取值在0～1，越是接近于0，表明新能源装机在该区域内越是趋向于均衡。当指数值在0.5以上时，说明该地区新能源装机分布已较为悬殊，需要采取措施引导当地新能源装机作出调整。

利用新能源区域平衡指数，可以跟踪发现新能源装机分布悬殊的区域，引导上级主管部门优化调整新能源发展规划。在制定规划时，可以根据省、市、县等不同区划的新能源区域平衡指数比值，合理分配省内新能源装机容量的地区配额，引导新能源规划项目平衡布局。

（3）新能源合理利用率指数。该指数为在一定新能源装机水平下，新能源消纳措施的边际收益与边际成本相等时所对应的利用率。从供电成本看，在新能源消纳达到100%时，往往整个系统成本并不处于最低值，即全额消纳新能源可能不是电力系统运行的最经济状态。该指数取值在0～100%之间，一般低于100%。当某个地区采取新的消纳措施后，可能会提高新能源合理利用率指数，反映采取该措施的收益高于该措施的投入。

在制定新能源发展规划时，可以将新能源合理利用率设为规划的目标指标。在设定的合理利用率指数水平下，可以通过适当放开对弃电行为的限制，节省常规电源调峰成本和电网运行成本，优化电力系统整体经济性。同时，通过出台新能源差异化补贴政策、差异化调峰机制等措施，调节新能源建设时序，引导新能源合理消纳、健康发展。

第三节 化石能源发电功能定位的转变

在较长时期内，以煤电为代表的化石能源发电仍是保障能源安全和电力供应的重要基础。能源转型的目标之一，是要推动化石能源发电向基础保障性和系统调节性电源并重转变。

从能源供需角度看。化石能源消费总量在碳达峰前仍有一定增长，预计2030年前，我国能源需求总量仍将保持低速增长，并逐步达到峰值约57亿～60亿吨标准煤，煤炭、石油消费将于2030年前依次达峰，天然气

2040年前达峰，在此过程中以煤炭为主体的化石能源依然是保障我国能源安全的基石。

从电力系统角度看。未来十年，电力和电量两方面缺口并存且逐步扩大，新能源在相当长时期内尚难以承担电力保供重任；另一方面，以11亿千瓦煤电为主的化石能源发电机组多处于“青壮年”时期，相比新能源，化石能源发电能量密度大、出力可调节，具有保电力、保电量、保调节的兜底保障作用。

推动化石能源发电功能转变的原则：用好存量、控制增量、优化布局。通过灵活性改造提高煤电机组调节能力，提升调节速率与深度调峰能力，并建立财政补贴、辅助服务市场、容量市场等相互衔接的政策机制。积极发展气电调节作用，由于气电优良的启停性能和远低于煤电的碳排放，在新能源发电渗透率较高和系统灵活性较低的区域，推动气电与新能源发电融合发展，提升灵活调节能力。据测算，未来10年，气电需要承担6%~8%的高峰负荷。新规划一批用于保安全保供应的煤电。按照优先就地就近平衡的原则，华北、华东、华中负荷中心宜新增一批煤电。考虑能源基地建设需求以及煤炭运输通道建设情况，未来在西北等主要送端新增一批煤电，构建风光水火储一体化发展格局。储备一批应急备用电源，对于已关停且尚未拆除的煤电机组、服役期已满或将满的煤电机组，符合环保、安全要求的，作为应急备用电源的备选机组。

第四节 供需两侧提升灵活调节能力

随着新能源装机比例提升，为解决系统调节问题和矛盾，可通过挖掘煤电调节能力、发展储能（抽水蓄能和新型储能），利用需求侧可调节资源等多种手段提升系统调节能力。

（1）优先推进煤电灵活性改造。煤电机组灵活性改造是经济便捷的存量调节资源。“十三五”期间“三北”地区煤电灵活性改造完成率不及规划的

30%，原因是改造成本高，且机组低负荷运行期间煤耗上升、运维成本增加、设备加速老化，却没有可持续的补偿机制。国家发展改革委、国家能源局已于 2021 年要求在全国开展煤电机组改造升级，提出“十四五”完成灵活性改造 2 亿千瓦，可增加系统调节能力 4000 千瓦左右。通过对存量煤电机组实施灵活性改造，可大幅增加电力系统调节能力，促进更大规模新能源消纳。

（2）加快发展抽水蓄能。抽水蓄能技术成熟、经济性好、安全性高、调控运行便捷，是储能的优先发展方向。建设模式上，未来应积极推动混合式抽水蓄能电站建设，与新能源互补，发挥周及以上长时段调节作用；探索中小型抽水蓄能建设，增加局部电网自平衡能力。价格机制上，应优化抽水蓄能电价管理办法，建立省间容量电费分摊机制；加强与电力市场衔接，逐步降低政府核定容量电价覆盖电站机组设计容量的比例，健全抽水蓄能成本回收机制。预计全国抽水蓄能装机容量在 2025、2030、2060 年将分别达到 6200 万、1.2 亿、4 亿千瓦左右。

（3）积极推动新型储能发展。新型储能中的电化学储能和氢储能等逐步成为重要的储能方式。经济性上，电化学储能度电成本有望在 2030 年前后降至与抽水蓄能持平的状态水平；可再生能源制氢成本预计到 2030 年下降一半，具备经济性。发展预期上，新能源配置电化学储能取得积极进展，但还需不断优化储能配置比例和运行模式，提高储能利用效率，独立储能电站的发展仍需要进一步完善储能参与电力市场的规则机制；当前氢储能主要是电制氢，从长期看，电制氢和氢发电需要实现双向互动，支撑长时段电力电量平衡。发展规模上，预计 2030 年全国新型储能装机容量将达到 1 亿千瓦，以电化学储能为主；2060 年新型储能装机容量达到 2 亿千瓦，其中氢储能有望达到 0.4 亿 ~ 0.65 亿千瓦，成为新型储能的重要组成部分。

延伸阅读

近期国家储能政策规划一览

2021年7月，国家发展改革委、国家能源局印发《国家发展改革委 国家能源局关于加快推动新型储能发展的指导意见》（发改能源规〔2021〕1051号），提出到2025年实现新型储能从商业化初期向规模化发展转变；到2030年实现新型储能全面市场化发展。

2021年9月，国家能源局印发《抽水蓄能中长期发展规划（2021—2035年）》，要求到2025年，抽水蓄能投产总规模达6200万千瓦以上；到2030年，投产总规模达1.2亿千瓦左右；到2035年，形成满足新能源高比例大规模发展需求的抽水蓄能现代化产业。

2022年1月，国家发展改革委、国家能源局印发《“十四五”新型储能发展实施方案》（发改能源〔2022〕209号），明确到2025年，新型储能由商业化初期步入规模化发展阶段；到2030年，新型储能全面市场化发展。

2022年3月，国家发展改革委、国家能源局印发《氢能产业发展中长期规划（2021—2035年）》，明确发挥氢能长周期、大容量储能优势，探索培育“风光水电＋氢储能”一体化应用新模式。

（4）积极调动需求侧资源。我国于2011年出台《有序用电管理办法》，在政府主导下不断加强有序用电管理，优先保障民生和重点行业、企业、场所用电。2017年修订《电力需求侧管理办法》，通过市场机制引导用户需求响应。当前，需求响应的场景由从缓解电力供应矛盾向提升电力负荷精益化管理水平、促进清洁能源消纳转变，有效缓解电网运行压力，保障全社会有序用电。从国际经验看，需求侧资源开发利用还要进一步调动大用户及中小电力用户的积极性，配套市场交易机制，提供新的商业模式和电价套餐，降低各方成本。

表 3-1 我国近年来出台的需求响应支持政策

年份	文件名称
2010	《电力需求侧管理办法》
2011	《有序用电管理办法》
2012	《关于开展电力需求侧管理城市综合试点工作的通知》
	《电力需求侧管理城市综合试点工作中央财政奖励资金管理暂行办法》
2015	《中共中央国务院关于进一步深化电力体制改革的若干意见》（中发〔2015〕9 号）
	国家发展改革委、财政部《关于完善电力应急机制 做好电力需求侧管理城市综合试点工作的通知》（发改运行〔2015〕703 号）
	《关于有序放开发用电计划的实施意见》
2017	《电力需求侧管理办法（修订版）》
2021	《国家发展改革委关于进一步完善分时电价机制的通知》（发改价格〔2021〕1093 号）
	《国家发展改革委关于进一步深化燃煤发电上网电价市场化改革的通知》（发改价格〔2021〕1439 号）

第五节 实践案例

案例 1 青海三江源实现百日绿电供应

2020 年 5 月 9 日 0 时—8 月 16 日 24 时，国家电网发挥集团优势，统筹区域资源，协调各方，在三江源地区实现连续 100 天、在青海全省实现连续 31 天全部清洁能源供电，为全球能源绿色发展提供了新的“中国样板”。

（1）发挥区位资源优势。青海电网清洁能源装机达到 87.7%，新能源装机超过 50%，是我国新能源装机占比最高、集中式光伏发电量最大的省域电网。建成世界首条以输送新能源为主的青海—河南特高压，已向河南输送绿电 10 亿千瓦时。持续丰富和完善绿色低碳发展、能源清洁转型的“青海样板”，7 月实现连续 31 天全省全清洁能源供电，全省用电量 60.37 亿千瓦时，相当于减少燃煤 274.41 万吨、减排二氧化碳 493.93 万吨。

（2）发挥创新引领优势。深化多能互补调度与控制系统应用，新能源大发时段送出通道利用率达到 98%。开展共享储能和调峰辅助服务市场化交易，新能源增发电量 1.72 亿千瓦时，利用率提高 0.7 个百分点，形成源网荷储协同发展、互惠共赢局面。上线国内首个“绿电感知平台”，让电力客户实时查询用电成分，感受“绿电在身边”。

（3）发挥资源配置优势。灵活开展实时交易、现货交易消纳清洁能源，累计外送电量 140 亿千瓦时，创历史新高。积极融入充电服务“全国一张网”，全国电动车累计充青海绿电 704 万千瓦时，同比增长 88.3%，使用户切实体会到“电从青海来，充的是清洁电”。推动能源消费转型，省内 8 家支柱电解铝企业全部采用绿电生产，消纳清洁能源 27.17 亿千瓦时。以绿电助力锂电池制造等新兴产业发展，降低用电成本 29.72 万元。

案例 2　国内外储能参与调频辅助服务的现状分析及建议

新型电力系统的构建对不同类型电源的优化调度与系统调频能力提出了更高要求。相较于传统火电、水电等调频资源，储能具有响应速度快、运行方式灵活及调节能力强等特点，可为电力系统提供更优质的调频辅助服务。

一、国外储能调频市场现状

美国联邦能源监管委员会自 2007 年开始通过一系列法令确立储能设施的市场主体地位，制定合理的收益机制及结算和报告规则并于 2018 年通过著名的 841 法案，要求公平赋予储能和其他主体一样的市场地位。储能可参与能量、容量、辅助服务等全体系的市场，可在市场上申报投标购电或售电且其充放电能按照节点电价结算，使得作为准入主体的储能规模显著增加。

澳大利亚储能调频市场分为调节调频和应急调频两大类共 8 个调频市场。额定容量 5 兆瓦及以上的储能电站通过注册为辅助服务机组后可参与调频服务。参与调频的在运储能装机达到 110 兆瓦，其中超过 98% 采用锂离子电池。储能电站已成为提供调频辅助服务的主力并大幅降低了辅助服务市场价格。

英国对储能作为输电资产持有谨慎态度，原则上不允许电力系统运营商直接投资、控制储能资源，而是要求储能作为市场主体参与市场。英国调频辅助服务中，储能容量需不小于 1 兆瓦且满足市场招标对设备性能的相关要求。储能仅通过英国国家电网公司组织的多月或月度招标市场参与固定频率响应。调频辅助服务已成为英国储能电站获取收益的主要来源。

二、国内储能调频市场现状

从国家政策看，储能参与调频辅助服务持续受到国家政策的重视和支持。2016 年 6 月，《国家能源局关于促进电储能参与“三北”地区电力辅助服务补偿（市场）机制试点工作的通知》（国能监管〔2016〕164 号）发布，推动储能参与电力辅助服务市场试点；2021 年 12 月国家能源局正式发布《电力并网运行管理规定》和《电力辅助服务管理办法》，将新型储能纳入电力辅助服务提供主体。从地方政策看，已有山西、山东、福建、广东、江苏、甘肃、云南、四川等省出台了储能参与调频辅助服务市场的相关政策，明确了其市场地位。

但就现实而言，储能参与调频辅助服务以火电储能联合调频项目为主，截至 2020 年年底，我国已发布（含招标、建设、投运）的火储联合调频项目 62 个。电网和负荷侧的储能参与调频辅助服务的市场规模较为有限，其发展还面临诸多挑战。一是市场规模相对较小。在我国以火电、水电机组为主要电源结构的电力系统中，常规机组即可基本满足调频需求，同时我国已形成了世界上规模最大的同步电网，系统之间互济能力较强，对二次调频的需求并不迫切。二是市场准入机制建设有待加强。大部分地区储能参与调频辅助服务的准入门槛为 10 兆瓦以上，准入门槛较高，限制了负荷侧小容量储能参与调频辅助服务。三是价格疏导机制有待完善。现阶段我国调频辅助服务的补偿费用由参与调频辅助服务的市场主体摊派缴纳，还未过渡到电力用户分摊的阶段。部分地区调频辅助服务市场的价格机制中没有考虑容量补偿，无法反映容量价值。四是安全性问题需进一步解决。国内储能电站相关的政策法规、建设标准、安全准入和技术监督体系还不够健全，多数地区对储能参与调频的准入要求主要体现在容量和功率，对储能建设、安全运维等未作出详细要求和规定。

案例 3　华北电网火电机组灵活性改造激励补偿机制

截至 2021 年 9 月底，华北电网新能源装机容量达 1.63 亿千瓦，占总装机容量的 35%，但受火电供热机组占比高（超过 70%）、水电机组少（仅占 1.6%）等电源结构制约，电力系统调节能力较差，新能源消纳矛盾凸显。国网华北分部探索建立激励补偿机制，推动火电机组开展灵活性改造，提升电力系统调节能力，助力能源绿色低碳转型。

一、火电机组灵活性改造面临的形势

火电机组灵活性改造，即通过技术改造实现供热机组热电解耦以提升供热期间调峰能力，具有改造周期短（改造天数 30 天，可配合机组检修同步进行）、提升单位调节容量投资少（200～1500 元 / 千瓦）的特点，是现有各类技术手段中提升系统调节能力最为经济可行的手段之一。以风电消纳为例，“十四五”期间，京津唐电网预计有 90% 以上的弃风电量集中在供热期，若将供热机组平均出力下限由 70% 降至 60%，可增加调节能力约 690 万千瓦，提高风电利用率 10 个百分点、增发电量 130 亿千瓦时。但从华北电网实际情况看，还面临以下困难。

（1）火电机组占比高，完成改造任务压力大。截至 2021 年 9 月底，华北电网统调火电装机容量达 2.83 亿千瓦，占总装机容量的 62%，是国家电网经营区域火电装机规模最大的区域电网。火电机组类型多、特性差异大，热力系统复杂多样，技术路线不统一，效果评估难度高，灵活性改造工作进展缓慢。

（2）补偿机制不完善，发电企业参与改造的积极性不高。现阶段，火电机组灵活性改造的收益主要来源于调峰辅助服务费用，补偿少、回收期较长，且存在发电量损失的机会风险，发电企业改造意愿不足。据测算，对于单台 60 万千瓦机组，调节能力提升 30% 的改造成本为 5000 万 ~ 9000 万元，而调峰辅助服务收益仅 600 万 ~ 800 万元 / 年，意味着需要 15 年才能回收成本。

（3）缺少评价考核标准，灵活性改造闭环管理不到位。由于缺乏评价考核标准，部分火电机组改造后的运行效果不适应电网调峰需求。个别机组由于改造不到位，还产生了燃烧不稳定、环保不合格等问题，给机组安全带来隐患。如 2021 年 3 月内蒙古岱海 4 号机组因自控系统改造不到位，导致深度调峰期间锅炉汽包水位波动较大，机组无法稳定运行。

二、促进火电机组灵活性改造的激励机制及成效

国网华北分部综合分析“十四五”电网调节能力需求和机组改造成本，编制了全国首个《火电机组调节能力提升奖励办法》，首次全面系统提出了火电机组灵活性改造技术指标体系，通过奖励优先电量[1]的方式鼓励发电机组开展灵活性改造，提升电网调节能力，服务新能源发展。

（1）优化制定奖励原则，推动灵活性改造有序开展。系统分析火电机组灵活性改造的技术路线、运营成本等因素，按照“提升多奖励多，占比大奖励多”的原则，依据机组改造提升容量和提升容量占比分配奖励优先电量[2]，原则上每提升 1 万千瓦调节能力，奖励 2000 万千瓦时优先电量。同时，根据改造成本、回收周期等因素设置奖励衰减机制，有效引导发电企业早改造、多改造[3]。据测算，若 60 万千瓦机组改造后调节能力提升 30%，每

[1] 按照同等优先原则，优先出售的电力电量，需要通过充分安排发电量计划并严格执行予以保障。

[2] 根据《国家发展改革委国家能源局关于规范优先发电优先购电计划管理的通知》（发改运行〔2019〕144 号），对于可再生能源调峰机组，可按照政策奖励要求安排优先计划电量。此案例中，将京津唐电网全社会用电量的 1.5% 设置为奖励电量，总规模约 60 亿千瓦时。

[3] 当火电机组灵活性改造总提升调节能力超过 300 万千瓦后，单位提升调节能力奖励电量将逐步降低，每提升 1 万千瓦调节能力，奖励电量降低为（全社会用电量 ×1.5% / 总提升调节能力）。

年可获 3.6 亿千瓦时优先电量，按边际发电收益 0.12 元 / 千瓦时计算，每年可获得额外收益 4320 万元，有望用 2～3 年回收改造成本。

（2）科学构建指标体系，保障灵活性改造良好效果。针对供热与非供热、燃煤燃气、不同容量的发电机组，建立多维量化灵活性改造技术指标体系，包括基础指标和综合指标两个一级指标，安全性、经济性、环保性、调节性能、调峰能力、保民生六类二级指标和 19 个三级指标，对机组安全稳定性、调节运行相关指标、发电排放等进行明确规定，确保改造后机组正常运行，满足电网安全稳定运行要求。

（3）建立三方监督机制，规范灵活性改造过程管理。引入“优质发电商”概念，明确火电机组调节能力提升改造前需向政府主管部门报备；改造后机组性能要通过第三方有资质单位进行试验认证；运行期间接受电网公司监督，对改造效果进行动态评估，并以结果作为依据，对发电企业及第三方机构进行评价，确保奖励申报的真实性，避免出现恶性虚假竞争。

《火电机组调节能力提升奖励办法》于 2020 年开始施行，经过一年试行，已促成京津唐电网 11 厂 23 台共 1084 万千瓦机组完成灵活性改造，占总量的 20%；累计兑现奖励电量 11.7 亿千瓦时，改造机组调节能力在冬季供热期新增 150 万千瓦，有效提升了火电机组对电力平衡的保障能力，缓解了新能源消纳与供热之间的矛盾。以天津北塘发电厂 35 万千瓦机组为例，调节能力提升 20%，投资 5000 万元，获得奖励电量 1.3 亿千瓦时，收益约 1560 万元，仅一年即收回超过三成的改造投资。

第四章

打造战略支撑型、资源配置型电网基础设施

本章提要

本章从提升能源安全保障水平、助力国家生态文明建设、带动相关产业、引领能源电力科技创新、夯实全国统一电力市场基础、承担电力普遍服务六个方面，深入分析电网在落实国家战略中的价值作用，提出加快电网基础设施升级、电网数字化转型发展的路径，探讨电网自然垄断环节高效运营的改善重点。

第一节 电网在落实国家战略中的价值作用

电网是重要的公共基础设施，除提供经济社会发展的基本供电功能外，在提升能源安全保障水平、助力国家生态文明建设等六个方面同样发挥着重要作用。

（1）提升能源安全保障水平。当前，我国能源总体自给率保持在80%以上，电力供应可基本实现自给自足，但油气对外依存度较高。“双碳”目标下，随着能源绿色低碳转型进程加速推进，电网基础设施在支撑清洁能源开发、保障国家能源安全中发挥重要基础作用。

（2）助力国家生态文明建设。二氧化碳与污染物排放同根同源同过程，治理和减排路径基本一致，需要从根本上调整能源结构，优化产业结构和交通运输结构。碳中和目标下减污降碳具有内在的协同效应。构建新型电力系统，建设能源互联网，支撑风电、光伏、水电等大型清洁能源基地规模化开发和送出，将成为能源绿色低碳转型和全社会协同减污降碳的重要抓手。

（3）带动相关产业发展。电网产业链上下游资金密集、技术密集、劳动密集，产业链长、价值密度高、影响面广，对经济发展的带动效应明显。电网自身的转型升级既能促进电力行业结构调整，也可直接拉动投资和内需，带动设备制造、冶金、建材、信息等行业发展和技术升级，成为经济社会发展的新引擎和新动能。

（4）引领能源电力科技创新。创新是引领发展的第一动力。在能源清洁低碳转型的大势之下，低碳用能方式带来能源生产消费的技术路线、装备工艺变革，能源科技革命将重塑能源电力工业体系和价值链。电网领域技术装备创新、产业升级，将推动低碳科技创新发展，以重大创新工程，引领社会协同创新，助力打造国家战略科技力量。

（5）夯实全国统一电力市场基础。电网基础设施是电力市场的物理载体，没有一个统一的互联电网就不可能建立统一而竞争有序的电力市场，没有电网的发展，就不可能扩展电力市场。近年来，我国电力市场建设稳步有序推进，多元竞争主体格局初步形成，市场在资源优化配置中作用明显增强，市场化交易电量比重大幅提升，未来全国统一电力市场体系建设，将依赖于电网基础设施实现电力资源在更大范围内共享互济和优化配置。

（6）承担电力普遍服务责任。新时代我国电力普遍服务的内涵和要求不断演变，全面乡村振兴、共同富裕深入推进，对城乡电力基础设施发展提出更高要求。主要体现在：通过电网基础设施建设，满足城乡居民生产、生活安全可靠清洁用能需求，为全面乡村振兴、共同富裕提供充足电力保障。以电网基础设施投资，实现大型基础设施先行，将西部资源优势转化为经济优势，促进区域经济协调发展。

延伸阅读

电网服务农村能源革命和乡村振兴

党的十九大提出实施乡村振兴战略，描绘了新时代我国农业农村发展的宏伟蓝图。农村能源作为我国能源体系的重要组成部分，是实现乡村振兴的重要基础性支撑。农村具有居住分散、用能分散等特点，但可再生能源资源丰富，电网可充分利用当地资源实现低成本接入。依托电网平台，建设农村能源互联网，大力发展可再生能源、提升农村电气化是保障农村能源安全、实现能源绿色转型的关键。

(1) 建设以电网为平台的农村能源互联网。加强农村电网网架建设，提升互联互供能力，满足分散的清洁能源灵活接入、自由转换和就近利用的需要。全面建成满足客户多样化需求的“安全可靠、技术先进、结构合理、智能高效”的农村现代配电网。

(2) 支持农村可再生能源开发利用和农村资源循环利用，促进农村绿色发展。支持太阳能、沼气、地热、风能等可再生能源开发和并网，推动电热气等能源形态灵活转换，实现梯级利用和互补优化。依托丰富的可就近利用的农作物秸秆、畜禽粪便和林业剩余物等生物质资源，推进生物质热电联产。

(3) 推进乡村电气化与农业生产、乡村产业、农村生活等领域深度融合。大力挖掘乡村电气化应用场景，推动建设农业电气化大棚、空气源热泵粮食电烘干、电烤烟、电制茶、全电景区等一批惠农富民项目。推广应用电采暖、电制冷、电炊、电动交通等，提升农村生活电气化、现代化水平。

(4) 构建线下线上融合的农村能源服务体系。构建纵向贯穿村级—乡镇—市县三级，横向覆盖农业生产、乡村金融等领域，线下线上融合的立体化农村能源服务网络。线下依托全能乡镇变电所和“三农”队伍，迅速响应农户能源服务需求；线上拓展新能源云在农村地区的应用，为农民提供新能源政策服务、能源咨询服务、能源设备监测运维服务、用能优化服务等，提高用能便捷水平。

第二节　加快电网基础设施升级

从物理内涵看，电网发展需要适应清洁能源集中式和分布式并举的开发方式，坚持规划引领、适度超前、安全经济、智能高效、形态多样、协调发展，为能源转型提供基础支撑。

（1）加快跨省跨区电网规划建设。创新规划理论与方法，推动基于典型运行方式的容量充裕性规划，向考虑丰枯期、极端天气等多样化运行场景下不同时间尺度、不同品类的灵活性资源规划转变，强化源网荷储时序生产模拟，提升规划科学性和有效性。落实国家清洁能源发展规划，加快推进跨区特高压电网建设，重点支撑沙漠、戈壁、荒漠等清洁能源基地规模化开发，开展水电、风电、光伏等清洁能源跨流域、跨区域协同规划建设，服务能源一体化规划建设，实现跨区输电以输送清洁能源为主。

（2）强化区域省级电网协调发展。完善送受端区域网架结构，支撑跨区直流安全高效运行，提高跨区直流利用效率。完善受端地区负荷中心特高压交流骨干网架，强化 500 千伏网架结构，提升多直流馈入支撑能力。优化 500（750）千伏电网结构，实现合理分层分区，提高重要断面输送能力。完善 220（330）千伏电网，逐步实现双回路供电和环网结构，提升供电能力和可靠性水平。

（3）巩固提升城乡电网基础设施。服务新型城镇化发展，加快电网基础设施提档升级，以安全可靠清洁的电力供应提升产业、经济和人口承载能力。服务构建农村清洁能源利用体系，补齐乡村供电服务短板，巩固提升农村电网基础设施，支撑生物质、地热、分布式光伏等清洁能源利用，构建农村综合能源体系。适应分布式能源发展需要，强化配电网基础设施改造。

（4）加强数字化基础设施建设。适应数字经济发展对网络传输、数据融合、技术创新要求，以满足电网业务高质量发展需求的物联体系、信通网络和云平台为重点，深入对接国家新型基础设施建设布局，深化物联感知、芯片、5G、人工智能、数字孪生、区块链等在电网领域应用，形成覆盖电网各环节的高速感知和智能决策系统，推动电网数据基础治理和共享开放。利用云计算、人工智能、大规模超算技术，推进智能化模拟运行系统建设，实现电力系统精准数字化仿真。建设源网荷储协同调控系统，对接独立负荷聚合商、车联网平台、大用户等相关负荷侧资源聚合平台，实现负荷侧资源在调度端的全景感知、动态聚合和连续可控。

第三节 电网数字化转型的意义和途径

推进电网数字化转型的出发点和落脚点，主要有两个方面。

（1）保障电力安全可靠供应。新能源大规模建设和并网，电力系统电子化自动化程度不断加深，需要依赖数字化手段更好地促进源网荷储协同互动，解决电网安全稳定运行难题。同时，网络安全形势日益严峻，对防御边界和防御手段的创新要求不断提升，迫切需要加快数字化进程，建立健全系统安全、数据安全、网络信息安全等整体解决方案。在生产侧推动能源技术和信息技术融合应用，实现对可再生能源发电的全息感知、智能分析和精准预测；在消费侧加强数据安全合规管理，实现电力数据的广泛交互、充分共享和价值挖掘，提升终端用能状态全面感知和智慧互动能力。

（2）助力实现“双碳”目标。我国能源利用效率偏低、非电行业减排压力向电力系统转移，未来需要发挥新型电力系统的功能作用，打破行业专业壁垒，搭建数字技术支撑体系，强化数据采集、传输和存储，增强各环节连接、计算和协同能力，以数字化转型有效推动碳减排过程。

电网数字化转型的方向是创新利用数字技术与能源技术，增强电网安全稳定运行能力，提升电网配置资源的规模效应，推动电网向能源互联网转型，实现电网技术、功能、形态全方位升级，畅通能源数字经济梗阻，激发各类资源要素的互联互通，服务新型电力系统建设，助力能源绿色低碳转型，促进经济社会高质量发展和能源强国建设。

从技术特征看，利用先进数字技术，实现状态全感知、设备全连接、数据全融合，打造电网数字孪生平台，在与业务融合过程中实现电网“可观测、可描述、可控制”。

从功能特征看，有效满足高比例可再生能源并网消纳和多元用能设施便捷接入需要，形成清洁主导、电为中心的能源供应和消费体系，协同推动能源生产清洁化、能源消费高效化、能源服务便捷化。

从形态特征看，推动电网成为更加智能的新型能源基础设施，实现电网全域的“广泛互联、多流互融、智能互动”。

延伸阅读

国网北京电力“三大措施”推进企业数字化转型

措施 1：以电网一张图、数据一个源、业务一条线为核心，加快建设数据、业务和技术三个中台，推动发展、建设、营销等九大业务领域数字化转型。

措施 2：建立实体化数据运营中心，聚合数据、资源、队伍等五大要素，服务冬奥电力运行保障指挥中心、网上电网等业务数字化应用，支撑企业污染防治等电力大数据产品开发。

措施 3：将人工智能、数字孪生等新技术应用到供电保障，建立监视、指挥、控制、互动一体化数字供电保障新模式，推动指挥全穿透、设备全感知、信息全透明，支撑重要活动供电保障。

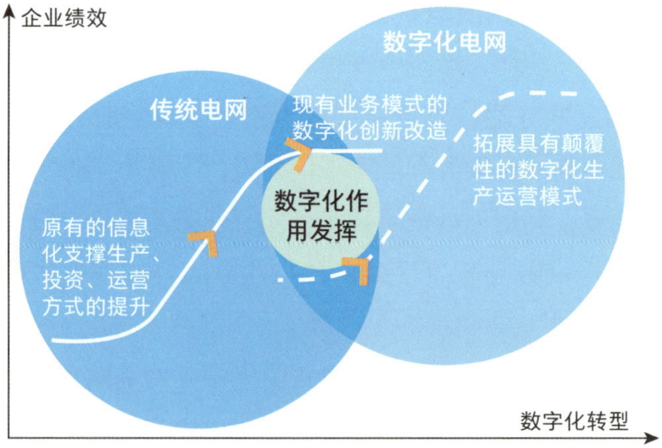

图 4-1　以数字化转型促绩效提升

第四节　电网自然垄断环节的高效运营

随着电力改革深入推进，输配电成本监审和电价核定持续规范，对电网高效运营、公平开放、公开透明的要求不断提高，同时，服务“双碳”与安全发展、绿色发展等逐步纳入监管范畴。改善电网运营管理重点包括以下四个方面。

（1）以市场需求为导向，加强精准投资，提高投资的有效性。落实环境保护、水土保持、生态恢复等电网建设标准。科学安排电网运行，着力提升电网传输效率、设备使用效率，强化降本增效，挖掘潜在价值。

（2）支撑电力市场建设，对市场运营过程中的计量、结算、交易、信息披露等关键环节提供支持。优化生产组织方式和流程，加强电网运行和市场运行的衔接。利用电力大数据和数字化平台向监管机构提供监管信息，助力监管手段现代化。

（3）全面实施阳光业扩，深化“互联网+”服务，推动政策、方案、流程、收费等全环节透明，注重提升对多元化、个性化需求的服务能力，改善客户体验，优化营商环境。

（4）有效区分电网自然垄断业务与竞争性业务，实施差异化分类管理，实现管控高效、运营合规。适应分布式新能源、微电网发展趋势，变革配电网管理模式，优化资金、人才等基础要素配置，提升管理的灵活性、科学性。

延伸阅读

国家进一步规范电网公平开放行为

2021 年 9 月 29 日，国家能源局正式印发《电网公平开放监管办法》，落实《电力监管条例》“电力企业公平开放”要求，规定了电网公平开放在流程、时限、信息公开等操作层面的具体要求，明确对电网企业的电源、电网项目接入（互联）服务开展常态化监管，标志着电网无歧视公平开放接入将成为能源主管部门的重点监管方向。

第五节 实践案例

案例1 国网山东电力服务黄河流域生态保护和高质量发展的实践

国网山东电力推广“五力”举措，推进“电靓黄河两岸”，助力黄河滩变成“幸福滩”。

（1）助力动能转换，激发黄河流域“经济带动力”。主动服务先进产能用户报装，加强沿黄区域5G、人工智能等先进技术与能源互联网融合，助力发展动能转换、能源利用方式转型。济南是黄河流域唯一沿海省份的省会，也是山东新旧动能转换的“三核”，在黄河两岸规划建设1030平方千米的两大战略“先行区”。国网山东电力为济南沿黄新产能重点项目畅通办电“绿色通道”，全力打造共享互赢能源互联网生态圈，以沿黄乡崔寨新旧动能转换片区为试点，供给侧提高分布式电源消纳水平，需求侧灵活适配高端产能用户用能特点，扩大新业态、新技术应用范畴，提升针对新产能用户的优质服务水平。

（2）推进电网迁建，强化黄河流域“民生保障力”。精准发力支持脱贫攻坚，精心规划配电变压器布点和容量，加强迁建电网供应保障能力，有效满足滩区迁建居民生产生活用电需求。以菏泽为例，菏泽东明县脱贫迁建滩区面积占山东脱贫迁建滩区总面积的23.5%，是山东黄河滩区脱贫迁建工程主战场。国网山东电力主动加快扶贫项目业扩流程，开展驻村帮扶，乡村基础设施优化，保障了滩区12万群众可靠供电，结束了黄河西岸5.8万亩农田无电灌溉的历史，帮助当地村民亩产达到1200斤，每年仅土地增收就达4600万元，获得山东省扶贫办领导小组“行业扶贫筑彩虹，功成美誉留民间”的称赞。

（3）优化农网结构，提升黄河流域“能源支撑力”。聚焦黄河流域农网发展不平衡不充分的问题，通过精准管控工程各个环节，扎实推进农网改造升级，显著提高电网对农村经济社会发展的支撑力度。济宁是山东黄河滩区乡村振兴示范区，国网山东电力主动加强政企沟通，联合摸排青苗补偿、土地占用等问题，推广成套化配送、装配化施工、机械化作业等方式，连续两年共挂牌命名289项市级“百佳工程”。细化编制农网改造项目里程碑计划表，明确重点工作节点和量质期要求，将新思路、新技术与黄河滩区农网改造紧密结合。2020年底累计完成2319眼农田机井通电、101个小城镇（中心城）电网改造升级、9个自然村通动力电改造，“井井通”平均线损率由21%降低至5.8%。

（4）电靓文旅产业，扩大黄河流域“国际影响力”。科学制定电网规划建设方案，确保电力线路与整体环境相协调，助力山东打造具有国际影响力的黄河文化旅游带。德州齐河黄河国际生态城是山东黄河流域文旅产业发展的重点项目，国网山东电力积极对接生态城区域范围内82个重点项目，园区内配电网建设实行“工厂化”装配施工，坚持“线杆融景、变台为景”，将电网发展融入生态城建设。2020年，黄河国际生态城220千伏变电容量增长至159万千伏安，实现容量翻番，线路联络率由50%提升至100%，*N*–1通过率由50%提高至80%，为当地黄河生态城文旅产业快速发展提供了坚实保障。

（5）聚焦环境保护，增强黄河流域“生态承载力”。针对黄河山东段生态环境脆弱的问题，在电网规划施工、设备运维等方面超前考虑周边环境，助力增强黄河流域的生态承载力。以东营为例，位于东营入海口的黄河三角洲国家级自然保护区是全球暖温带最年轻、最广阔、最完整的河口新生湿地，每年途经黄河口迁徙的鸟类368种近600万只。国网山东电力将工程施工对自然保护区的影响纳入环评分析，从工频电场、工频磁场等方面进行重点考查评价，“十三五”期间项目环评率实现100%。专项研究鸟类“依塔而栖”造成线路跳闸问题，装设绝缘护套600套，2019年以来成功实现装设护套区段鸟害“零跳闸”。

案例2 上海建设城市韧性电网实践

建设韧性电网，提升电网在内外部威胁下的应变、恢复和适应能力，是构建韧性城市、夯实城市安全基础的重要举措。国网上海电力结合上海市韧性城市建设要求，对城市韧性电网建设路径进行了初步探讨。

一、城市电网安全存在的突出问题

保障电网安全和电力可靠供应是电网企业最大的责任。服务能源清洁低碳转型和“双碳”目标实现，给城市电网带来新挑战。城市电网既要应对“灰犀牛”，又要防范“黑天鹅”。一是外部威胁频次高、影响大。如2019年台风利奇马经过时，上海电网配电线路跳闸243起，停运99起，涉及用户达5.58万户。二是用电负荷峰值高、峰谷差大。2020年上海电网冬季高峰3339万千瓦、同比增长23.9%，冬峰首超夏峰；全年峰谷差率最大达43.3%。三是电力系统不确定、不稳定因素多。随着高比例可再生能源接入，可再生能源出力的不确定性会在电源端、负荷端引入不确定性，电力电子装置低惯性、弱抗干扰性、多时间尺度响应特性也深刻影响电网安全。四是网络安全响应范围大、防范难度大。城市电网是信息系统与物理系统的高度融合，电力系统网络攻击具有隐蔽性强、潜伏期长、攻击代价小的特点，防范难度更大。2020年中国国际进口博览会保电期间，上海电网累计受到网络攻击959次，日均约120次。

二、强化电网韧性提升城市电网安全水平

加强包括电网在内的城市韧性已经成为全球共识，美国、欧盟、日本等国家和地区均已明确提出建设具有韧性的城市公共基础设施。韧性电网指能够全面、快速、准确感知电网运行态势，协同电网内外部资源，对各类扰动

作出主动预判与积极预备，主动防御，快速恢复重要电力负荷，并能自我学习和持续提升的电网。韧性电网具备六个关键特征，即应变力、防御力、恢复力、感知力、协同力和学习力。

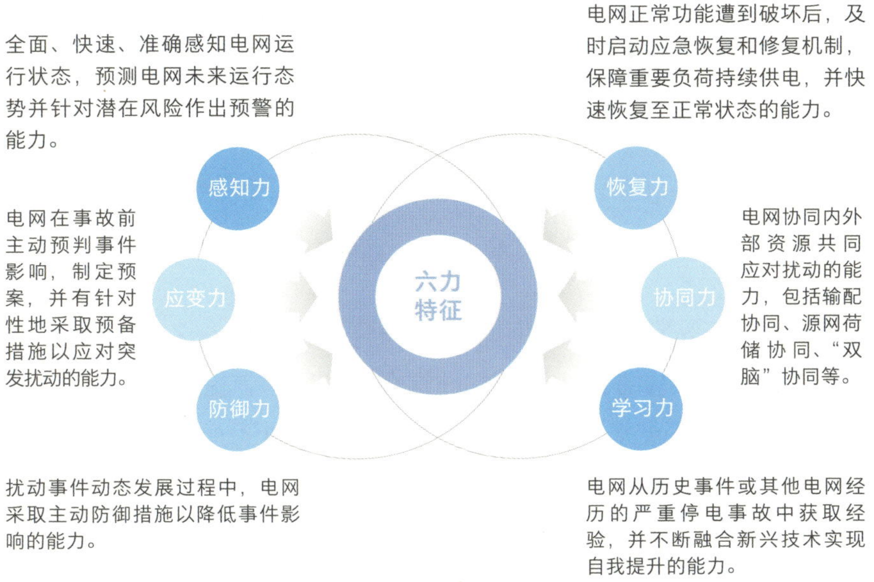
全面、快速、准确感知电网运行状态，预测电网未来运行态势并针对潜在风险作出预警的能力。
电网正常功能遭到破坏后，及时启动应急恢复和修复机制，保障重要负荷持续供电，并快速恢复至正常状态的能力。
感知力
恢复力
电网在事故前主动预判事件影响，制定预案，并有针对性地采取预备措施以应对突发扰动的能力。
应变力
六力
特征
协同力
电网协同内外部资源共同应对扰动的能力，包括输配协同、源网荷储协同、“双脑”协同等。
防御力
学习力
扰动事件动态发展过程中，电网采取主动防御措施以降低事件影响的能力。
电网从历史事件或其他电网经历的严重停电事故中获取经验，并不断融合新兴技术实现自我提升的能力。

图 4-2　韧性电网六大特征

在六大特征中，应变力、防御力和恢复力是韧性电网的核心特征，分别描述电网在扰动事件前、中、后的应对能力；感知力和协同力贯穿扰动事件全过程，为提升电网应变力、防御力和恢复力提供支撑，同时也适用于电网正常运行状态；学习力是电网从事故中学习和提升的能力，是韧性电网在长时间尺度中自我完善和提升的机制。

三、提高城市电网韧性的相关建议

建议融合“共享、共建、共治”理念，统筹源网荷储协同发展，建设应变力、防御力、恢复力、感知力、协同力、学习力“六力合一”的韧性电网。为全方位提升城市电网安全保障水平，可以重点从四个方面发力。

电源侧，加强电能与其他能源形态转化协同。积极推进电网与热力管

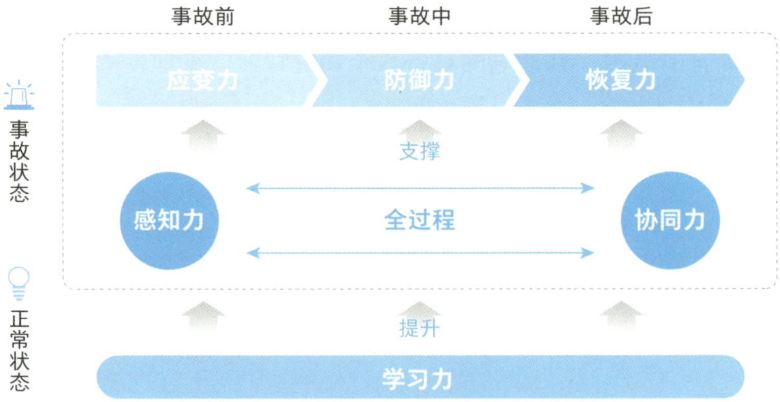

图 4-3　韧性电网六大特征关系

网、天然气管网等能源网络深度耦合，构建以电为中心、多种能源形态协同转化、多种能源供应方式协调运行的综合能源网络，提高电网适应环境变化、承受扰动以及快速恢复能力。例如国网上海电力通过构建“政府—电网—气网”协同机制，实现燃气开机保电力供应、电力供应保燃气生产，显著提高了“冬峰”燃机顶峰作用和电网黑启动支撑作用。

电网侧，构建城市能源互联网络。主网侧，完善主网架结构，提升互联互通水平；配网侧，加快配电自动化建设，提高负荷转供能力。国网上海电力通过 500 千伏城市“双环”网络和“五交四直”输电通道建设，有效保障了电网受电、供电能力，在应对低温气候中展现了充分的韧性。

负荷侧，提升终端用电的可靠性。加强用户、园区、区域网各层级备用电源建设及相互协同，支持用户侧配置能量型储能，提升紧急情况下的应急恢复能力。加强应急管理，构建重要用户联动、政企高效协同机制，完善辅助服务和需求侧响应市场建设，提高电网在突发故障下应急处置能力。

储能侧，加强与源网荷协调发展。积极发展“光伏 + 储能”，强化对用户可调节资源的精准控制，缓解负荷峰值压力。上海是全国电动汽车保有量最高的城市，据上海市交通委预计，2030 年将达到 690 万辆。在上海市深入挖掘动力电池的储能及调峰价值，以分布式能量站的形式开展电动汽车与电网互动，对提高上海电网应对极端灾害的能力具有重要意义。

案例3　国网四川电力发输变配“电网一张图”构建及应用

电力系统具有即发即用实时平衡的特点。受传统观念影响，国际国内普遍按照主网侧、配网侧，以不同电压等级分别绘制电网图进行测量、控制和分析。这种将发电侧、用户侧电网天然拓扑关系割裂开来的方式，不利于电网全局协同控制和优化，造成大电网安全防控、全局分析控制的不同步、不协调。构建发、输、供于一体的“电网一张图”，实现电力全系统数字化“血管造影”，既可展现特高压电网“大动脉”，又可显示终端配电网“毛细血管”，提升全网数据分析和安全控制能力，具有重大的价值和意义。

一、“电网一张图”应用价值

（1）提升电网全局能源流感知分析能力。“电网一张图”按照最直观的电网自然结构表达出来，打破了电力生产、传输、消费数据壁垒，实现电网各侧能源数据流状态全感知，提升电网全局数据的分析能力。

（2）优化资源调配策略，实时响应客户需求。基于“电网一张图”图计算技术，能够实现发、输、供、用各端能源数据流的精确、快速、实时计算，能够快速优化调整资源，高效精准满足客户电力需求，也能较好满足电力市场实时响应需求。

（3）支撑大电网主配协同安全运行。分布式电源的快速发展及储能和控制装置大规模接入使得电网结构日趋复杂，主配网交织影响日益显现，电网特性分析和控制策略面临诸多挑战。利用“电网一张图”全拓扑结构计算大电网运行关键指标，实时评估风险，服务大电网安全可靠运行。

二、“电网一张图”在四川的构建及应用

1. 探索建设“电网一张图”

四川电力结合业务实际需求，一是通过在调度主站扩展配电网功能模块，完成22家地市公司主配一体化升级改造，建立调管范围内主、配电网设备模型，实现主、配电网拼接，构建“主配一张图”。二是完成全川发、

输、变模型汇集，构建“发输变一张图”，同时贯通“营—调”两大运营数据，直观表达电能“生产—传输—消费”全过程。三是对“电网一张图”进行了拓展，探索构建“水系一张图”直观表达四川水—电耦合的能源流关系，将其打造成面向政府 / 发电企业等服务对象的一、二次能源数据共享平台。

2. “电网一张图”的实践应用场景

“电网一张图”建成后，为更多基于电网图形数据的创新实践打开了“一扇门”。

（1）开展变电站负荷画像和在线可开放容量计算。利用“电网一张图”图计算技术，绘制变电站供电范围内负荷画像，可实现供电路径“导航”，以用户电源接入点为起点搜索 110 ~ 500 千伏电压等级沿途供电路径的设备剩余容量，开展线上可开放容量计算，服务阳光业扩规划及实施。

（2）实现快速能量管理系统（EMS）实时仿真。基于图计算技术的 EMS 实时仿真系统可在 300 毫秒内完成在线状态评估、100 毫秒完成潮流计算和 2 秒内完成 50 组预想故障分析，在线计算效率提升 10 ~ 20 倍。

（3）主站小电流接地选线。基于“电网一张图”可实现主站端故障线路快速定位并自动生成故障处置策略。2020 年全川精确处置 10 千伏单相接地故障 1918 次，故障处置成功率 85%，故障处理时间平均小于 2 分钟。

（4）营配调基础数据治理。利用图计算技术开展全电压等级供电路径搜索、配网大馈线手拉手核对、主 / 配电网孤岛设备整治、异常环路整治等工作，破解营配调数据质量治理问题，促进基础数据融合贯通。

案例 4　国网北京电力应用数字化平台助力生态环境治理

我国高度重视数字化在现代化建设全局中的引领作用，持续完善数据要素市场配置体制机制，推动经济社会加速向数字化转型。2020 年 10 月，国网北京电力与北京市生态环境局签署战略合作协议，从“电力 + 环保”角度共同推动电力数据与环境数据的有效融合，通过企业生产“线上盯”、环境执法“事前管”、环保数据“云上查”角度助力政府用能生态环境管控。

一、主要做法

推动电力数据与环境数据融合，主要有四方面做法。

（1）双手段确保数据聚合安全。推出用电活跃度、用电指数、用电增幅比等用电量脱敏指标，保障用户隐私信息安全；创新使用安全文件传输协议（SFTP，即 secure FTP）市政专线开展结构化数据自动传输，有效保障电力大数据政务融合的安全性。

（2）规范环保数据治理流程。基于能源大数据中心和数据中台数据特征及采集源端和数据中台多维数据更新频率、数据质量真实情况，制定污染源企业数据治理规则和数据补全机制，有效保障电力大数据最小时间颗粒度的可用性和及时性。

（3）创新电力环保数据融合维度。与北京市生态环境局对接城市环境特征网格，针对 153 个环境重点关注网格实现网格内重点企业聚合电量、网格内行业分布情况、网格内异常用户挖掘情况进行多图层叠加融合，后续将实现全市范围 8 万余环境网格和电力特征的全体量叠加融合。

（4）闭环沟通机制放大数据价值。利用电力数据模型为政府部门开展现场精准执法提供有力数据线索，根据政府部门现场执法反馈情况补融季节用电特征，优化电力数据模型，放大电力数据模型应用价值，为政务数据智慧服务体系搭建打下坚实基础。

二、北京地区应用情况及成效

（1）形成分行业大气污染源企业用电情况分析报告。以 2021 年北京市发布四次重污染黄色预警应用情况为例，重点企业在第二、三、四次应急管控期间，整体用电量与管控前相比下降趋势明显，积极响应企业数量较多；在第一次应急管控期间，整体用电量与管控前相比呈上升趋势，未响应企业和异常生产企业数量较多。各行业中家具制造和涂料制造、工业涂装、汽车整车制造、水泥行业企业异常情况较多。

（2）支撑大气污染防治精准监控，助力环保执法检查。构建重点企业用能环保监测平台，针对1301家重点污染企业以及171家黄色预警措施企业的应急响应行为进行在线分析、在线预警，解决了重点污染企业分散、数量大、现场工况复杂等问题，为环保部门开展现场稽查、针对性执法提供了数字化依据，辅助环保部门提升监督效率。预计重点污染企业每年可节省现场核查3万余人次，涉VOCs（挥发性有机物）每年可节省现场核查4000多人次，总节约率约66.7%。

（3）挖掘电力数据资源，推进大数据服务变现。平台充分利用云平台、数据中台、能源大数据中心基础资源，完成统一架构设计、分步实施建设，实现了电力大数据高效率应用，打破部门独立管理的数据“孤岛”壁垒，建立互联互通数据环境，完成电力大数据在环保领域进一步挖掘和应用，激活电力大数据应用价值，获得利润约45万元/年，为电力大数据服务变现添砖加瓦。

（4）加强政企互动，创建协同发展模式。2021年，国网北京电力在环保领域不断提高应用和服务能力，促进内外部数据融合互补，在确保数据安全和保护第三方数据隐私权益下，设计形成“工作台+四大数据应用场景”新架构，优化生产活跃度和用电水平电力相关指标：通过“宏观监测”实现多维度多清单整体分析；通过“靶向治污”实现应急响应、应急调度、用电大增幅锁定、乡村散乱污挖掘和污染源清单动态更新；通过“微观出击”实现单一企业监测、产线精细化管控、碳排联动和排污许可微观监测；通过“网格监测”实现电力物联网与生态环境PM2.5监测网络有机融合，形成污染防控物联网解决方案和智慧工厂建设方案。

第五章

构建高效便捷多元融合的终端用能体系

本章提要

本章从高效化、电气化、多元化三个方面研判终端用能发展趋势，分析需求侧资源开发利用潜力和实施路径，围绕智能微网、园区多能一体化供应、需求响应代理、碳减排服务，探讨典型综合能源服务新业态、新模式。

第一节　终端用能高效化

2020 年我国一次能源消费强度为 0.49 吨标准煤 / 万元（3.4 吨标准煤 / 万美元），约为世界平均水平的 1.5 倍，是欧盟、美国、日本等发达国家或地区的 2～3 倍。全面强化节能对提升能效水平、保障能源安全、提高经济发展质量都具有重要价值。

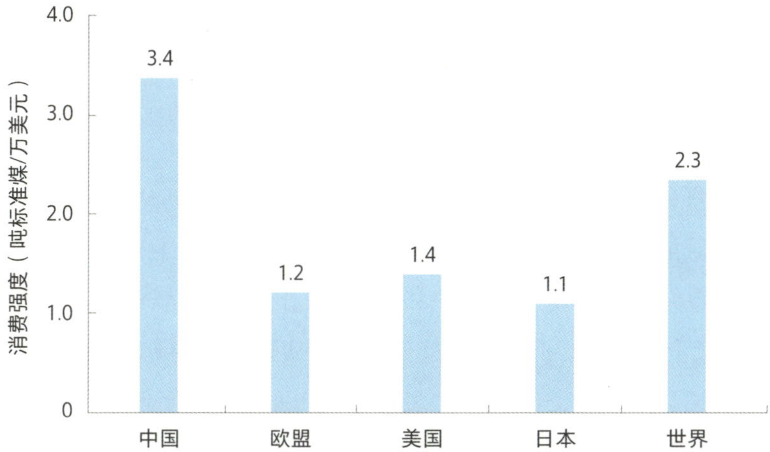

图 5-1　2020 年一次能源消费强度国际对比（2020 年价格）❶

❶ 数据来源：国际能源署，世界银行。

我国能源消费总量在2030年前将呈现缓慢上升趋势，2030年会达到60.3亿吨标准煤，2035年前后能源需求进入峰值平台期，对应峰值约为60.4亿吨标准煤。在能源消费方面，我国化石能源的消费占比将逐步下降，在2030年将由2021年的83.5%降低到75%；电力在终端能源消费的占比将呈持续快速上升趋势，预计2030年将达到35%左右。预计2025年单位GDP能耗较2020年降低13.5%，2030年有望下降27.5%左右。

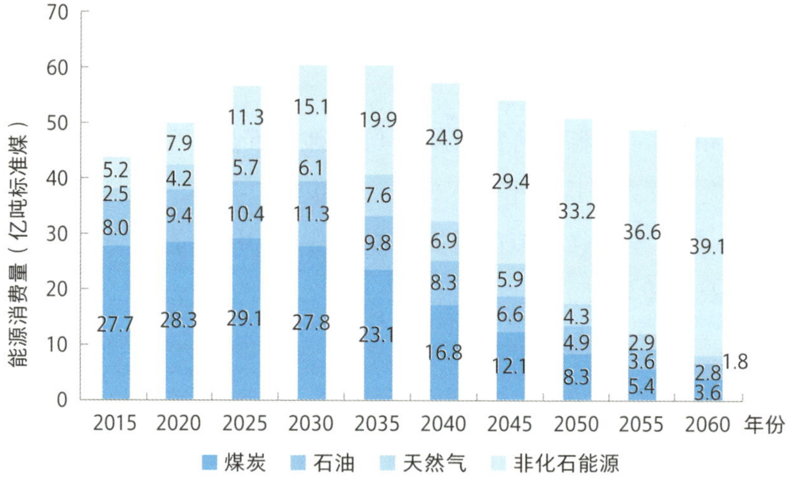

图5-2 2015—2060年一次能源消费总量增长趋势[1]

我国高耗能工业领域在2030年可实现节能约6亿吨标准煤，相当于2019年该领域能源消费总量的24.5%；2021—2030年累计节能约33.7亿吨标准煤，节能潜力贡献主要来自钢铁和电力部门。在基础场景下工业领域总能源消费呈持续上升趋势，而采取节能措施后可实现总体能源消费的逐步下降。

我国交通领域在2030年可实现节能约0.86亿吨标准煤，相当于2019年交通领域能源消费总量的13.5%；2021—2030年的累计节能约为5.1亿吨标准煤，主要贡献来自公路客运和货运的能效提升。相对于基础场景，采取节能措施后交通能源消费更快进入平台期。

[1] 数据来源：国网能源研究院《我国能源消费达峰趋势研判》课题组。下同。

我国建筑领域在 2030 年可实现节能约 0.805 亿吨标准煤，相当于 2019 年建筑能源消费总量的 14.7%；2021—2030 年的累计节能约为 5.3 亿吨标准煤，将显著降低碳排放量的上升速度，主要贡献来自清洁供暖和节约用电。节能场景下的能源消费量上升速度明显低于基础场景。

在基础场景下，碳排放总量虽呈现增长逐步放缓的趋势，但在 2030 年前仍不能顺利实现达峰；而在节能场景下，碳排放将很快进入平台期并在 2028 年前后开始稳步下降。预计到 2030 年，在实施节能措施后，可减少二氧化碳排放约 19.5 亿吨标准煤，2021—2030 年将累计减少二氧化碳排放约 105 亿吨。因此，强化节能措施可以有效降低未来能源消费需求并显著降低碳排放总量，从而成为推动我国碳达峰碳中和目标实现的重要手段。

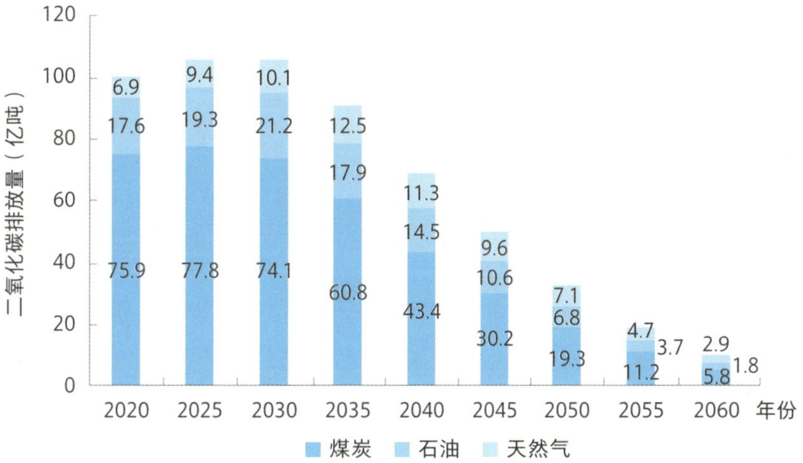

图 5-3　2020—2060 年二氧化碳排放变化趋势

第二节　终端用能电气化

电气化是推动能源转型、实现“双碳”目标的重要途径。构建新型电力系统的过程，也是建设清洁能源消纳体系的过程，必然伴随全社会电气化程度逐步提升。

从世界范围看，电力是过去40年增长最快的终端能源消费品种。1980—2020年，全球终端能源消费增长了78.7%，其中电力消费增长了224.8%，年均增速为3.0%，明显高于煤炭的0.7%、石油的1.3%、天然气的1.9%、热力及其他终端能源的1.4%。

全球电气化水平呈持续提升的态势。1980—2020年，全球电气化水平从10.9%上升至20.0%，上升了9.1个百分点。其中，非经济合作与发展组织（OECD）国家电气化水平上升幅度（12.3个百分点）明显高于OECD国家（8个百分点）。美国、英国、法国、德国电气化水平分别上升7、5、12、6个百分点。我国电气化水平上升了22.1个百分点[1]，增幅居全球首位。

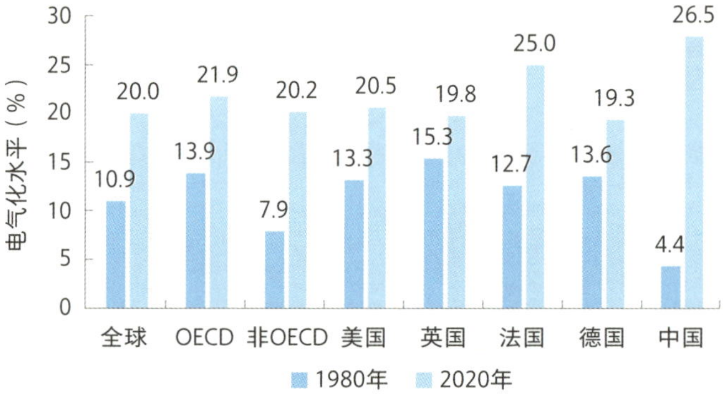

图5-4　1980年和2020年典型国家电气化水平[2]

从我国来看，近10年我国电气化水平呈较快上升态势。2010—2020年，全国电气化水平从18.6%上升至约26.5%，上升了7.9个百分点，反映出我国能源消费清洁化低碳化水平持续提升。从绝对水平上看，2020年电气化水平达到30%以上的省份6个，分别是浙江（36.3%）、广东（35.9%）、江苏（31.9%）、青海（30.5%）、福建（30.3%）、新疆（30.3%）。

❶ 国际能源署数据口径，后文均为中国能源统计数据口径。

❷ 数据来源：国际能源署。

表 5-1　　全国及各省终端用能电气化水平　　单位：%

地区	2010 年	2020 年	地区	2010 年	2020 年	地区	2010 年	2020 年
全国[1]	18.6	26.5	浙江	29.8	36.3	重庆	12.7	22.6
北京	18.3	24.4	安徽	17.5	26.4	四川	14.2	21.1
天津	15.0	17.6	福建	21.3	30.3	贵州	17.9	24.3
河北	15.0	17.6	江西	17.3	24.6	云南	17.9	23.6
山西	15.3	19.8	山东	16.3	23.2	西藏	—	—
内蒙古	16.2	24.0	河南	19.5	23.6	陕西	15.2	26.1
辽宁	12.7	15.2	湖北	13.7	20.8	甘肃	22.6	29.2
吉林	10.6	15.1	湖南	15.2	19.0	青海	35.4	30.5
黑龙江	13.1	11.1	广东	25.9	35.9	宁夏	26.4	24.9
上海	17.3	21.0	广西	19.4	29.0	新疆	13.0	30.3
江苏	25.0	31.9	海南	15.8	23.5			

在“双碳”目标推动下，未来我国电力需求仍存在较大增长空间。据测算，2020—2060 年我国终端用能电气化水平将呈逐步上升趋势，预计 2030 年将达到 35% 左右，2060 年达到 67% 左右。

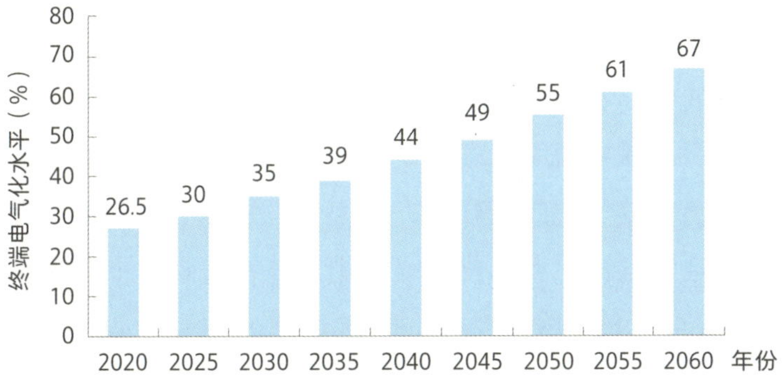

图 5-5　2020—2060 年终端用能电气化水平变化情况

[1] 全国数据不含香港、澳门和台湾。

分领域看，工业领域电气化水平将从 2020 年的 27% 上升到 2030 年的 35% 左右，2060 年预计达到 69%；建筑领域电气化水平将从 2020 年的 40% 上升到 2030 年的 49% 左右，2060 年有望达到 74%；交通领域电气化水平将从 2020 年的 2% 上升到 2030 的 11% 左右，2060 年预计将达到 53%。

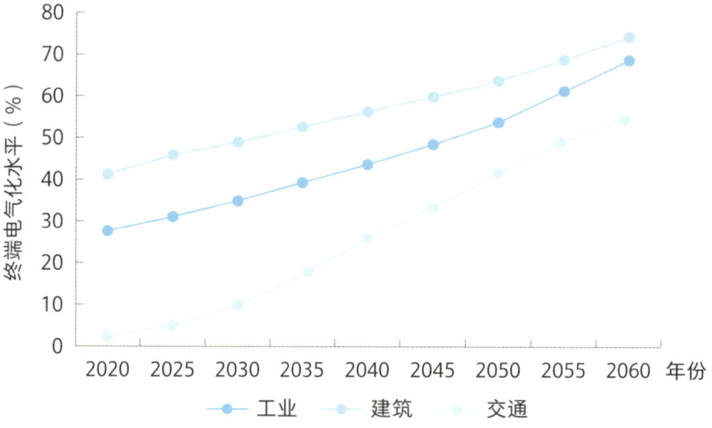

图 5-6　2020—2060 年我国主要领域终端用能电气化水平发展趋势

第三节　终端用能多元化

构建清洁低碳、安全高效的能源体系，实现能源安全可靠供应，需立足我国能源资源禀赋，顺应低碳发展趋势，充分发挥不同能源品种的互补特性，在能源消费电气化的基础上，加大化石能源清洁利用、可再生能源直接利用，因地制宜构建多元化的终端用能体系，降低主要靠单一能源品种满足用能需求带来的风险。

一、终端用能技术的发展趋势

“双碳”目标下，利用新的二次能源技术对能源生产利用体系进行重构，将形成基于非化石能源的以电、氢为核心的二次能源生产消费格局。

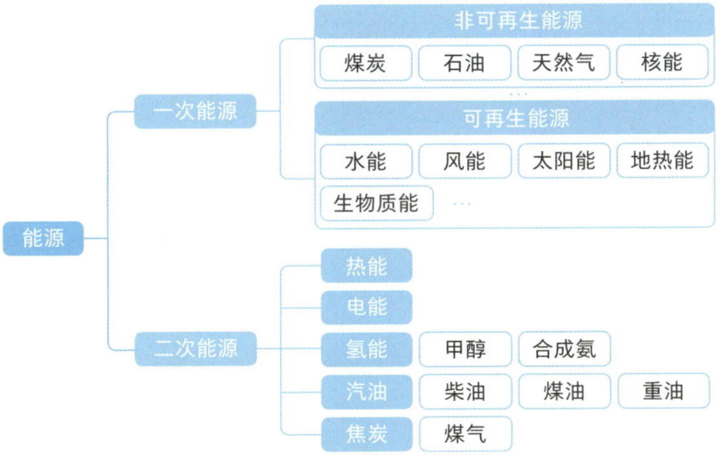

图 5-7　一次能源和二次能源分类

碳基二次能源技术加速退出，以非化石能源电力为基础的二次能源新技术将成为能源生产转换的主要方式，从而将推动电力系统和建筑、交通、工业等行业发生更加深刻的耦合。

一次能源中的可再生能源替代，即：风能、太阳能、水能等可再生能源替代煤炭、石油、天然气等高碳的化石能源。

二次能源中的电能、氢能替代，即：低碳的绿电、绿氢（由可再生能源制取）替代高碳排放的火电、热力、成品油、焦炭和灰氢（由化石能源制取，且未加装碳捕集装置）。

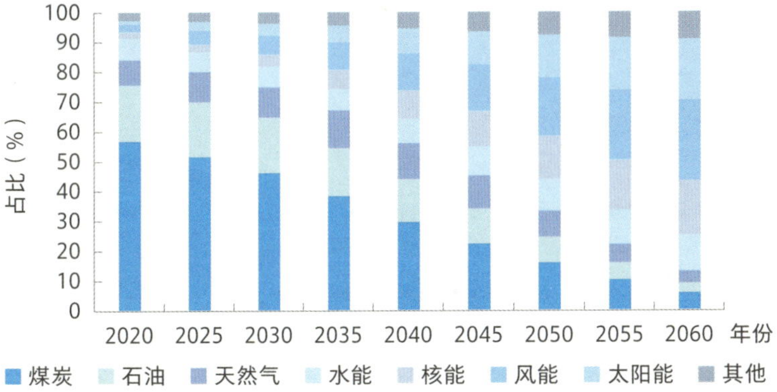

图 5-8　2020—2060 年一次能源消费占比

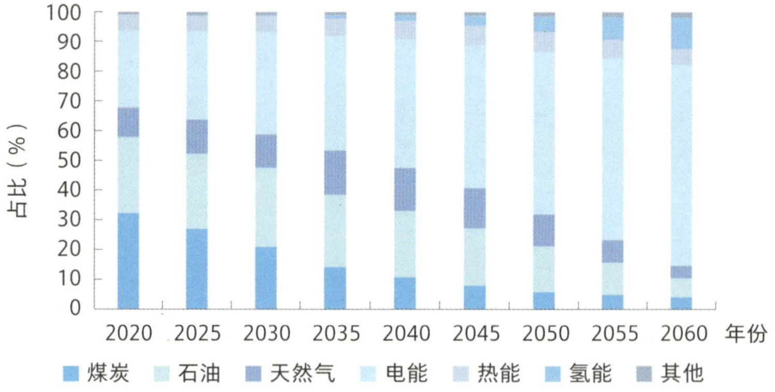

图 5-9　2020—2060 年终端能源消费占比

随着“双碳”目标推进，可再生能源渗透应用到电力、工业、建筑、交通等领域，绿电、绿氢（甲醇、氨等氢能载体）、热（冷）等二次能源将深度耦合、协同互补。依托生产、运输、储存、利用各环节的二次能源新技术，利用可再生能源发电（绿电），进行电解水制取氢气（绿氢），将绿氢

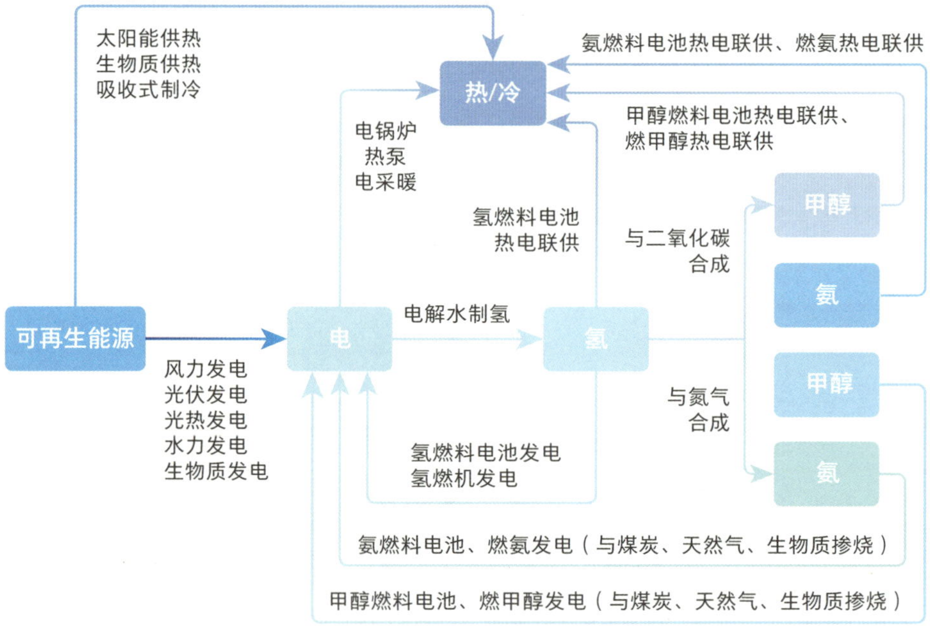

图 5-10　能源转换网络

合成为便于储运的液态甲醇、氨，作为氢能的载体。氢能及其载体在终端领域进行灵活高效的综合利用，有利于提升能源系统的灵活性，实现可再生能源的灵活高效存储和利用。

二、分部门终端能源消费结构变化趋势

（一）工业

工业部门终端能源消费结构变化较为显著，煤炭消费比重逐年下降，天然气、电能、热能消费比重呈现较明显的上升趋势。2010—2020 年，煤炭消费比重从 59% 下降至 44%，石油消费比重从 13% 上升到 16%，天然气消费比重从 3% 上升到 8%，电力消费比重从 20% 上升到 27%。展望未来，工业是能源消费和减排的主要部门，"双碳"目标将推动煤炭消费占比大幅下降，电力消费占比大幅上升。预计 2030 年煤炭、石油、天然气、电能、热能、氢能占工业终端能源消费的比重分别为 31%、15%、11%、35%、6%、1%，2060 年所占比重分别为 1%、9%、8%、69%、6%、6%。

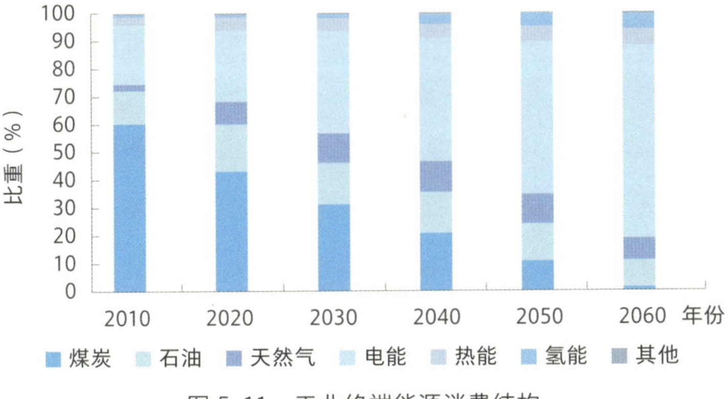

图 5-11　工业终端能源消费结构

（二）建筑

在建筑部门终端能源消费中，电能所占比重明显高于工业和交通部门，而且保持持续上升趋势，从 2010 年的 27% 上升至 2020 年的 40%。天然气主要作为固体燃料的替代物用于居民生活和商业的取暖、炊事和热水等，在过去 10 年也明显上升，由 2010 年的 11% 上升至 2020 年的 14%。预计

2030 年煤炭、石油、天然气、电能、热能、氢能占建筑部门终端能源消费的比重分别为 11%、8%、19%、49%、8%、1%，2060 年所占比重分别为 3%、1%、4%、74%、6%、9%。

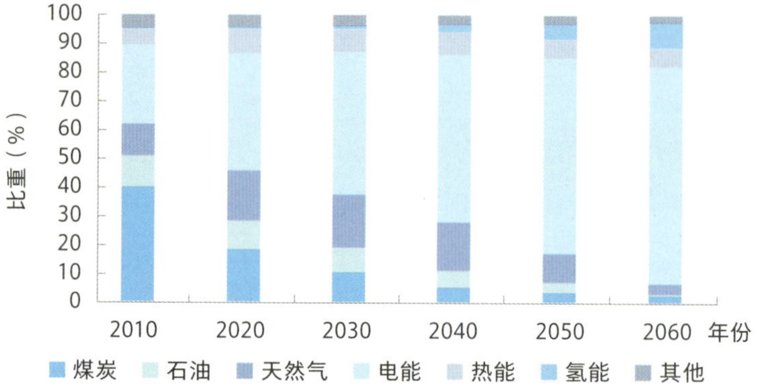

图 5-12　建筑部门终端能源消费结构

（三）交通

在交通部门终端能源消费中，石油是最主要的能源品种，过去 10 年石油消费占比略有降低，从 2010 年的 95% 降至 2020 年的 92%。未来随着新能源汽车、高铁等交通工具的不断发展，电能和氢能占比将不断提升。预计 2030 年石油、天然气、电能、氢能占交通部门终端能源消费的比重分别为 75%、5%、11%、4%，2060 年所占比重分别为 4%、4%、53%、25%。

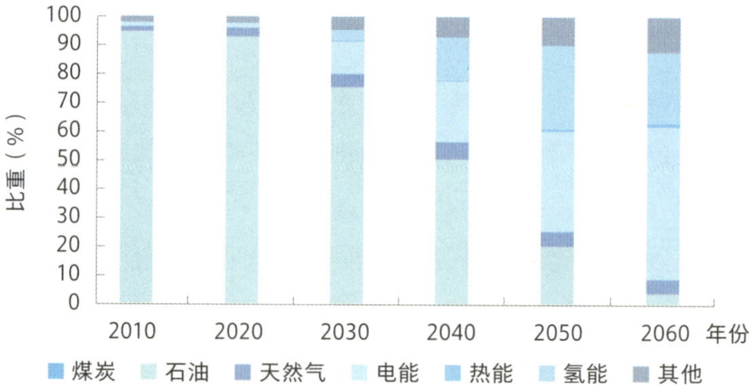

图 5-13　交通部门终端能源消费结构

三、氢能应用前景

氢、甲醇、氨既是基础化工原料，也是新型清洁燃料，可广泛替代煤炭、石油、天然气等化石能源，破解化工、炼化、钢铁、中重型交通运输领域深度脱碳的难题，促进可再生能源高效利用，实现电力系统长时段储能，推动碳循环经济发展，对于实现“双碳”目标具有重要支撑作用。

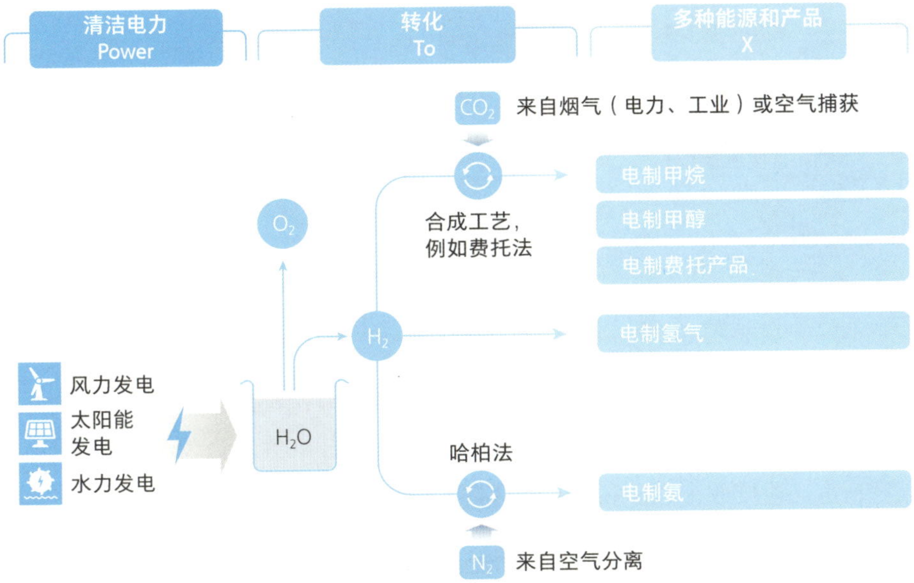

图 5-14　可再生能源转换为其他能源的过程

（一）钢铁行业

“双碳”目标下，钢铁行业低碳转型将依赖于绿氢的使用。主要路径为：焦炭 + 高炉 / 转炉 + 碳捕集（BF/BOF+CCS）、氢 + 直接还原铁 + 电弧炉（H2+DRI+EAF）、电 + 废钢 + 电弧炉（废钢 +EAF）。

2020 年全国粗钢产量 10.65 亿吨，占全球总产量的 56.7%，但仍以碳排放强度高的高炉 / 转炉长流程为主（约占 90%，全球平均 70%），碳排放量约占全国碳排放总量的 15%。

2050 年我国钢铁需求 6.5 亿吨。其中，电 + 废钢 + 电弧炉供应 2.5 亿吨；焦炭＋高炉／转炉＋碳捕集供应 2 亿吨；氢＋直接还原铁＋电弧炉供应 2 亿吨，氢需求 1500 万吨。

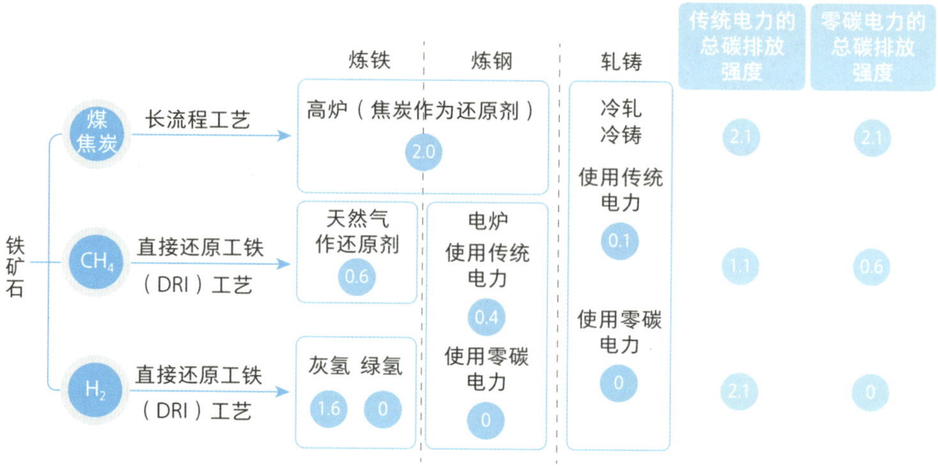
炼铁
炼钢
轧铸
传统电力的总碳排放强度
零碳电力的总碳排放强度
铁矿石
煤焦炭
长流程工艺
高炉（焦炭作为还原剂）
2.0
冷轧
冷铸
使用传统电力
0.1
2.1
2.1
CH4
直接还原工铁（DRI）工艺
天然气作还原剂
0.6
电炉
使用传统电力
0.4
1.1
0.6
H2
直接还原工铁（DRI）工艺
灰氢 绿氢
1.6 0
使用零碳电力
0
使用零碳电力
0
2.1
0
单位：吨二氧化碳/吨钢

图 5-15 炼钢工业中的碳排放

当前，绿氢[1]制取成本高达 30 元／千克，即使征收碳税 50 元／吨，氢直接还原铁炼钢成本也比高炉／转炉长流程高出 40%。当氢气价格低至 15 元／千克、碳排放征收碳税 50 元／吨时，成本才能持平。

表 5-2 炼钢成本对比

高炉转炉长流程		氢直接还原铁	
炭（千克／吨钢）	321	氢质量（千克／吨钢）	53.6
焦炭（千克／吨钢）	378	氢价格（元／千克）	30
焦炭价格（元／吨）	2000	—	—
二氧化碳排放（千克／吨钢）	1177	二氧化碳排放（千克／吨钢）	250
碳排放成本（元／吨）	50	碳成本（元／吨）	50
变化部分总成本（元／吨钢）	814	变化部分总成本（元／吨钢）	1621
其他成本（元／吨钢）	1400	其他成本（元／吨钢）	1400
总成本（元／吨钢）	2214	总成本（元／吨钢）	3021

[1] 数据来源：国网能源研究院《二次能源技术发展应用》课题组。绿氢是指通过使用可再生能源发电制取的氢气；灰氢是指通过煤或天然气等化石燃料制取的氢气；蓝氢是指通过煤或天然气等化石燃料制取的氢气，并将二氧化碳捕集、利用和封存。

（二）化工行业

“双碳”目标下，化工行业低碳转型将依赖于绿氢的使用。主要路径为：利用可再生能源制绿氢，替代灰氢，生产甲醇、合成氨，实现化工行业深度脱碳。

现阶段，甲醇和合成氨是我国煤化工的两大主要产物，甲醇年产量 7900 万吨，碳排放 3 亿吨；合成氨年产量 5700 万吨，碳排放 2.8 亿吨；合计占全国碳排放的 6%。

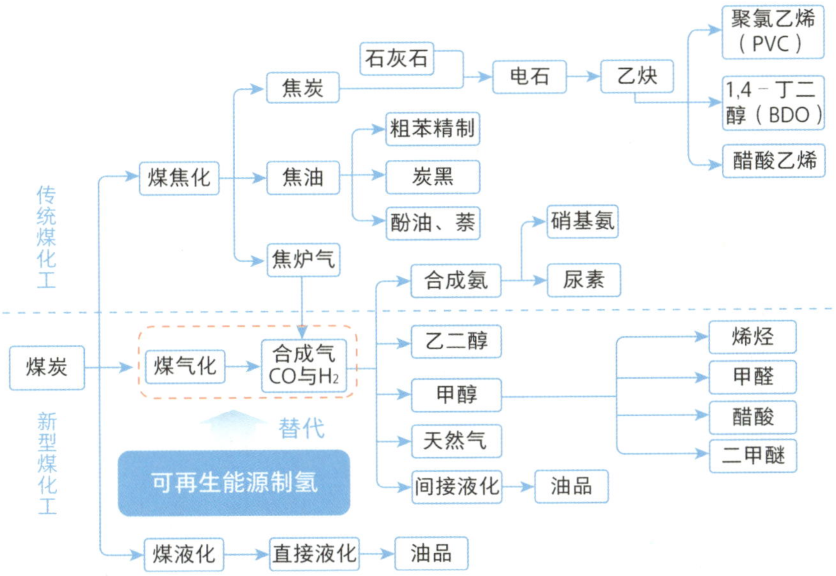

图 5-16　传统 / 新型化工行业流程

应用场景一：绿氢生产甲醇

初步预计，2050 年甲醇年产量 3 亿吨，氢需求 6000 万吨。

当前，绿氢制取成本高达 30 元 / 千克，即使征收碳税 50 元 / 吨，绿氢 + 二氧化碳制甲醇成本也比煤制甲醇高近 1.3 倍。当氢气价格低至 11 元 / 千克、碳税 50 元 / 吨时，成本才能持平。

表 5-3 甲醇生产成本对比

煤制甲醇		绿氢 + 二氧化碳制甲醇	
氢需求（吨 / 吨甲醇）	0.2	氢需求（吨 / 吨甲醇）	0.2
灰氢价格（元 / 千克）	10	绿氢价格（元 / 千克）	30
二氧化碳排放（吨 / 吨甲醇）	4.4	二氧化碳排放（吨 / 吨甲醇）	0
碳排放成本（元 / 吨甲醇）	50	碳排放成本（元 / 吨甲醇）	50
变化部分总成本（元 / 吨甲醇）	2220	变化部分总成本（元 / 吨甲醇）	6000
其他成本（元 / 吨甲醇）	800	其他成本（元 / 吨甲醇）	800
总成本（元 / 吨甲醇）	3020	总成本（元 / 吨甲醇）	6800

甲醇燃料新技术主要应用在交通领域，有甲醇汽油和甲醇燃料电池两种方式。前者为甲醇和汽油按一定比例混合，替代传统车用汽油、柴油；后者作为氢燃料电池车中氢的来源，需要在车上安装甲醇制氢和氢燃料电池两个设备，替代内燃机，但甲醇燃料电池发电成本相比于高压储氢燃料电池要低 50% 以上，比氢燃料电池更具成本优势。如果用甲醇规模化替代汽油，每年可实现二氧化碳减排超 10 亿吨。随着交通领域的深度脱碳，在良好的技术体系和产业基础上，加之社会资本的大力推动，绿色甲醇汽车有可能成为一个细分领域。

表 5-4 甲醇燃料电池与氢燃料电池汽车成本对比

类别	甲醇氢能燃料发电系统	高压储氢燃料电池系统
集成度	高度	低度
效率	>50%	<30%
实用性	一体式安全便利	多分体
吸引力	限制少	多条件限制
配套设施	甲醇站	加氢站
发电成本	<1.5 元 / 千瓦时	>3 元 / 千瓦时
基础设施成本	50 万 ~ 300 万元	1000 万 ~ 3000 万元
氢燃料成本	<15 元 / 千克	95 ~ 120 元 / 千克

应用场景二：绿氢生产合成氨

初步预计，2050 年合成氨年产量 9000 万吨，氢需求 1600 万吨。

当前，绿电制取成本高达 30 元 / 千克，即使征收碳税 50 元 / 吨，绿氢 + 氮气制氨成本也比煤制氨高出 90%。当氢气价格低至 12 元 / 千克、碳税 50 元 / 吨时，成本才能持平。

氨是高效的氢能载体，可作为零碳燃料直接燃烧。在电力领域，可将氨和煤、油、气进行掺烧，减少火电二氧化碳排放，延缓机组退役时间；在工业领域，可通过氨直接燃烧、与化石能源混烧两种方式，进行低碳化工业生产；在储能领域，氨可以代替氢，作为固体氧化物电池的燃料。

表 5-5 制氨成本对比

煤制合成氨		绿氢 + 氮气制氨	
氢需求（吨 / 吨氨）	0.176	氢需求（吨 / 吨氨）	0.176
灰氢价格（元 / 千克）	10	绿氢价格（元 / 千克）	30
二氧化碳排放（吨 / 吨氨）	4.9	二氧化碳排放（吨 / 吨氨）	0
碳排放成本（元 / 吨氨）	50	碳排放成本（元 / 吨氨）	50
变化部分总成本（元 / 吨氨）	2005	变化部分总成本（元 / 吨氨）	5280
其他成本（元 / 吨氨）	1600	其他成本（元 / 吨氨）	1600
总成本（元 / 吨氨）	3605	总成本（元 / 吨氨）	6880

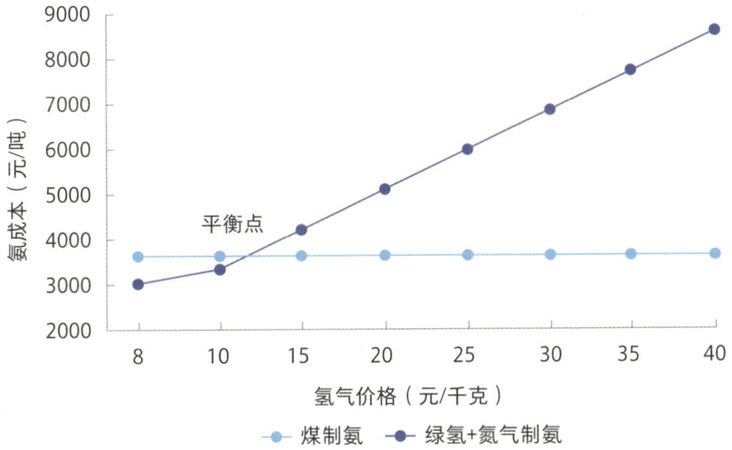

图 5-17 绿氢制氨成本变化趋势

表 5-6　氨燃料技术

主要氨燃料技术	技术特性	技术成效
大型燃气轮机	利用燃气轮机联合循环（GTCC）发电系统的废热和催化剂分解氨生成氢，将其供给至燃气轮机	整体能源效率略高于 GTCC 发电系统
煤粉发电锅炉	氨与煤粉混烧，可应用于当前运行中的燃煤发电系统	二氧化碳排放减少量等于氨的投入量，且氮氧化物排放与煤专烧时差别不大
工业炉	氨专烧或与甲烷 30% 混烧，通过富氧化燃烧来强化火焰辐射	可以在不改变炉的传热性能和脱脂性能的情况下，减少 30% 的二氧化碳排放
燃料电池	氨代替氢作为运行固体氧化物（SOFC）燃料电池的燃料	能获得与使用纯氢作为燃料时相同水平的发电特性

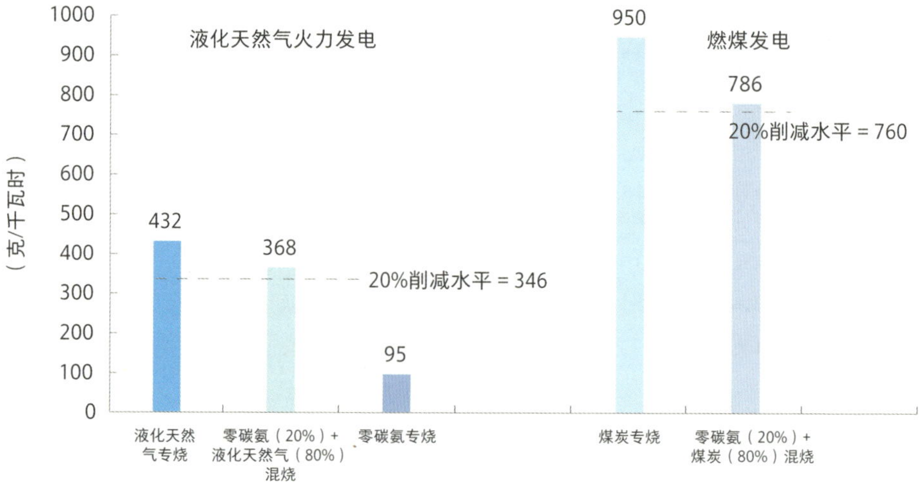

图 5-18　零碳氨发电技术全寿命周期二氧化碳排放量

（三）交通行业

“双碳”目标下，交通行业低碳转型将依赖于绿氢的使用。主要路径为：利用氢燃料电池交通工具代替传统燃油交通工具，解决重型车辆、船舶、短途航空等场景电动化难的问题。

现阶段，我国交通领域碳排放近 10 亿吨，约占全国碳排放总量的 10%，且远途重型运输纯电动化替代难度大。

预计 2060 年，交通领域氢能需求约 4000 万吨。

在道路交通领域，燃料电池汽车总保有量超过 7000 万辆，中重型燃料电池商用车市场占比为 65%，燃料电池乘用车市场占比为 15%，绿氢需求 3500 万吨。

在内河船舶与短途航空领域，通过氢燃料电池技术提供 5%～6% 燃料需求，绿氢需求 500 万吨。

2030 年左右，氢燃料电池客车、物流车、重型卡车的全生命周期拥有成本接近纯电动车辆，经济性与纯电动车辆相当。全生命周期拥有成本分别降至 3、1.5、5.6 元 / 千米。到 2050 年，氢燃料电池乘用车全生命周期拥有成本接近纯电动乘用车，降至 0.6 元 / 千米。

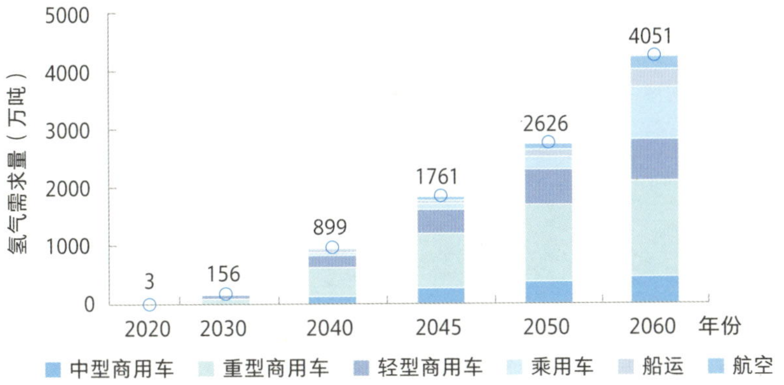

图 5-19　交通部门氢气需求量

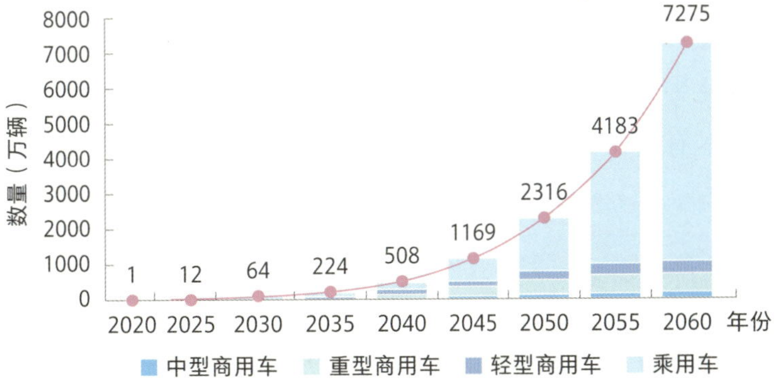

图 5-20　燃料电池汽车推广量

购车成本，燃料电池乘用车 > 纯电动汽车 > 燃油车。无补贴情况下，燃料电池乘用车成本是纯电动汽车的 2 倍，燃油车的 4 倍以上。燃料电池系统成本再下降 60%（降至 3000 元 / 千瓦），燃料电池乘用车购车成本与纯电动持平。

能源成本，燃料电池乘用车 > 燃油车 > 纯电动汽车。当氢气价格降至 20 元 / 千克时，燃料电池乘用车能源成本与纯电动汽车持平，对应的制氢电价为 0.2 元 / 千瓦时。

表 5-7　三类汽车能源成本对比

类别	某国产氢燃料电池乘用车	某国产汽油乘用车	某国产纯电动乘用车
车辆价格	50 万元	16.88 万元	34.83 万元
总里程	15 万千米	60 万千米	30 万千米
百千米能源消耗量	1 千克	6.5 升	16 千瓦时
能源购买成本	60 元 / 千克	7.1 元 / 升（92 号汽油）	1.0 ~ 1.2 元 / 千瓦时
百千米能源费用	60 元	46 元	16 ~ 19.2 元

（四）建筑行业

分布式氢燃料电池热电联供用于为小型商业建筑或家庭提供电力和热量，既可避免输电损耗，又可利用发电余热提供热水或者采暖，热电综合效率最高可达 95%。

当前我国民用气价 3.0 元 / 立方米，考虑发电供热综合价值后，千瓦级氢燃料电池热电联供度电成本为 1.0 元 / 千瓦时，远高于终端电价，难以在居民和工商业中大规模推广。2030 年度电成本将降至 0.8 元 / 千瓦时。远期，度电成本有望降至 0.5 元 / 千瓦时，与终端电价相比逐步展现一定竞争力。

四、清洁供热应用前景

“双碳”目标下，可再生能源发电 + 电热泵、可再生能源供热（生物质供热、地热供热、太阳能供热）具有绿色、低碳、高效、经济、安全的优势，是未来重点发展方向。蓄热式电采暖、蓄热式电锅炉等电供热技术的能源效率较差，仅在存在弃风弃光的情景下具有一定的应用空间。电–热耦合、多能互补等新型供热模式，有助于发挥电力系统和供热系统的协同互补作用。

（一）蓄热式电锅炉

蓄热式电锅炉在用电低谷时段，利用谷电将水加热并储存于蓄热水箱中，在电价较高的峰平时段，停止运行（或部分时段启动补热），主要依靠蓄热水箱放热进行供暖，从而节省采暖费，同时帮助电网削峰填谷，提高电网运行安全性和经济性。但存在能源利用效率较低的问题。

供热指标 50 瓦 / 平方米、低谷电价 0.2 元 / 千瓦时，相应蓄热式电锅炉供暖价格 29 元 / 平方米，与现行市政供暖持平。考虑配套费用补偿 50 元 / 平方米后，可承受的低谷电价上升至 0.27 元 / 千瓦时。

“双碳”目标下，可采用风电光伏 + 蓄热式电锅炉、热泵 + 蓄热式电锅炉的混合模式，增加系统调节能力，降低用电负荷需求，进一步提高供热系统的经济性，增加可再生能源利用，降低供热碳排放水平。

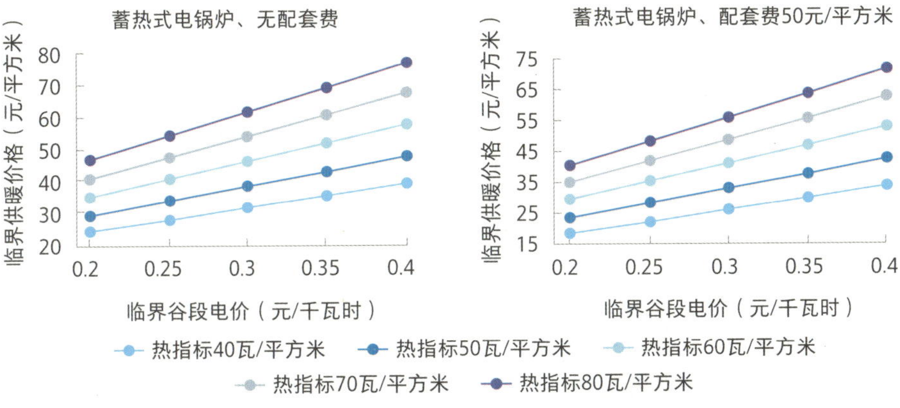

图 5–21　蓄热式电锅炉临界供暖价格

（二）空气源热泵

空气源热泵用电负荷远低于电采暖、电锅炉供热，可大幅降低冬季电供热负荷需求，缓解电力供应紧张形势和安全保供压力。空气源热泵从室外空气中获取热量，再通过热泵提升热量品位，满足建筑供暖需求。室外空气温度在 0℃左右时，电－热转换效率（COP）可达到 3，即通过 1 份电力回收 2 份低品位热量，因而在北方“煤改电”中得到广泛应用，在长江流域也是合适的建筑供暖热源。

在当前电价水平下，空气源热泵供暖价格为 25～40 元 / 平方米（供暖指标 40～60 瓦 / 平方米），与当前市政供热价格水平相当，具有竞争力。

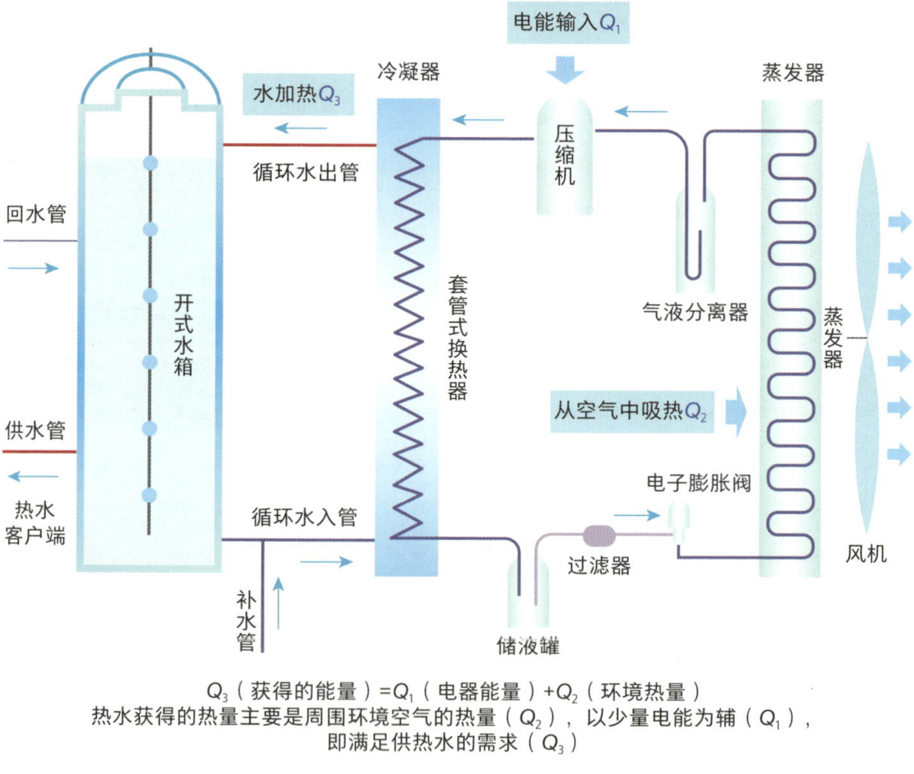
电能输入Q_1
冷凝器
蒸发器
水加热Q_3
压缩机
循环水出管
回水管
开式水箱
套管式换热器
气液分离器
蒸发器
从空气中吸热Q_2
供水管
热水客户端
电子膨胀阀
循环水入管
过滤器
风机
补水管
储液罐
Q_3（获得的能量）=Q_1（电器能量）+Q_2（环境热量）
热水获得的热量主要是周围环境空气的热量（Q_2），以少量电能为辅（Q_1），
即满足供热水的需求（Q_3）

图 5-22　空气源热泵原理

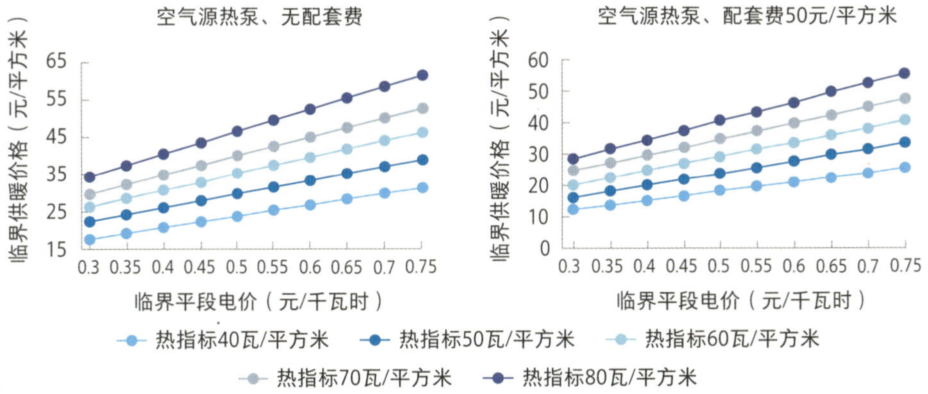

图 5-23　空气源热泵临界供暖价格

“双碳”目标下，可采用光伏 + 空气源热泵 + 储热的混合模式，提升供热调节能力，提高分布式能源利用效率和电力供应保障能力，进一步提升经济性，降低碳排放水平。将空气源热泵配上蓄热设备，光伏发电、大电网供电、热泵供热、储热供热之间形成电–热协同互补效应，主动响应电网价格信号变化，提升电力系统灵活调节能力，利用分布式能源系统满足供热用电负荷需求，进一步降低用电负荷水平，提升电力供应保障能力。

（三）分布式天然气冷热电三联供

分布式天然气冷热电三联供，按照“以电定热，余热利用，自发自用”的原则，供应冷热电基本负荷，有助于降低高峰时段电力负荷需求，并提供一定的事故备用容量，保障“双高双峰”电力系统安全经济运行。发电效率 40% 以上，能源综合利用效率超过 80%。

天然气价格 3 元 / 立方米、年利用小时数达到 4000 小时，可实现 9% 以上的内部收益率，投资回收期在 8 年左右，具有较好的经济竞争力。但是受气源供应稳定性和气价影响较大，应用前景存在一定的不确定性。

“双碳”目标下，随着煤炭消费量的减少，天然气消费量将阶段性增加，分布式天然气冷热电三联供系统在气价适中、冷热电需求集中的场合将存在一定的发展空间，例如商业场景和工业场景。

表 5-8　分布式天然气冷热电三联供收益

燃气价格（元/立方米）	财务指标	年利用小时数（小时）			
		3000	4000	5000	6000
2.2	内部收益率（%）	12.3	17.6	22.6	27.4
	投资回收期（年）	6.7	5.2	4.2	3.6
3	内部收益率（%）	5.3	9.2	12.7	16.1
	投资回收期（年）	10.2	8.0	6.5	5.6

（四）生物质热电联产

生物质热电联产除产生热量外，还可以生产电力，满足供热用户至少50%的热能和电力需求，有利于增加出力稳定的低碳电源容量。截至2019年年底，生物质供热面积约3.4亿平方米，主要分布在山东、河北、辽宁、黑龙江、吉林、河南等地。我国可利用生物质资源折合标准煤高达4.6亿吨，具有很大市场空间。

生物质热电联产供热初始投资成本低于燃煤锅炉，与燃气锅炉相当。生物质成型燃料中国市场现行价格约900元/吨，运行成本高于燃煤成本、低于燃气成本。在东北地区，住宅取暖费较高，采用生物质锅炉供热具有一定的可行性。而在其他居民取暖费较低的地区，仍需给予财政扶持。

表 5-9　我国生物质资源量分析表　单位：万吨标准煤

生物质资源	可利用资源量	已利用资源量	剩余可利用资源量
农作物秸秆	17000	400	16600
农产品加工剩余物	3000	100	2900
林业木质剩余物	20000	170	19830
畜禽粪便	2800	1000	1800
城市生活垃圾	1200	500	700
有机废水	1600	10	1590
有机废渣	400	20	380
合计	46000	2200	43800

第四节 需求侧调节资源开发利用

需求侧资源的价值体现在三个方面：在高峰时段有效削减负荷，保障电力供应；为电力系统节约投资，保障电网安全，增加用户收益；通过参与系统调节，促进新能源发展，减少二氧化碳排放，助力“双碳”目标实现。

“十四五”期间，全社会最大用电负荷将不断攀升、峰谷差持续扩大、常规保障电源发展受限，加之极端天气频发、风光出力存在不确定性，电力供应紧张局面仍将持续，需求侧资源开发利用空间大。

采用有序用电和需求响应等需求侧管理措施实现削峰填谷，将成为常态化的调节手段。从长远看，开发利用需求侧资源，考虑政策、成本以及技术成熟度等因素，预计2025、2030年，通过需求响应手段可以分别削减尖峰负荷5700万、9100万千瓦，分别占最大负荷的4.2%、5.9%。可采取的主要措施如下：

（1）加强规划引领，主动培育优质资源。以专项规划为引领，发挥科研、产业单位优势，促进需求侧资源有序可持续开发。不断扩大可调节负荷资源库规模，深入挖掘可调节潜力大、参与互动意愿强、对价格敏感的电网友好型优质资源。

（2）夯实技术基础，优化软硬件环境。完善需求响应、有序用电相关智能终端功能，支撑需求侧资源可观、可测、可控、可调。加快新型负荷管理系统建设，实现有序用电模式下的负荷控制，以及适应新型电力系统的常态化负荷管理。加强需求侧资源开发利用的关键基础支撑技术攻关，包括新能源发电及随机负荷预测技术、云边协同技术、需求响应潜力动态评估及执行效果评价技术等。

（3）完善电价机制，推动市场体系建设。构建反映安全价值、能量价值、容量价值、环境价值的电价体系，包括季节性电价、容量电价、尖峰电价等。完善需求侧资源参与现货市场、辅助服务市场、容量市场的机制，在需求侧资源促进新能源利用等方面，积极探索点对点精准消纳等新模式。将需求侧资源开发利用融入碳排放权交易、绿证交易等，体现需求侧资源的绿色低碳价值。

（4）健全标准体系，促进资源统一管理。制定用户需求响应能力标准，明确分类型用户应具备的基础需求响应能力，促进用户积极配置能参与电网互动的设备装置。制定将需求侧资源纳入系统平台的技术标准，通过智慧能源服务平台、新型电力负荷控制系统，实现对需求侧资源的汇聚和控制，在运行上加强与新一代调度技术支持系统的对接。制定需求侧资源的分级利用标准，根据需求响应的时效性、调用量，明确不同类型用户和设备的响应方式及调用机制。

（5）凝聚全社会合力，推动生态圈构建。修订现行《电力需求侧管理办法》，扩充负荷管理等内容；出台相关支持政策，推动扩大需求响应资金池。各类企业广泛合作，共享成果，促进技术和设备的推广与应用。多渠道、多形式引导公众参与需求响应、节约用电。

第五节 综合能源服务新业态

综合能源服务主要面向能源消费侧，通过多种能源的综合利用和集成优化，以及能源增值服务，满足客户多元用能需求。从功能价值看，综合能源服务涵盖细分领域众多，能够以市场化、多元化方式提升能效水平，促进清洁发展，实现用能成本降低。从实现路径看，综合能源服务通过多能互补、储能服务、需求响应代理等促进源网荷储互动，与新型电力系统建设方向高度契合。典型业态和服务模式包括智能微网[1]、园区多能一体化供应、需求响应代理、碳减排服务等。

（1）智能微网。指分布式能源、用电负荷、配电设施、监控和保护装置

[1] 引自国家发展改革委、国家能源局印发的《推进并网型微电网建设试行办法》。

等组成的小型发配用电系统。形态上，主要包括“分布式能源 + 储能 + 电制冷热”和“分布式能源 + 储能 + 气制冷热”两种形态；功能上，配置能量管理系统，对分布式能源、储能等微网元素进行优化调度，实现供需匹配和应急状态下的可持续供能。现阶段我国微网主要以微电网为主，未来将逐步向微能网演进。

（2）园区多能一体化供应。针对客户电热冷气等多元用能需求，通过多种能源耦合互补及智能管控，为客户提供经济、高效、绿色、智慧的能源整体解决方案。主要包括以气为源头和以电为源头两种模式，但电始终是关键

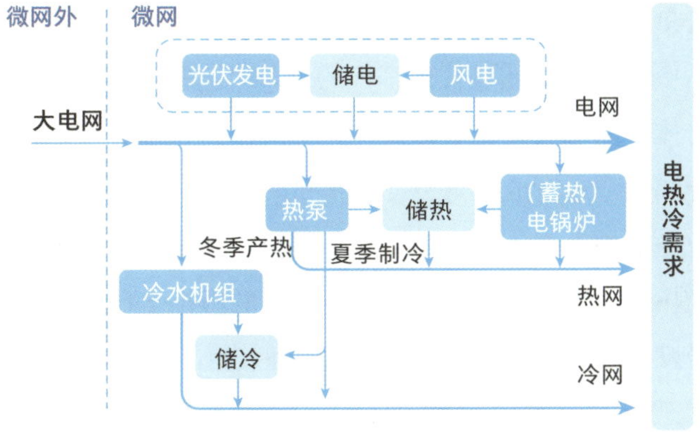

图 5-24　分布式新能源 + 储能 + 电制冷热

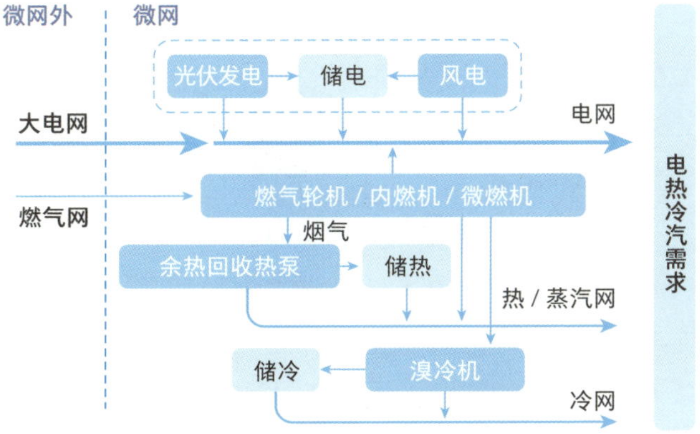

图 5-25　分布式能源 + 储能 + 气制冷热

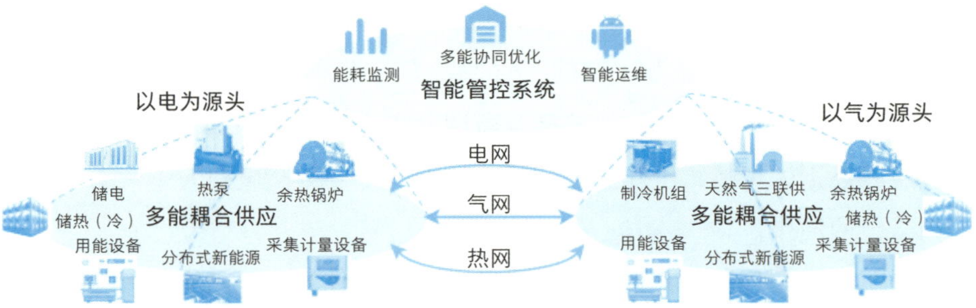

图 5-26　园区多能一体化供应示意

环节，电网是核心平台。我国产业园区众多，对多能一体化供应服务的需求广泛，特别是在“双碳”目标下，低碳、零碳园区将驱动其投资潜力加速释放。

（3）需求响应代理。通过代理客户的分布式能源、可调节负荷等资源并聚合成可控集合体，能够在整合零散资源，实现电力系统、市场、客户的友好交互，节约系统和用户运行成本等方面发挥重要作用，促进需求侧资源的高质量开发利用。业务实施上嵌入综合能源服务项目一体化开展，业务范围上面向工商业用户积极拓展包含分布式能源、可调负荷的虚拟电厂服务，面向居民客户联合智能家居设备厂商拓展基于家庭能源管理装置的自动需求响应服务。

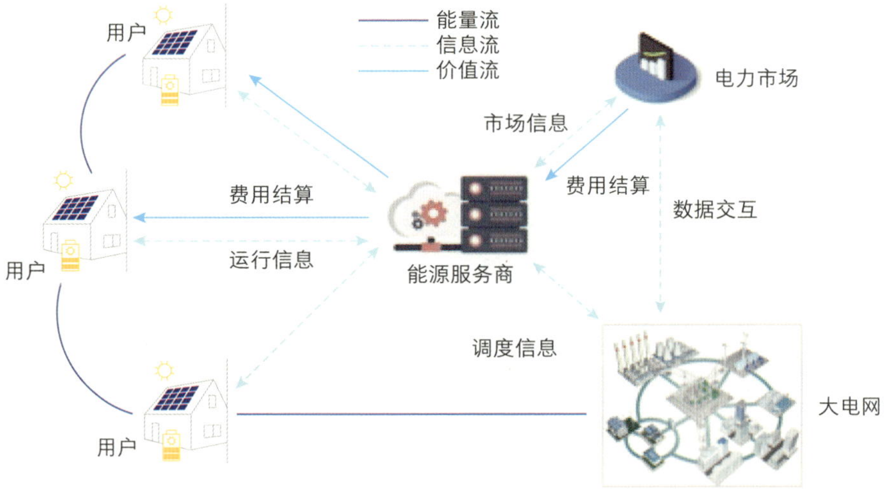

图 5-27　需求响应代理示意

（4）碳减排服务。指围绕用户碳减排需求和碳市场建设开展的系列业务，主要包括碳排放管理、碳减排项目开发、碳交易代理、碳金融等四项重点业务。其中，碳金融服务市场潜力巨大，其他服务市场空间小，不宜以盈利为导向开展实施。同时，我国碳市场处于建设初期，碳减排服务宜与其他综合能源服务深度绑定并一体化开展，例如，以碳资产管理为切入点，丰富用能数据获取渠道，提升综合能源项目开拓能力；以碳减排项目开发服务为连接点，为综合能源项目创造衍生价值。

第六节 实践案例

案例 1 源网荷储一体化项目发展综述

源网荷储一体化是新型电力系统的重要特征之一，已成为各地推动可再生能源消纳的关键手段，在国务院发布的《2030 年前碳达峰行动方案》中，要求“积极发展‘新能源 + 储能’、源网荷储一体化和多能互补”。

一、各省份源网荷储一体化项目政策及特点

全国已有多个省份出台了源网荷储项目建设相关政策，其中山东、浙江等省份将源网荷储协调优化纳入能源发展“十四五”规划，江苏、湖南、内蒙古、河南等省份将源网荷储协调优化写入国民经济和社会发展“十四五”规划。各省源网荷储一体化项目政策呈现三方面特点。

（1）政策制定自主性强。大部分省份没有详细规定能源组合形式，同时也没有设定弃风弃光率、项目投资和收益率等硬性条件，政府将更多选择权、决定权交给项目投资主体。浙江、内蒙古等省份强调“主动消纳”，鼓励源网荷储一体化项目从“要我调峰”变为“我要调峰”，充分发挥其灵活可控特征。

（2）资源配置灵活性高。山东、江苏、安徽、青海等省份在政策文件中

强调要“因地制宜”开展项目建设，项目资源组合也不限于源网荷储，可以是“源网荷”或者“网荷储”等，储能也不再是必选项。在电源侧，各省份可根据自身资源禀赋条件，在风光水火多种电源之间自由选择，火电更多是以调节性电源的形式出现。

（3）项目模式呈现多样性。除“风光储”“风光水火储”等一体化项目外，青海、内蒙古的部分项目还提出“风光储氢”“风光热储”“风光储+设施农业”等新兴产业应用类拓展项目，项目覆盖范围不断延伸。

建设进度较快、部分或全部投运的项目，主要体现出两方面特点。

（1）系统建设是基础。大部分项目（如浙江海宁尖山源网荷储一体化示范区、张家口新型电力系统地区级示范区等）都专门构建了“源网荷储”一体化运行控制系统，推动实现多种能源间的汇集、传输、转换、运行。

（2）技术革新是关键。不同能源模块、资源协调优化都需要依托先进的信息通信技术、调控技术来实现，往往调控范围越大、调控资源种类越多，对调控技术的要求就越高。

同时，在项目建设过程中也出现了两方面问题：一是项目盈利模式较为单一，大部分项目的盈利渠道还不够丰富多元，向大电网和下游用户卖电仍然是主要获利手段，对政策补贴的依赖性较强；二是系统建设运营成本较高，源网荷储一体化项目覆盖面广，需要投资建设的资源种类多、资源特性复杂，建设运营成本高于传统项目。

二、源网荷储一体化项目典型建设模式

按照区域（省）级、市（县）级、园区（居民区）级三种项目分类，源网荷储一体化项目的典型建设模式如下。

（1）区域（省）级源网荷储一体化项目。依托考虑源网荷储协调优化的区域级电力市场机制及辅助服务市场机制，结合 5G、遥感等先进信息技术以及区域统一优化调度技术，按照先价格信号、后科学调度的方式，优先通过区域电力市场调节系统供需，引导各类型市场主体互补互动，再通过多元协调的柔性调度运行控制技术灵活调用各方资源，实现新能源消纳、平衡系

统供需等多方面目标。

（2）市（县）级源网荷储一体化项目。在重点城市开展源网荷储一体化建设，梳理城市各类型用电负荷调控特性、响应特性，提升局部电网的智能化、自动化水平，结合清洁取暖和清洁能源消纳工作，依托源网荷储协调控制系统实现对分布式能源、微网、需求响应、储能电站、新能源汽车等多种资源的优化调用。浙江海宁尖山、乌兰察布源网荷储示范项目就是典型的市（县）级源网荷储项目。

（3）园区（居民区）级源网荷储一体化项目。依托大数据、人工智能等先进技术，精准刻画园区内用户的用能特性，运用智能微网技术调用需求响应、储能站等资源，实现小规模分布式新能源就近消纳以及与大电网的协同互动。内蒙古二连浩特可再生能源微网 470 兆瓦示范项目、青海乌图美仁多能互补项目就是园区级项目典型。

案例 2　绿色电氢冶金 / 化工推动碳减排和电能替代

冶金、化工等工业领域消耗大量化石能源作为原料或燃料，基于现有生产工艺实施电能替代难度大，碳减排压力大。绿色电氢技术通过可再生能源电力与氢气的协同利用，实现了生产过程用能和用料环节对化石能源的替代，有利于冶金、化工等工业领域的深度脱碳和电能替代市场开拓，有利于推动工业绿色低碳发展，市场前景十分广阔。

一、我国工业碳减排压力巨大

我国工业领域中的冶金、化工等高耗能产业既是碳排放大户，又是深度减碳的难点。以冶金工业中的钢铁为例，2019 年我国粗钢产量 9.96 亿吨，生产工艺以“焦化—烧结—高炉炼铁—转炉炼钢”为主，电炉炼钢的产量占比仅为 12%。由于高炉炼铁消耗大量的焦煤，因此我国钢铁工业的二氧化碳排放量大（约 2 吨 / 吨钢），约占全国碳排放总量的 15%。以化工行业中的合成氨为例，2019 年我国累计生产合成氨 5757.9 万吨，其中 80% 以上的产能以煤为原料，按二氧化碳排放量1.9吨/吨氨计算，二氧化碳排放总量达1.1亿吨。以化工行业中的甲醇为例，2019年我国甲醇产量为6997万吨，按原料为煤、焦炉煤气、天然气占比为70%、10%、20%计算，二氧化碳排放总量达0.97亿吨。

二、绿色电氢技术推动冶金/化工行业碳减排

绿色电氢技术，是指以可再生能源电力（绿电）通过电解水制氢（绿氢）为基础，以电为核心、氢为纽带，引导大规模可再生能源从电能转化为工业、交通、建筑等终端用能，实现深度脱碳的新型产业技术。在绿色电氢技术中，以绿氢制备、应用为代表的氢能技术近些年受到世界各国高度重视，氢能被多个国家和地区纳入能源战略规划。据统计，全球超过20个国家或联盟发布或制定氢能战略。2020年以来，我国先后发布多项相关政策，推动氢能、绿氢产业加快发展。绿氢技术在冶金/化工行业的应用对实现该行业领域深度脱碳发挥重要作用。

以钢铁为例，约90%的碳排放量是由烧结、焦化、高炉三道工序产生。国外利用“基于天然气的氢冶金—电炉”工艺生产钢铁，取代了传统工序，可以减少碳排放50%以上，但无法达到深度脱碳。近几年，基于绿氢的氢冶金技术被认为是实现钢铁行业深度脱碳的可行方案，主要包括两个步骤：用绿氢把铁矿石直接还原为金属铁，然后把还原产品和废钢按照一定比例加入电炉炼钢。如果电炉消耗的电力来自可再生能源，则可形成基于绿色电氢的“绿电制绿氢—绿氢直接还原—（绿电）电炉炼钢”生产流程，有望助力钢铁工业实现二氧化碳近零排放。

以合成氨为例，国内主流工艺是煤制氢、空分生产氮（或由煤制取氢、氮混合气体）、氢气与氮气合成生产氨。基于绿色电氢的“绿电制绿氢—绿电制氮—氢氮合成氨”工艺流程，主要包括绿电通过电解水制氢、绿电驱动空分装置制氮、氢气与氮气合成生产氨等步骤，用绿电、绿氢代替火电、煤炭，实现合成氨行业的深度脱碳。

以甲醇为例，国内主流工艺是煤制氢气与一氧化碳的混合气体进而合成生产甲醇。基于绿色电氢的“绿电制绿氢—二氧化碳与氢合成甲醇”工艺流程，主要包括绿电通过电解水制氢气、二氧化碳与氢气合成生产甲醇等步骤，用绿电代替煤炭，实现甲醇行业的深度脱碳。

三、绿色电氢冶金 / 化工推动电能替代

在钢铁、合成氨、甲醇等工业生产过程中，通过绿色电氢冶金 / 化工技术的推广应用，以可再生能源发电制取的绿氢在用能环节替代化石能源，可以认为是间接的电能替代，有利于拓展电能替代的广度和深度。

以钢铁为例，绿色电氢冶金的新工艺流程中，炼铁以绿氢为还原剂，炼钢以可再生能源电力为主要能源，替代了难以实现电气化的烧结、焦化、高炉工序，使得单位产品耗电量大幅提升，吨钢耗电量（含制氢电耗）可增加10 倍以上。考虑到未来我国钢铁需求下降的趋势，按照德国人均钢铁产量计算，并假设 50% 的产量采用绿色电氢冶金技术生产，全国钢铁行业的用电量仍有望增加 6000 亿千瓦时以上。

以合成氨为例，采用绿色电氢技术替代煤制合成氨的生产工艺，吨氨耗电量（含制氢电耗）可增加 5 倍以上。按 2019 年我国累计生产合成氨5757.9 万吨计算，全国合成氨行业的用电量有望增加 3500 亿千瓦时以上。

以甲醇为例，采用“绿电制绿氢—二氧化碳加氢合成甲醇”工艺，吨甲醇耗电量（含制氢电耗）可增加 3 倍以上。按 2019 年我国甲醇产量 6997 万吨计算，全国甲醇生产的用电量有望增加 3000 亿千瓦时以上。

同时，随着可再生能源比例的提升，电力系统通过需求侧管理挖掘灵活性资源的需求也不断提高。如果大量工业生产过程通过绿色电氢等技术实现直接或间接的电能替代，加上工厂柔性生产技术的发展与应用，工厂有望成为具有巨大储能潜力的可控负荷，参与高比例可再生能源接入的电网调峰，有利于支撑未来电网安全稳定可靠运行。

案例3 吉林省电蓄热取暖实践

吉林省年平均取暖169天，供暖需求量大，清洁取暖潜力高。国网吉林电力结合吉林省能源资源禀赋，以及电蓄热取暖方式的负荷与经济特性，提出通过电蓄热取暖方式的集约化控制，实现风电出力与电蓄热负荷友好互动的清洁取暖实施方案。

一、吉林省电取暖发展现状

吉林省电取暖潜在规模大、发展速度快。2018—2019年取暖季，吉林省总取暖面积9.16亿平方米，其中清洁取暖面积3.64亿平方米，清洁取暖率达到39.8%，但与我国《关于印发北方地区冬季清洁取暖规划（2017—2021年）的通知》（发改能源〔2017〕2100号）中的目标要求（2019年北方地区清洁取暖率达到50%，2021年达到70%）仍有较大差距，潜在需求和发展空间大。截至2019年年末，吉林省电取暖面积3025万平方米，用电总容量256.4万千瓦，年用电量15.6亿千瓦时，近三年，电取暖面积年均增长430万平方米，增速达20%以上，处于快速发展阶段。

与此同时，电取暖发展又受到多种因素制约。一是政策补贴不足。《吉林省电能清洁取暖奖补资金管理办法》（吉财建〔2019〕888号）出台后，电取暖设备补贴“退坡”，进一步降低了用户选择电取暖的积极性。二是电网企业经营压力增加。电取暖配套电网改造投资高，但电取暖设备仅在冬季使用，平均负载率低，降低了电网设施的投资回报率。三是用户理性用能意识不强。大部分电取暖用户仍采用过去燃煤取暖的粗放式热能管理模式，使电取暖经济效益更差，影响电取暖推广应用。

二、吉林省电蓄热取暖方式技术经济分析

1. 电蓄热技术性能分析

（1）电蓄热可有效消纳风电出力。以吉林省2019年电蓄热锅炉装机规模及典型运行模式进行仿真分析，在取暖季，电蓄热锅炉约65%的电量可

依托富余风电出力。

（2）电蓄热可有效提升电网调峰能力。根据吉林省 2019 年运行数据，电蓄热锅炉在额定功率下平均每日运行 4 个小时左右，而其低价谷段有 10 个小时。电蓄热锅炉具有可中断和延时启停的属性，可深度参与电网调节。

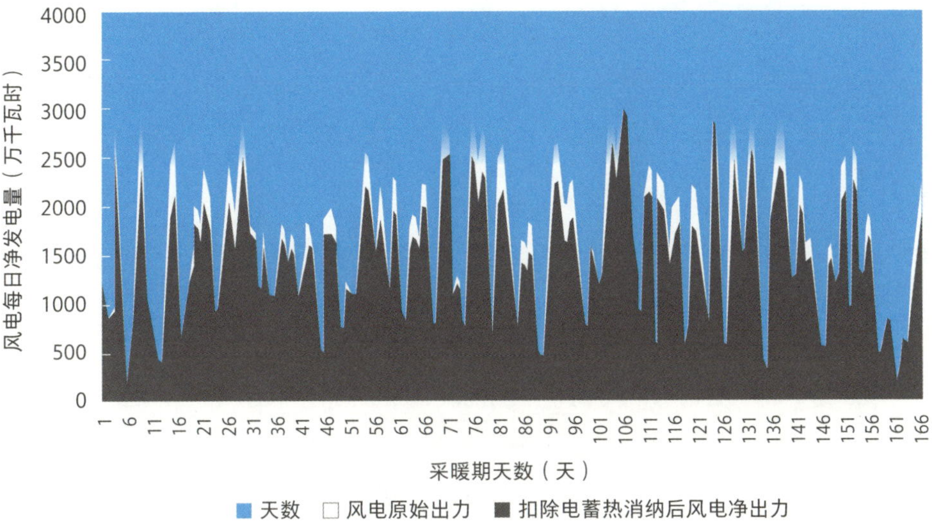

图 5-28　电蓄热锅炉参与风电消纳前后的出力波形图

2. 电蓄热经济性分析

电蓄热在全寿命周期上具有较好的经济效益。通过采样分析，从全寿命周期看，与燃气取暖相比，电蓄能供暖投资普遍较低；与集中取暖相比，电蓄热在学校和公共建筑具有较好的经济效益，集中式居民及医院由于用热需求量大，使得电蓄热取暖成本处于较高水平。

表 5-10　　电蓄热、燃气及集中供热项目总投资对比　　单位：元 / 平方米

用户类型		集中式居民	学校	公共建筑	医院
初始投资	电蓄热	150	153	166	152
	电蓄热政策补贴	37.5	38.25	41.5	38
	电蓄热实际用户投资	112.5	114.75	124.5	114
	燃气取暖	50	50	50	50
	集中供热	105	105	105	105

续表

用户类型		集中式居民	学校	公共建筑	医院
运行费用	电蓄热	30.46	15.37	18.83	28.44
	燃气取暖	44.4	44.4	44.4	44.4
	集中取暖	27	31	31	31
配套投资	电气配套	95	79	81	79
	燃气配套	70	70	70	70
全寿命周期费用	电蓄热	664.4	424.3	487.95	619.6
	燃气取暖	786	786	786	786
	集中取暖	510	570	570	570
	电蓄热锅炉较集中取暖增加费用	154.4	–145.7	–82.05	49.6
	燃气取暖较集中取暖增加费用	276	216	216	216

稳定的低谷电价有助于推广电蓄热取暖方式。根据《关于进一步明确我省清洁供暖价格政策有关问题的通知》（吉省价格〔2018〕33 号），取暖季电蓄热用电价格低谷时段为 21:00—7:00，其中 10 千伏及以上谷段电价 0.28065 元 / 千瓦时。在该政策支持下，电蓄热取暖方式具有全寿命周期经济效益。但从项目投资角度看，优惠电价的持久性是影响用户投资的关键。此外，低谷电价低于全省燃煤发电标杆上网电价，同时电取暖的配套投资主要由电网企业承担，增加了电取暖项目的营收难度。综上，急需寻求由市场决定的电蓄热取暖低谷电价，保障电网企业利益，坚定用户投资信心。

三、吉林省电蓄热取暖方式实施方案探索

在用户侧，优先考虑在风电富集地区、学校和公共建筑推广应用电蓄热取暖。吉林省学校和公共建筑供热面积合计达 2.5 亿平方米，应用电蓄热取暖经济性较好，市场推广潜在规模大。可以将电蓄热优先应用在风电资源富集地区，并主要在学校和公共建筑群体实施。适时将其推广至城市建成区、集中供热区。

在电网侧，一方面通过灵活性调度增加供暖面积，另一方面通过集约化控制参与电网调峰。灵活性调度方面，电蓄热锅炉的配电变压器增容方式与直热式电取暖相同，即按照负荷侧同时率为 1 考虑，未发挥电蓄热锅炉灵活可控、移峰填谷的负荷特性，增加了配电网改造投资。通过技术经济测算，相较于直热式供暖，采用电蓄热锅炉灵活调度方式，可增加供暖面积 50%。集约化控制方面，吉林省现有电蓄热锅炉项目 801 个，装机 67.31 万千瓦，大部分设备装机容量在 630 千瓦左右。根据《关于印发东北电力辅助服务市场运营规则的通知》（东北监能市场〔2020〕112 号）中的规定，1 万千瓦以下容量的电蓄热设备无法参与电力辅助服务。因此，可探索多代理模式（一个代理负责集中控制 16 台 630 千瓦电蓄热锅炉），实现分散电蓄热锅炉的集约化控制，将电蓄热作为可控负荷，参与集中调度，缓解电网调峰压力，同时通过参与调峰获取低价电能。

在市场侧，通过创新交易机制进一步提升电蓄热取暖的经济性。一是创新电蓄热参与辅助服务的交易规则。通过电蓄热锅炉参与电网调节，获取辅助服务补贴或降低运行成本，进而缩短电蓄热项目投资回收期。二是创新电力现货市场交易规则。通过活跃的市场化行为，促进低成本电力充分消纳，进一步降低电蓄热购电成本。

案例 4　欧盟综合能源研发路线图

欧盟建立的欧洲能源转型智能网络技术与创新平台（ETIP SNET）发布了 2020—2030 年研发路线图，提出未来十年拟投入 40 亿欧元开展综合能源系统研究和创新活动，以推进实现欧洲 2050 年构建深度电气化、广泛数字化、完全碳中和的循环经济愿景。

一、路线图目标

通过路线图的实施，到 2030 年欧洲综合能源系统将具备 12 项功能：

（1）系统运营商之间的合作；

（2）终端用能部门的融合；

（3）能源系统以本地优化方式运行，通过智能、分布式优化控制平衡本地能源需求；

（4）泛欧能源批发市场；

（5）整合本地市场（使居民参与）；

（6）集成数字化服务（包括数据隐私、网络安全）；

（7）升级电网，实现组件和系统集成；

（8）能源系统商业化（包括商业模式和监管）；

（9）电力和能源系统的仿真工具；

（10）在发电、需求、能源转换存储技术中集成灵活性；

（11）通过集成灵活性为建筑和工业部门提供高效的供热和制冷；

（12）通过集成灵活性为交通运输提供高效的碳中性液体燃料和电力。

二、路线图重点研究领域

路线图还提出6个重点研究领域，合计投入预算40亿欧元。

（1）消费者、产消合一者和能源社区领域。计划投入约4000万欧元用于技术研究，2.8亿欧元用于示范，希望实现如下技术突破：能源点对点交易；灵活发电和负荷管理的运营市场平台；能源市场组织变革（如能源互助、点对点交换等）。

（2）系统经济性领域。计划投入约1.2亿欧元用于技术研究，6亿欧元用于示范，希望实现如下技术突破：辅助服务市场；灵活性技术的利用；开发结合各种能源载体的（本地）市场；将资本支出（CAPEX）转化为运营支出（OPEX），以降低总体成本；分布式能源资源的新型补偿方案。

（3）数字化领域。计划投入约1.2亿欧元用于技术研究，4.8亿欧元用于示范，希望实现如下技术突破：端到端架构；网络安全和物联网（IoT）；网络安全的点对点概念（如区块链）；实现现场设备传感器、数据、服务、能源消费者和产消合一者之间的交互操作。

（4）系统设计和规划领域。计划投入约1.6亿欧元用于技术研究，7.2

亿欧元用于示范，希望实现如下技术突破：储能；区域综合能源系统；分布式能源系统的连接、监测和控制技术的大规模部署；综合智能电网系统；整合所有能源载体的新拓扑和设备；新的系统规划程序，包含分布式能源系统和电网灵活性技术；分布式能源预测系统的大规模部署；现代控制中心；数据管理；人机交互；培训；建模；无人机；增强现实 / 虚拟现实；可穿戴设备；微元网（Web of Cells）架构。

（5）灵活性技术和系统灵活性领域。计划投入约 1.6 亿欧元用于技术研究，4.8 亿欧元用于示范，希望实现如下技术突破：灵活性资源；包括电动汽车在内的储能资源；电力输配用市场化；灵活性标准；通过技术和预测工具相结合提升波动性可再生能源的灵活性；实现电动汽车智能充电及“车辆到电网”（V2G）；岛屿能源系统灵活性；基于无碳和碳中性燃料的火电厂灵活性；可再生能源和脱碳气体集成的灵活性；热电联产的灵活运行；通过部门融合实现系统灵活性。

（6）系统控制与运行领域。计划投入约 1.2 亿欧元用于技术研究，7.2 亿欧元用于示范，希望获得如下技术突破：更高水平的自动化；更复杂的功能；集成系统的操作工具；新的运行规划程序；大规模可再生能源资源预测；现代控制中心；数据管理；人工智能；大型直流—交流电网。

第六章

软科学和硬科学双轮驱动

本章提要

本章从推进能源体制革命和技术革命的需要出发，作出软科学和硬科学双轮驱动体系的总体判断，充分认识软科学研究的重要性，按照问题导向构建分析解决问题的基本思路框架，并展望软科学研究的改进方向和硬科学关键技术应用前景。

第一节　软科学研究的重要性

软科学是一门新的综合学科，它应用自然科学、社会科学、信息科学、行为科学、系统工程等理论和方法，对包括人和社会经济政策、技术规律、管理在内的广泛对象和复杂问题进行跨学科研究，寻求解决问题的策略和途径。

软科学是相对于硬科学而言的，与硬科学具有重要的协同作用。科学技术等硬科学能够变革生产力，为软科学提供实践基础，制度、体制机制研究等软科学能够变革生产关系，为硬科学提供良好的软环境。

“双碳”目标下，推动能源转型，构建新型电力系统，涉及政治、经济、社会各方面，技术、产业、市场的全链条，土地、劳动力、资本、技术、知识、管理、数据等全要素。在一定条件下，非技术的影响要大于技术影响，非技术性因素起着决定性作用，如制度、体制、机制、管理、改革、市场、业务模式等。

延伸阅读

碳达峰碳中和有关政策

党中央、国务院以及能源主管部门高度重视软环境建设，陆续出台碳达峰碳中和“1+*N*”政策体系系列文件，从顶层设计角度统筹谋划体制机制和政策措施。2021年9月22日，《中共中央 国务院关于完整准确全面贯彻新发展理念做好碳达峰碳中和工作的意见》印发。2021年10月24日，国务院印发《2030年前碳达峰行动方案》。2022年1月30日，《国家发展改革委 国家能源局关于完善能源绿色低碳转型体制机制和政策措施的意见》印发。2022年1月18日，《国家发展改革委 国家能源局关于加快建设全国统一电力市场体系的指导意见》印发。这些顶层设计文件的出台，为新型电力系统建设提供了重要的支撑，也为软科学体系构建提供了基本框架和方向指引。

第二节 问题导向的能源转型研究框架

软科学研究，是发现问题、分析问题、解决问题的过程。发现问题是始点，提出命题是观点，分析问题是支点，最后解决问题是终点。

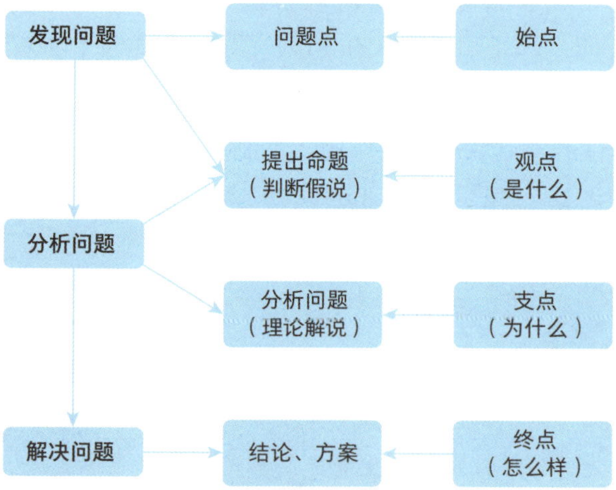

图6-1 软科学研究范式

延伸阅读

麦肯锡七步法

● **麦肯锡七步法**：麦肯锡公司提出的七步法是咨询顾问解决问题的基本逻辑框架和有效工具。

● **主要用法**：咨询顾问在解决问题的时候需要遵循七步法原则，能够快速有效地找到问题的答案并完成工作，七步法并不是简单的七个步骤，每个步骤都有一些需要注意的内容，需要深刻领会。

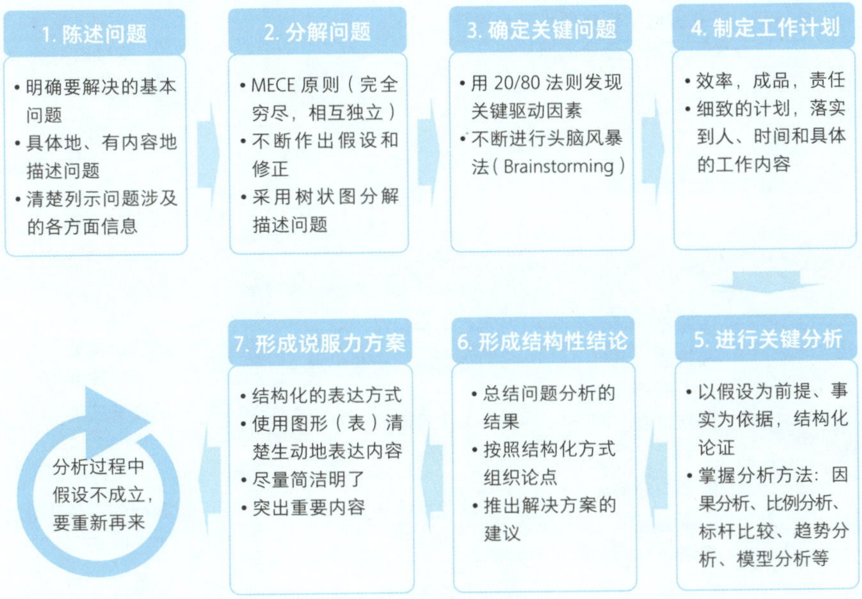
1. 陈述问题
• 明确要解决的基本问题
• 具体地、有内容地描述问题
• 清楚列示问题涉及的各方面信息
2. 分解问题
• MECE 原则（完全穷尽，相互独立）
• 不断作出假设和修正
• 采用树状图分解描述问题
3. 确定关键问题
• 用 20/80 法则发现关键驱动因素
• 不断进行头脑风暴法（Brainstorming）
4. 制定工作计划
• 效率，成品，责任
• 细致的计划，落实到人、时间和具体的工作内容
5. 进行关键分析
• 以假设为前提、事实为依据，结构化论证
• 掌握分析方法：因果分析、比例分析、标杆比较、趋势分析、模型分析等
6. 形成结构性结论
• 总结问题分析的结果
• 按照结构化方式组织论点
• 推出解决方案的建议
7. 形成说服力方案
• 结构化的表达方式
• 使用图形（表）清楚生动地表达内容
• 尽量简洁明了
• 突出重要内容
分析过程中假设不成立，要重新再来

“双碳”目标下，以新型电力系统为例，遵循“发现问题、分析问题、解决问题”的软科学研究范式，建立问题导向的研究框架。

按照性质的不同，相关软科学问题主要分为五类。理论性问题重在研究基本规律、内在逻辑和主要矛盾，例如新型电力系统的理论内涵、规划运行理论等。实践性问题重在研究怎么做，例如新型电力系统的演进路径、实施策略、管理模式、运作机制等。政策性问题重在研究采取何种政策选择，例如市场、价格、监管等方面的政策机制。预测性问题重在研究发展趋势、发展情景及其不确定性，例如新型电力系统演进方向、前瞻性技术发展应用等。叙述性问题重在研究特定事实和模式的准确描述和判断，例如新业态新模式、电网发展形态等。

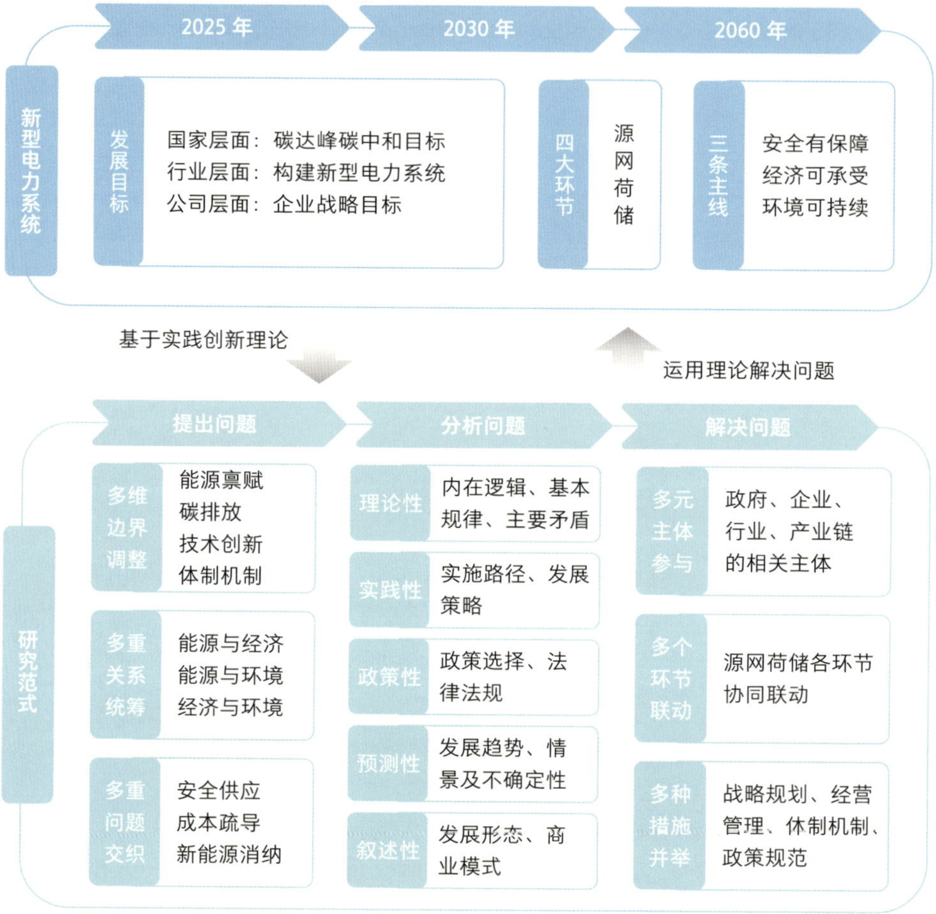

图 6-2　以新型电力系统为例的一种研究框架

第三节　软科学研究的改进方向

软科学作为一门为决策服务的新兴学科，是在传统的经验决策基础上诞生的。软科学对经验的超越，内在地要求研究过程一定要避免走单纯依赖经验的老路。一般来说，软科学研究仅仅具有定性研究而无定量研究是不够的，至少称不上优秀的软科学研究。软科学研究还需要研究系统构成和本质联系，把社会科学和自然科学的最新理论和方法及时地引进到研究中来，创造性地解决实践问题，做到“软起步、硬着陆，软硬结合”。

（1）运用系统科学。利用系统理论、系统方法，从全局和整体出发，在系统与环境、整体与局部、要素与要素、功能与结构等对立统一的关系中，对研究对象进行考察分析和研究，找到解决问题的最优方法和建议。

（2）采用定量研究和实证分析。定量研究能使人们关于研究对象的认识更加具体化，从根本上提高定性研究的水准。把定量研究作为立论基础，对软科学研究建立实践验证，从实践中收集观察数据，检验决策咨询结论的有效性。

（3）采用人工智能、计算机仿真等工具方法。随着信息通信、大数据等技术进步，软科学研究应当广泛应用相关技术，对复杂问题进行精细化建模，开展多方案仿真模拟推演和优化决策。

（4）优化研究团队的知识结构，组建复合型、交叉型专家队伍。知识构成尽量涵盖相关主要学科。

第四节　能源转型的关键技术创新

能源互联网处于高速发展的过程中，其形态也在随着需求的变化和技术的进步而不断演化。

能源互联网子领域技术方向可划分为材料、器件及装备，智能电网，综合能源，能源数字化四大技术方向，共涉及23项技术，其中，关键技术14项、底层技术6项、前沿技术3项。

国家能源局、科学技术部联合印发《“十四五”能源领域科技创新规划》，提出了“十四五”时期能源科技创新的总体目标，围绕先进可再生能源、新型电力系统、安全高效核能、绿色高效化石能源开发利用、能源数字化智能化等方面，部署了相关集中攻关、示范试验和应用推广任务，为能源互联网硬科学关键技术创新指明了方向。图6-3摘选部分技术方向和发展路线。

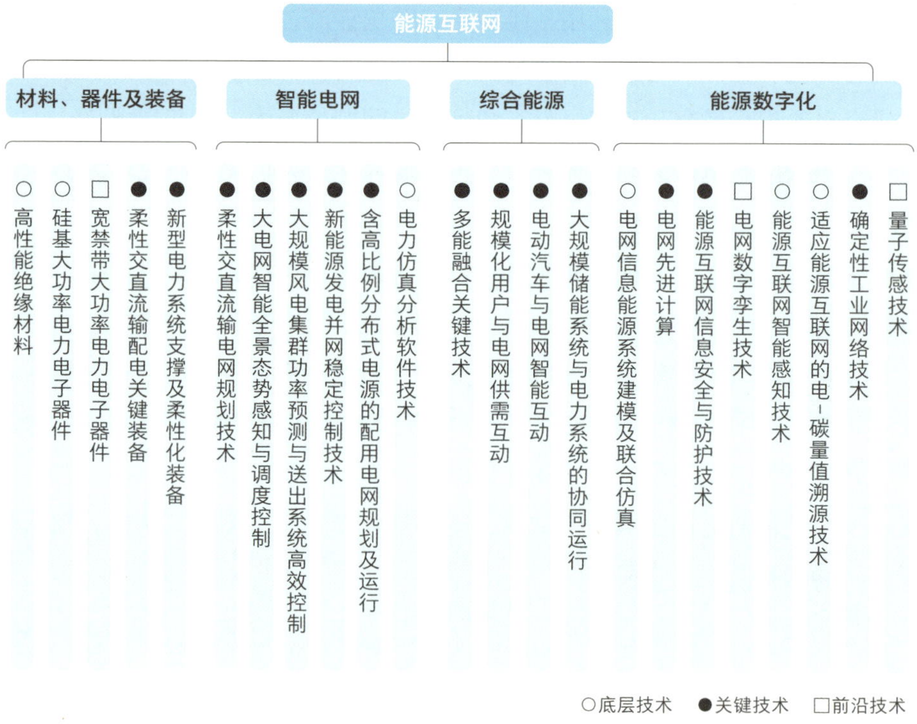

图6-3　能源互联网技术方向

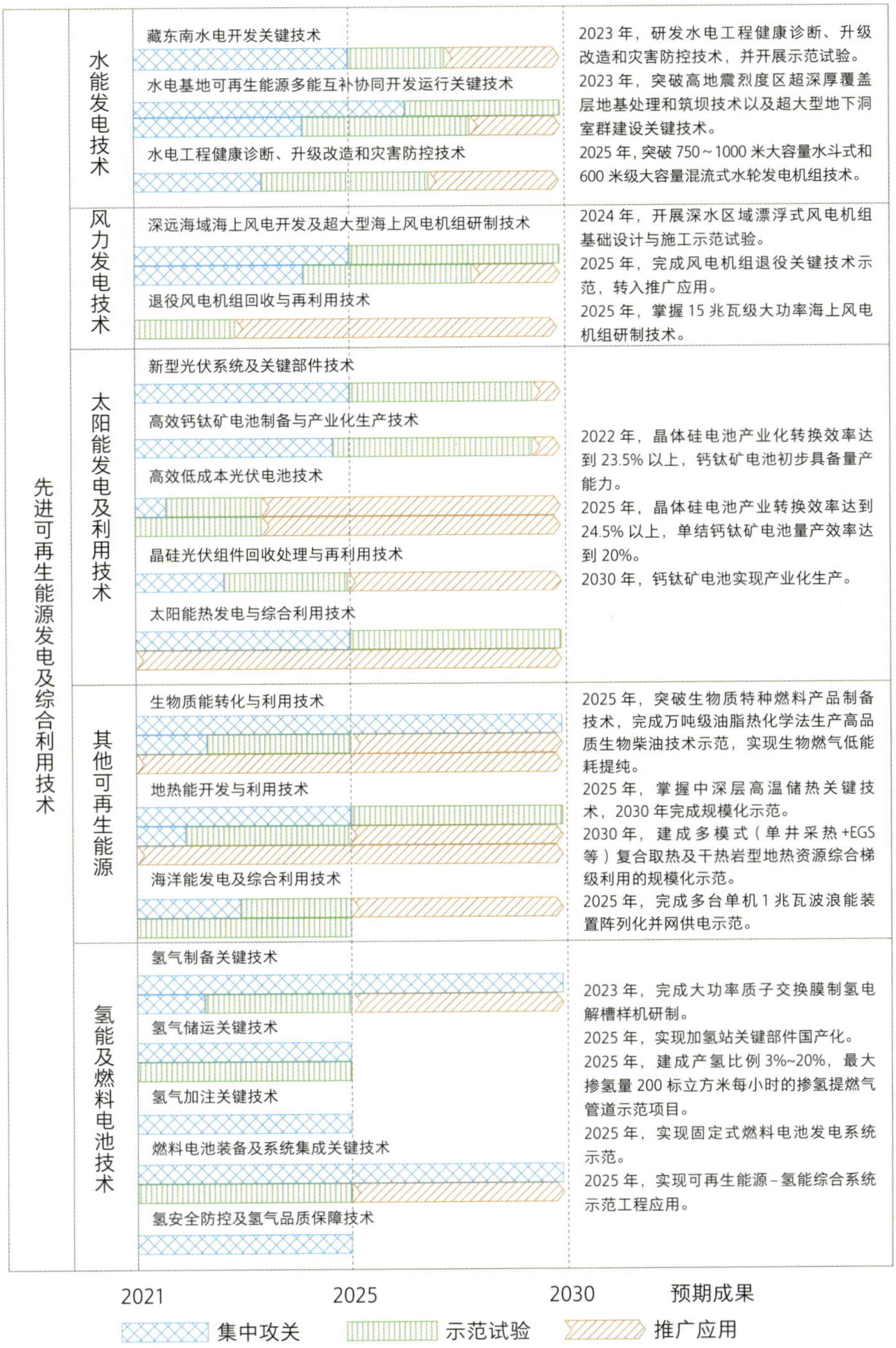
先进可再生能源发电及综合利用技术
水能发电技术
藏东南水电开发关键技术
水电基地可再生能源多能互补协同开发运行关键技术
水电工程健康诊断、升级改造和灾害防控技术
2023 年，研发水电工程健康诊断、升级改造和灾害防控技术，并开展示范试验。
2023 年，突破高地震烈度区超深厚覆盖层地基处理和筑坝技术以及超大型地下洞室群建设关键技术。
2025 年，突破 750～1000 米大容量水斗式和 600 米级大容量混流式水轮发电机组技术。
风力发电技术
深远海域海上风电开发及超大型海上风电机组研制技术
退役风电机组回收与再利用技术
2024 年，开展深水区域漂浮式风电机组基础设计与施工示范试验。
2025 年，完成风电机组退役关键技术示范，转入推广应用。
2025 年，掌握 15 兆瓦级大功率海上风电机组研制技术。
太阳能发电及利用技术
新型光伏系统及关键部件技术
高效钙钛矿电池制备与产业化生产技术
高效低成本光伏电池技术
晶硅光伏组件回收处理与再利用技术
太阳能热发电与综合利用技术
2022 年，晶体硅电池产业化转换效率达到 23.5% 以上，钙钛矿电池初步具备量产能力。
2025 年，晶体硅电池产业转换效率达到 24.5% 以上，单结钙钛矿电池量产效率达到 20%。
2030 年，钙钛矿电池实现产业化生产。
其他可再生能源
生物质能转化与利用技术
地热能开发与利用技术
海洋能发电及综合利用技术
2025 年，突破生物质特种燃料产品制备技术，完成万吨级油脂热化学法生产高品质生物柴油技术示范，实现生物燃气低能耗提纯。
2025 年，掌握中深层高温储热关键技术，2030 年完成规模化示范。
2030 年，建成多模式（单井采热 +EGS 等）复合取热及干热岩型地热资源综合梯级利用的规模化示范。
2025 年，完成多台单机 1 兆瓦波浪能装置阵列化并网供电示范。
氢能及燃料电池技术
氢气制备关键技术
氢气储运关键技术
氢气加注关键技术
燃料电池装备及系统集成关键技术
氢安全防控及氢气品质保障技术
2023 年，完成大功率质子交换膜制氢电解槽样机研制。
2025 年，实现加氢站关键部件国产化。
2025 年，建成产氢比例 3%~20%，最大掺氢量 200 标立方米每小时的掺氢提燃气管道示范项目。
2025 年，实现固定式燃料电池发电系统示范。
2025 年，实现可再生能源–氢能综合系统示范工程应用。
2021
2025
2030
预期成果
集中攻关
示范试验
推广应用

图 6-4　先进可再生能源发电及综合利用技术发展路线

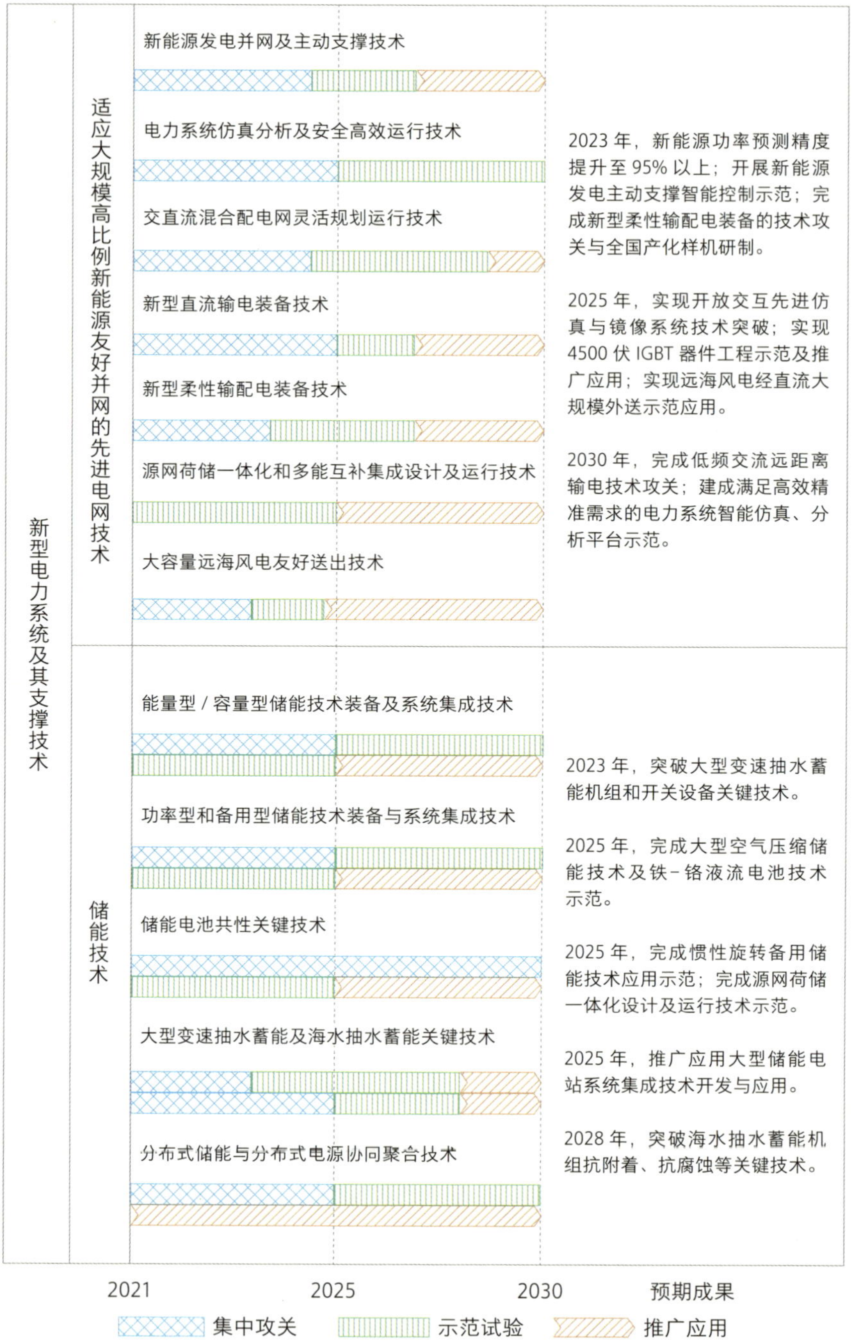

图 6-5　新型电力系统及其支撑技术发展路线图

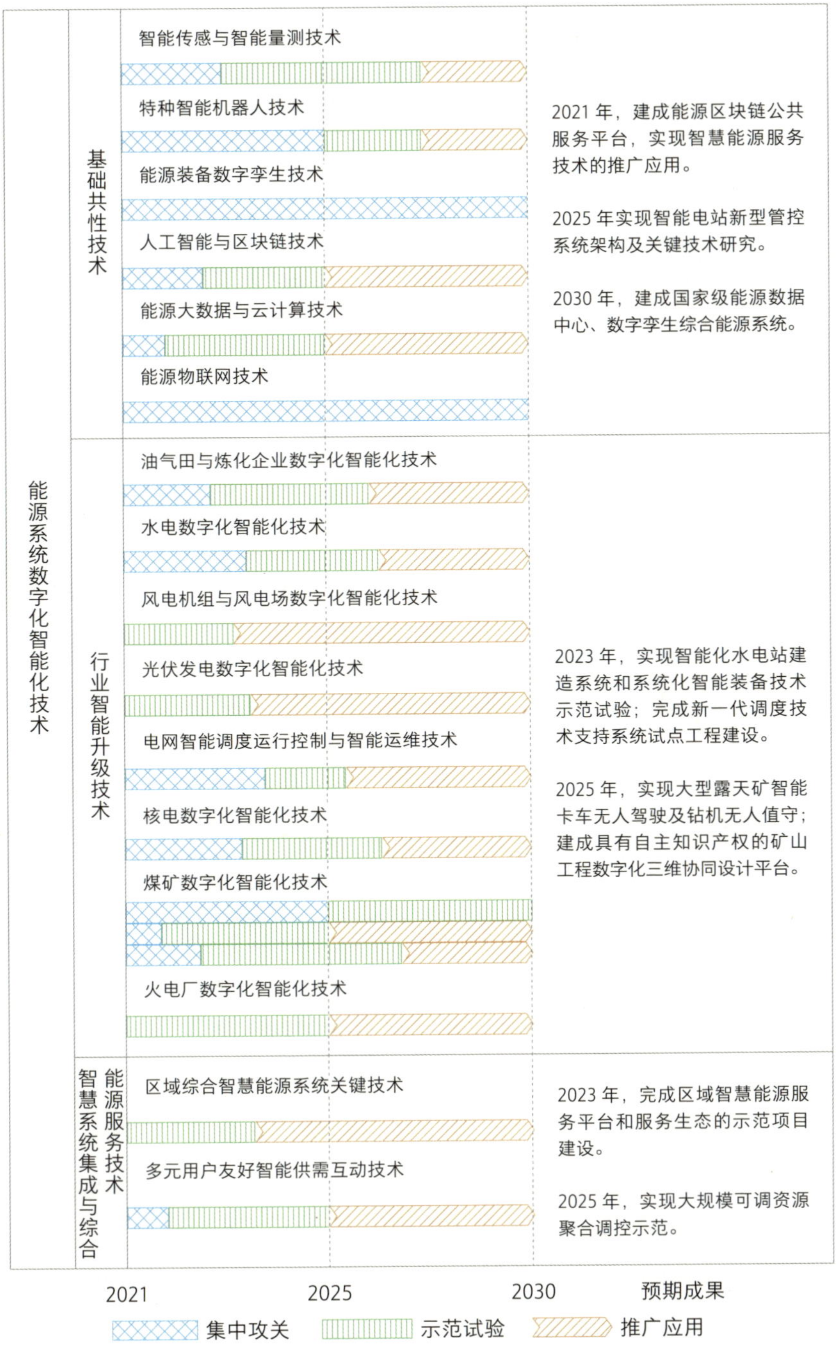

图 6-6　能源系统数字化智能化技术发展路线

第五节 储能、氢能与 CCUS 技术前瞻

一、储能

储能主要包括电储能、热储能、氢储能，其中电储能包括机械储能、电化学储能、电磁储能。抽水蓄能属于机械储能。

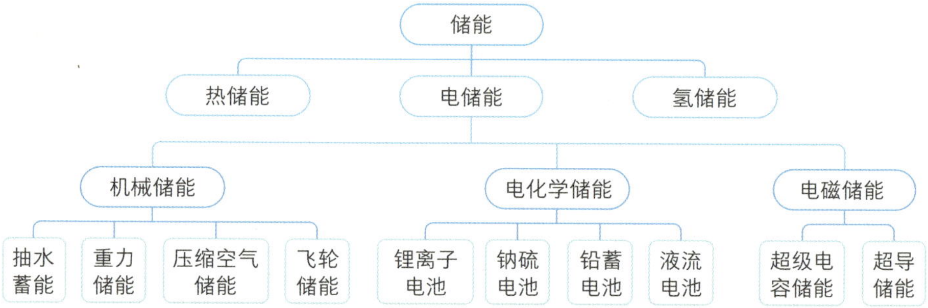

图 6-7 储能类别

抽水蓄能技术成熟、经济性好、安全可靠，能够提供调峰、调频、备用、转动惯量、爬坡、稳定切负荷等多种调节能力，近中期是最主要的规模化储能方式。抽水蓄能电站一般接入主网架，是系统级调节手段，应优先发展，但受站址资源等因素影响发展规模可能受限。未来常规抽蓄和分散式储能将呈现协同共进、相辅相成的态势。新型储能选址灵活，投资门槛低，应用场景多样，能够满足系统高峰供电和灵活调节的双重需要。

电化学储能度电成本有望在 2040 年前后降至 0.24 元 / 千瓦时，与抽水蓄能基本持平。随着开发难度增加，新增抽水蓄能电站造价将小幅上涨，初步预计 2040 年将达到 6700 元 / 千瓦，度电成本上涨至 0.23 元 / 千瓦时。而锂离子电池等电化学储能成本持续下降，2040 年达到 0.24 元 / 千瓦时（储能时长为 2～4 小时），基本与抽水蓄能持平，将进入快速发展轨道。2060 年，电化学储能成本降至 0.16 元 / 千瓦时，低于抽水蓄能；压缩空气储能

（时长 6 ~ 10 小时）成本降至 0.29 元 / 千瓦时，逐步接近抽水蓄能。

随着经济性和安全性的提升，价格和市场机制的完善，新型储能的竞争力不断提高，占比将有较大提升。预计 2030 年，全国抽水蓄能、新型储能装机容量将分别达到 1.2 亿、0.8 亿千瓦，分别占 60%、40%，其中新型储能主要是电化学储能。2060 年，全国抽水蓄能、新型储能装机分别达到 4 亿、2 亿千瓦，分别占 67%、33%；氢储能有望达到 0.4 亿 ~ 0.65 亿千瓦，成为新型储能的重要组成部分。

表 6-1　储能装机结构　单位：万千瓦

类型＼项目＼年份	2020		2030		2060	
	装机容量	占比	装机容量	占比	装机容量	占比
合计	3549	100%	20000	100%	60000	100%
新型储能	400	11%	8000	40%	20000	33%
抽水蓄能	3149	89%	12000	60%	40000	67%

延伸阅读

电化学储能政策现状及典型应用

近年来，我国电化学储能（以下简称储能）发展环境经历较大变革。2019 年，在国家发展改革委明确储能设施不纳入输配电价以及工商业电价连续下调的政策环境下，储能发展略有放缓。2020 年以来，中央大力发展新基建，给储能发展提供了新机遇。

一、政策环境现状

（一）国家层面

（1）加大储能在重点领域示范应用力度。一是推进储能与新能源发电联合应用，降低新能源出力随机性，推动就地消纳。二是试点应用大规模储能提升电力系统调节能力，探索储能参与调峰调频等辅助服务。三是示范应用储能保障电力系统安全，鼓励将储能作为重要用户应急电源。

（2）推动市场机制与配套政策落地。一是完善辅助服务补偿机制，进一步推动储能参与辅助服务市场。二是完善储能参与电力现货市场机制，营造有利于储能发展的市场环境。三是完善峰谷电价政策，探索建立储能容量电费机制。

（二）地方层面

（1）电源侧。一是鼓励新能源发电项目配置储能。河南、内蒙古等10余个省（区）优先支持风电、光伏发电配置储能；湖南要求新建风电项目按20%容量配置储能。二是鼓励储能参与现货市场及辅助服务市场。浙江、山东支持储能参与电力现货市场；山西鼓励通过储能提升机组调节性能。

（2）电网侧。一是明确储能的市场主体地位。福建等近20个地区允许储能以独立市场主体身份参与辅助服务市场。二是制定有偿调峰补贴机制。青海、新疆、广东对执行电力调度指令的储能给予0.5~0.7元/千瓦时充电补偿。

（3）用户侧。一是推动分布式电源消纳。苏州工业园区对备案实施的并网储能补贴0.3元/千瓦时，为期3年。二是鼓励储能参与需求响应。浙江对参与需求响应的用户侧储能最高补贴达4元/千瓦时。三是完善储能峰谷分时电价。山东开展储能峰谷分时电价政策试点，峰谷价差最高达0.7445元/千瓦时。

二、国内外应用情况分析

（一）应用场景

（1）电源侧。一是储能与集中式新能源联合应用，主要用于减少弃风弃光。新疆新华圣树 180 兆瓦光伏电站 +40 兆瓦 /80 兆瓦时储能项目，每年可减少 80% 弃光。二是储能联合火电机组调频，主要用于改善机组运行经济性。山西开展 9 兆瓦 /4.5 兆瓦时储能联合火电调频，以解决火电机组调频能力不足问题。

（2）电网侧。将储能电站直接接入电网，一是满足电网灵活调节，主要用于提供辅助服务和提升电能质量。福建规划 2021 年建成吉瓦级储能项目，用以解决大规模海上风电接入引起电网波动、调峰困难等问题，近期规模为 650 兆瓦 /1300 兆瓦时。二是保障电网安全稳定，主要用于快速响应事故、解决电网堵塞、延缓局部电网建设。特斯拉南澳州 100 兆瓦 /129 兆瓦时储能项目，可提供常规调节、紧急输出和能量输出三种有偿辅助服务，多次在火电机组脱网事故中提供快速调频响应。

（3）用户侧。一是光储一体化供电，主要用于储存光伏余电及低充高放。东京电力以租赁模式推行 3 千瓦 /9.8 千瓦时用户侧储能系统，利用 AI 自控技术为用户提供节能降费服务。二是大用户加装储能，主要用于工商业用户负荷调控和事故应急。无锡新加坡工业园 20 兆瓦 /160 兆瓦时储能具有削峰填谷、需求响应和应急供电功能。三是储能与微电网结合，主要用于支持高比例分布式能源接入。山东泰开南区工业园新能源微电网项目，利用储能实现并网、并网转离网、离网转并网三种方式，项目电量自给率达 80%。

（二）商业模式

（1）运营机制。一是由应用主体投资储能。二是合同能源管理，由储能企业与应用主体签订服务合同按约定比例分成。三是经营性租赁，由储能企业投资储能并租赁给应用主体。

（2）盈利机制。电源侧：一是通过新能源电站减少弃电增收；二是参与辅助服务市场。电网侧：一是参与现货市场，利用储能快速充放电特性跟踪现货价格曲线低买高卖；二是参与容量市场，按约定提供容量供电网调度，获取报酬。用户侧：一是节约电费支出，包括单一制电价的峰谷价差及两部制电价的容量电费、峰谷价差；二是参与需求响应。

二、氢能

氢能作为高效清洁的二次能源、灵活智慧的能源载体、绿色低碳的工业原料，将成为多元清洁能源供应体系的重要组成部分，未来氢能以可再生能源制取的绿氢为主。

氢能产业总体处于初步商用阶段，生产环节技术相对成熟，但储运、消费环节成熟度不高，还存在加氢站等基础设施薄弱、终端用氢成本高规模小、安全性不足等诸多瓶颈。我国氢能产业链尚在健全阶段，在生产环节，碱性电解水制氢技术成熟，质子交换膜等技术有待突破；在储运环节，以长管拖车短距离运输为主，管道、液氢、氢基燃料等中长距离储运方式技术经济性有待提升，降低储运成本是未来氢能发展的关键；在终端消费环节，氢燃料电池技术已初步商业化。

未来氢能与电力系统将形成紧密的互补协同关系，电–氢耦合将更加紧密、互动场景更为丰富。一是电制氢设备作为可变负荷，是电力系统中重要的灵活性调节资源和储能载体，有助于提升新能源消纳能力、调频调峰能力和长周期调节能力。二是氢能和氢燃料电池可应用于分布式能源和微网，实现大电网与局部电网的协同发展。三是通过电转氢转其他能源的形式，可以成为连接电力行业与其他终端消费行业的重要媒介，提升电网的能源枢纽作用。

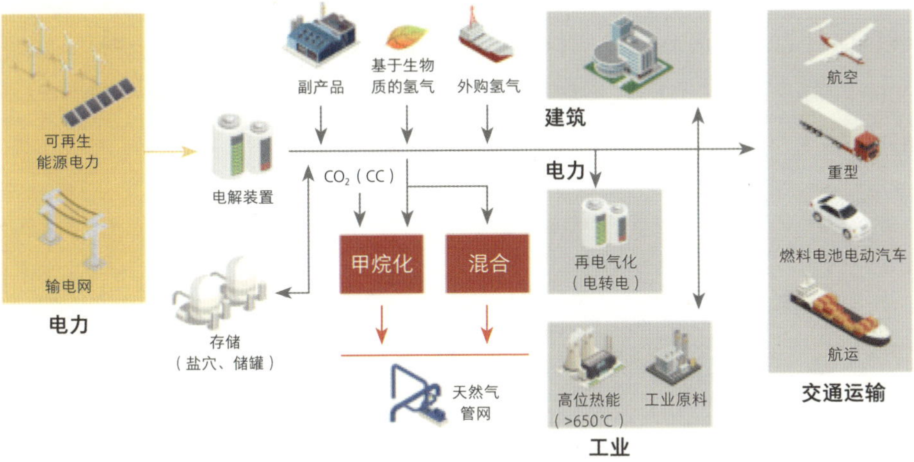

图 6-8　电-氢耦合关系及应用

综合国内外机构预测，预计 2060 年，我国氢能需求 0.8 亿 ~ 1.3 亿吨，占终端能源消费的比重达到 12% ~ 20%，电制氢用电量占全社会用电量的 17% ~ 28%。

表 6-2　　2060 年氢能需求及制氢用电量预测

电制氢预测＼不同情景	低情景	中情景	高情景
氢能需求（万吨）	8000	10000	13000
电制氢比例（%）	80	80	80
制氢电耗（千瓦时 / 千克）	42	42	42
制氢用电量（万亿千瓦时）	2.7	3.4	4.4
占全社会用电量的比例（%）	17	21.5	28

到 2030 年，可再生能源供氢成本下降一半，广义氢储能[1] 具备经济性。随着技术进步，预计到 2030 年，可再生能源全环节供氢成本降至 30 元 / 千克，

[1] 将可再生能源电力转化为氢气并生产其他工业原料或产品，将能量转化并以物质载体形式存在。

是 2020 年绿氢全环节供应成本的一半，与 2020 年灰氢成本持平，按照当量热值计算，与成品油成本持平；届时，广义氢储能将具备经济性。预计 2060 年降至 15 元 / 千克，达到成品油的一半，广义氢储能的经济性进一步提升。

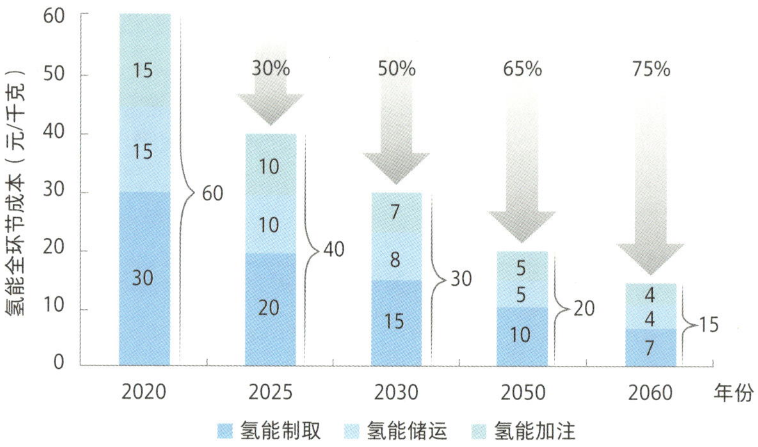

图 6-9　氢能各环节成本变化趋势

狭义氢储能[1]有望在 2060 年前具备经济性。极端天气下，负荷快速上涨，新能源连续低出力，电力系统需要周及以上的长时段储能支撑电力电量平衡。电化学储能作为长时段储能使用，成本将极大增加，不具备经济性。预计 2060 年，周及以上长时段狭义氢储能成本持续降至 0.62 元 / 千瓦时，经济性远高于相同时长的电化学储能，储能时长也远大于普通抽水蓄能。

现阶段，氢能主要用于工业过程，在终端领域应用规模很小，在电力领域主要是小规模可再生能源电制氢，仅从电网“摄取”电力电量，满足燃料电池汽车等用氢需求，尚未实现大规模电–氢双向耦合，对高峰时段电力平衡支撑作用有限。从远期看，电–氢耦合实现电制氢和氢发电的双向互动，

[1] 将可再生能源电力转化为氢气储存，需要时再利用氢气发电，并注入电力系统，发挥周及以上长时段储能作用。

既能从电网“摄取”，也能“注入”电力电量，具备狭义储能作用，支撑长时段电力电量平衡。氢能在终端领域的应用规模显著扩大，在电力领域的应用从可再生能源电制氢，向氢燃料电池发电、天然气掺氢发电、氢制氨后与煤炭或生物质掺烧发电等应用拓展，为电力系统提供灵活调节资源，支撑电力系统长时段电力电量平衡。

预计 2060 年，用于发电的氢储能规模有望达到 400 万 ~ 650 万吨，等效为 0.4 亿 ~ 0.65 亿千瓦的抽水蓄能。每储存 1 万吨的氢气用于发电，发挥的电力电量平衡支撑作用，相当于 10 万千瓦的抽水蓄能。根据中国氢能联盟预测，2060 年用于发电的储氢占比为 5%，氢储能可等效 4000 万 ~ 6500 万千瓦的抽水蓄能（年利用小时数按 3200 小时计算）。

表 6-3 2060 年狭义氢储能规模预测

狭义氢储能预测 \ 不同情景	低情景	中情景	高情景
氢能需求（万吨）	8000	10000	13000
储氢规模（万吨）	400	500	650
储氢发电量（亿千瓦时）	640	800	1040
等效抽水蓄能（万千瓦）	4000	5000	6500

三、CCUS 技术

CCUS 是实现深度脱碳的重要技术，将深度影响能源电力低碳转型路径。碳捕集利用和封存（CCUS）技术是公认的实现深度脱碳的关键技术，对我国以化石能源为主的能源结构的调整及低碳转型至关重要。一是能够为电力系统保留部分煤电机组；二是通过结合生物质发电，助力电力系统实现负排放；三是为绿氢创造更多应用场景，促进新能源多元化利用；四是为钢铁、水泥等难以减排行业提供可行技术方案。

表 6-4　碳捕集技术应用领域与方式

碳捕集技术	应用领域及方式
点源 CCUS 技术	水泥、钢铁生产、化石燃料制氢、垃圾焚烧和发电等行业
生物质能碳捕集与封存技术（BECCS）	生物质燃烧时捕集二氧化碳
直接空气碳捕集与封存技术（DACCS）	直接从空气中捕集二氧化碳
利用含水层封存二氧化碳	二氧化碳被泵入岩石中进行封存
强化采油技术（EOR）	二氧化碳用于驱油采油

截至 2020 年年底，我国已建成 CCUS 示范项目 36 个，分布于 19 个省份，累计封存利用二氧化碳超过 200 万吨。其中，13 个涉及电厂和水泥厂的纯捕集示范项目总捕集能力达 86 万吨 / 年，11 个地质利用与封存相关项目的累计利用规模达 182 万吨 / 年。

总体来看，我国对 CCUS 全流程各类技术路线都分别开展了试验示范，但项目数量较少，缺少大规模、可复制、经济效益明显的集成应用项目。

CCUS 技术大规模应用仍受到成本、能耗、安全性和可靠性等因素制约。成本方面，在现有技术条件下，引入碳捕集后每吨二氧化碳将额外增加 140 ~ 600 元的运行成本。如华能集团上海石洞口捕集示范项目的发电成本就从大约每千瓦时 0.26 元提高到 0.5 元。能耗方面，在现有 CCUS 技术条件下，企业部署 CCUS 将使能耗水平增加 10% ~ 20%。安全性和可靠性方面，二氧化碳地质封存技术以工程技术手段储存二氧化碳，存在泄漏的可能，部分企业担心 CCUS 项目实施的潜在环境风险和安全风险，进而影响发展 CCUS 的积极性。

随着捕集技术的成熟、能耗的降低、输送管道的建设以及产业化能力的增强，国内外机构普遍预计 2030 年后 CCUS 将具备逐步推广应用的条件。国际能源署预计，全球利用 CCUS 技术捕集的二氧化碳总量将从 4000 万吨 / 年增至 2050 年的约 56 亿吨 / 年，主要应用在发电、钢铁、水泥、化工等行业。

到 2025 年，我国将建成多个基于现有 CCUS 技术的工业示范项目并具备工程化能力；第一代捕集技术的成本及能耗比现阶段降低 10% 以上；部分现有技术的利用效率显著提升并实现规模化运行，封存量超过 900 万吨 / 年。

到 2030 年，现有技术开始进入商业应用阶段并具备产业化能力；第一代捕集技术的成本与能耗比现阶段降低 10% ~ 15%；封存量超过 2000 万吨 / 年。

到 2050 年，CCUS 技术实现广泛部署，建成多个 CCUS 产业集群，封存量达 8 亿吨 / 年。

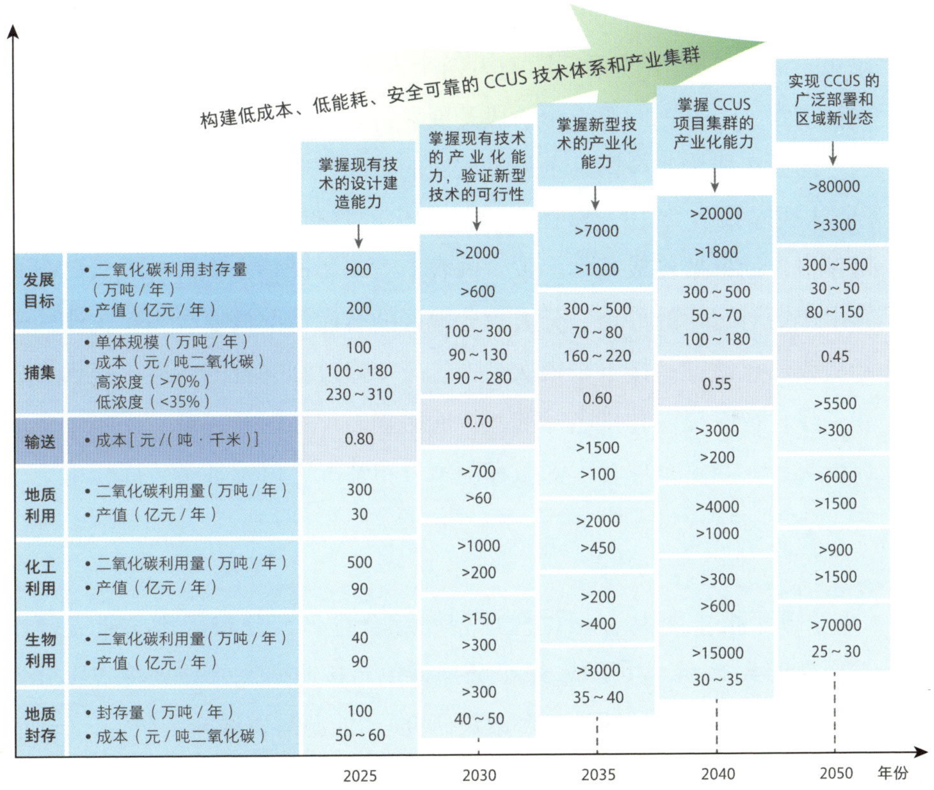
构建低成本、低能耗、安全可靠的 CCUS 技术体系和产业集群
掌握现有技术的设计建造能力
掌握现有技术的产业化能力，验证新型技术的可行性
掌握新型技术的产业化能力
掌握 CCUS 项目集群的产业化能力
实现 CCUS 的广泛部署和区域新业态
发展目标
• 二氧化碳利用封存量（万吨 / 年）
• 产值（亿元 / 年）
捕集
• 单体规模（万吨 / 年）
• 成本（元 / 吨二氧化碳）
高浓度（>70%）
低浓度（<35%）
输送
• 成本[元 /（吨 · 千米）]
地质利用
• 二氧化碳利用量（万吨 / 年）
• 产值（亿元 / 年）
化工利用
• 二氧化碳利用量（万吨 / 年）
• 产值（亿元 / 年）
生物利用
• 二氧化碳利用量（万吨 / 年）
• 产值（亿元 / 年）
地质封存
• 封存量（万吨 / 年）
• 成本（元 / 吨二氧化碳）
900
200
100
100 ~ 180
230 ~ 310
0.80
300
30
500
90
40
90
100
50 ~ 60
>2000
>600
100 ~ 300
90 ~ 130
190 ~ 280
0.70
>700
>60
>1000
>200
>150
>300
>300
40 ~ 50
>7000
>1000
300 ~ 500
70 ~ 80
160 ~ 220
0.60
>1500
>100
>2000
>450
>200
>400
>3000
35 ~ 40
>20000
>1800
300 ~ 500
50 ~ 70
100 ~ 180
0.55
>3000
>200
>4000
>1000
>300
>600
>15000
30 ~ 35
>80000
>3300
300 ~ 500
30 ~ 50
80 ~ 150
0.45
>5500
>300
>6000
>1500
>900
>1500
>70000
25 ~ 30
2025
2030
2035
2040
2050
年份

图 6-10 CCUS 技术发展路线图

第六节 实践案例

案例 1 《全球智库报告 2019》解读

通过对《全球智库报告 2019》进行深入解读，分析研究全球先进智库发展趋势及最新动向。

一、《报告》简介

《全球智库报告》自 2006 年起每年发布一期，围绕智库的资源获取能力、政策贡献度、产出成果、影响力四个方面构建评价体系，通过智库提名、同行推荐、专家审阅等三个阶段开展评价工作，对全球智库进行综合排名，因严谨公正成为当今国际上最具权威的智库排名体系之一。

《全球智库报告 2019》整体具有结构化的特点，即从首份报告发布至今，每年报告的框架构成基本一致，内容上会逐年调整变化。首先以简介开篇，其中包括对智库的界定、分类、分地区的智库情况概要、当年关注的全球性趋势或热点话题；接下来依次是报告历年修改和完善的内容，报告形成程序和步骤，智库提名和排名标准，智库影响力评估框架；最后是当年全球智库数量统计，当年全球智库区域和国家分布情况，以及各类智库榜单。

二、全球智库发展总体概况

《全球智库报告 2019》根据全球智库综合排名、分布区域、研究领域和特殊成就四大类别，共形成 51 个分项榜单。按照研究领域，将智库分为“国防和国家安全研究”“国内经济政策研究”“能源与资源政策研究”“环境政策研究”“科技政策研究”“社会政策研究”等十余个细分领域。

从区域来看，欧洲和北美仍为全球智库最多聚集地。《全球智库报告 2019》囊括了全球 8248 家智库，其中，欧洲拥有 2219 家智库（占比

26.9%），北美洲拥有 2058 家智库（占比 25%），欧美集聚了全球 51.9% 的智库机构，较 2018 年有所上升。亚洲、中南美洲、撒哈拉以南非洲地区、中东以及北非的智库数量与去年的持平，分别为 1829 家（占比 22.2%）、1023 家（占比 12.4%）、612 家（占比 7.4%）以及 507 家（占比 6.1%）。

从国别来看，美国以 1871 家遥遥领先，是全球拥有智库机构最多的国家。印度智库数量为 509 家、位居第二，中国有 507 家、位居第三。英国、阿根廷智库分别以 321、227 家的智库数量紧随其后。此外，排名前十的国家还有德国（218 家）、俄罗斯（215 家）、法国（203 家）、日本（128 家）和意大利（114 家）。

我国多家智库入选全球智库分类排名，智库国际影响力逐步提升。在《全球智库报告 2019》列出的 51 个分项榜单中，我国智库上榜的榜单数量达 40 项，共有 78 家智库入围。在“亚洲大国（中国、印度、日本、韩国）智库百强榜单”中，共有 27 家中国智库上榜。

三、全球智库发展趋势及特点

新时代背景下，中国特色新型智库建设既要立足中国国情，也要追踪国际智库发展经验。综合来看，《全球智库报告 2019》中的全球智库发展主要呈现以下趋势及特点。

（1）注重提升基于人工智能、大数据等先进技术的分析应用能力。智库越来越需要依靠大数据、机器学习等新兴技术开展研究，充分利用新技术提升效率、准确性和综合能力。同时，智库需要具备更高的辨别能力和思考能力，有效防范“数字偏见”导致的新技术风险，避免被数据表象蒙蔽而产生错误结论。

（2）积极借助新媒体力量增强知名度和传播力。信息科技的普及化，打破了传统媒体对于信息、知识传播渠道的垄断。智库可以通过网络渠道直接建立信息平台，扩大智库影响力。国际上各大智库都纷纷创办新媒体平台，实时快捷地传播与分享研究成果。尤其是对于中小型或新成立的智库，善于运用互联网传媒有利于迅速提升在业内的知名度。

（3）通过广泛建立国际合作网络扩大国际影响力。智库正日渐成为一类新型的跨国组织机构，具有全球影响与发展能力的智库都将国际化视作重要的发展战略，主动设定全球性议题，深挖国际合作资源，有效引导国际舆论，并积极雇佣国际化研究人员、设立全球分支、开展国际交流合作。

案例2 氢能在新型电力系统中的应用

氢能是理想的清洁二次能源，利用可再生能源制氢、储氢、氢燃料电池发电等技术构建净零排放的电氢耦合系统，将成为除可再生能源之外实现深度脱碳的重要路径。

一、氢能支撑电网灵活调节的特性分析

氢能具备的特性，使其能够很好地支撑电网的灵活调节。

（1）电制氢装备具备快速响应能力。可实现输入功率秒级、毫秒级响应，能在平抑风光波动和参与电网辅助服务中发挥重要作用，为电网提供电压频率调节、热备用、冷备用、负荷跟踪等电网辅助服务。

（2）氢储能具备跨季节长周期大规模存储能力。氢储能可在电化学储能不适用的场景发挥优势，尤其在大容量长周期调节的场景中，相比电化学储能在经济性上更有竞争力。

表6-5 各种储能方式优缺点比较

储能方式 / 特性参数	蓄电池储能	抽水蓄能	压缩空气储能	飞轮储能	氢储能
储能量	中	高	高	低	高
响应时间	毫秒级	秒到分钟级	分钟级	秒级	秒级、毫秒级
可用性	已应用	已应用	已应用	初步示范	初步示范
适用场合	调峰、调频	削峰填谷、调频	调峰	调频	调峰、调频

二、氢能在新型电力系统中的应用场景

随着绿氢产业的快速发展，氢能将应用于新型电力系统“源网荷”各环节，呈现电氢耦合发展态势。

（1）应用于电源侧。利用可再生能源绿色制氢技术，将风能、太阳能等可再生能源电力清洁高效地转换为氢能，推动氢能在电源侧与可再生能源耦合，促进大规模可再生能源消纳，提高可再生能源利用率。

（2）应用于电网侧。利用氢能具有跨季节、长周期储能特性，发挥氢储能作用，可积极参与电网调峰调频辅助服务，提高电力系统安全性、可靠性、灵活性，实现能源跨地域和跨季节的能源优化配置。

（3）应用于用户侧。通过氢燃料电池热电联供、区域电网调峰调频及建筑深度脱碳减排的应用，可扩展氢能在终端用能领域的应用范围和综合能源业务发展，推动冷-热-电-气多能融合互补，提升终端能源效率和低碳化水平。

三、氢能应用典型项目

在送端地区，通过新能源和氢能项目协同规划建设，创新新能源开发利用模式。将新能源基地的电力就近输送至煤化工、石油炼化、钢铁厂等工业园区附近进行制氢，并将其作为能源和工业原料，用于中重型交通或炼钢、合成甲醇等工业过程。国家能源集团、华能集团、中石化等正在开展绿氢耦合煤化工、石油炼化等一体化示范项目应用。中石化在鄂尔多斯建设乌审旗风光融合绿氢化工示范项目，制氢产能 1 万吨 / 年，年制氢用电量 5.5 亿千瓦时，制氢用电主要由配套建设的 5 万千瓦风电和 27 万千瓦光伏发电，通过 61 千米 220 千伏输电线路和专用变电站提供，年外购电量比例不超过 5%，所制氢气通过架空管道送至 3 千米外的中天合创化工公司。

在受端地区，通过电氢耦合互补，丰富综合能源系统生态。依托海上风电、沿海核电等制氢，通过集束罐车或轮船就近配送至工业园区，或就近采用分布式光伏制氢，满足交通、工业、建筑领域用氢需求，构建电-氢-热

综合能源系统，发挥电氢耦合互补作用。典型项目有：国电投在山东荣成建设“国和一号+”项目，立足核能发电，打造集光伏发电、海上风电、核能制氢、核能供热、海水淡化、储能等为一体的综合能源示范项目；国家电网公司牵头承担国家重点研发计划，在宁波慈溪建设“氢电耦合直流微网示范工程”，形成以电为中心的电氢热耦合综合能源示范。

案例3 基于区块链的冬奥绿电溯源

国网北京电力公司通过开展区块链绿电溯源应用研究，构建冬奥绿电溯源平台系统，支撑绿电溯源信息可信、实时、多维度可视化展示，向冬奥组委、政府、社会公众证明冬奥百分百使用的是清洁能源供电，使北京冬奥会成为展示绿色低碳美丽中国的重要窗口。

一、冬奥绿电溯源的主要痛点及解决方案

绿电溯源具有链条长、环节多，发、输、用电多方协作困难，跨区电力数据协同复杂等难点。在绿电消纳过程中，各环节主体存在数据孤岛，难以共享，不易追溯；场馆电量来源不透明，难以可信溯源；现有的技术手段无法做到安全、透明、高效地追踪冬奥绿电消纳情况。

国网北京电力基于区块链技术搭建区块链绿电溯源应用平台，以贯通绿电生产、传输、交易结算、消纳全过程数据为基础，以区块链共识机制、智能合约技术为支撑，可实现冬奥绿电溯源信息的全链条可信记录与流转，同时有助于支撑绿电交易有序开展，为冬奥绿电消纳主体提供权威、可信的消纳证明，向国际社会证明北京冬奥的减排担当。

二、冬奥绿电溯源平台建设的实践

基于区块链技术，依托国网链北京从链、北京数据中台、全国统一电力市场交易平台、长安链等，将绿电业务数据上链，完成绿电生产、传输、交易结算、消纳等关键业务流程溯源，为前端展示提供可信数据来源。通过与

各业务系统集成进行数据获取，通过算法分析进行数据计算，通过图形、实时数据在可视化界面进行结果输出。

（1）源数据可信上链。将冬奥绿电生产、传输、交易结算、消纳等关键数据进行哈希加密上链，实时调用国网链上链服务，实现数据哈希值上链存储，通过平台“数据上链管理功能”进行查看与管理，确保绿电数据的实时性、有效性、不可抵赖性。

（2）绿电回溯。应用区块链智能合约技术搭建“100% 绿电校验模型”，以上链业务数据为模型变量进行多重交叉比对，回溯还原绿电从生产至消纳全流程，证明冬奥场馆百分百使用绿电。同时可向各场馆出具相关区块链证明，提升用户感知度参与度。

（3）绿电余量智能预警。通过智能合约搭建绿电预警模型，以年度合同电量、历史 / 实际用电量、历史发电量、时间为变量，智能监控、预警冬奥场馆绿电使用、场馆与发电场交易情况。若合同所购电量无法满足场馆用电量，通过预警提示场馆和可再生能源发电企业及时补签购电合同，保证百分百使用绿电。

（4）零碳感知。通过实时计算、比对、展示冬奥绿电交易、场馆及配套设施用电等数据，向社会通报冬奥会百分百清洁能源供用电情况、绿电减排及环保效益等，传递绿色发展理念。

（5）数据跨链共享。通过北京从链接口获取冬奥绿电业务数据在长安链的哈希存证、区块高度、时间戳等，通过门户管理实现跨链存证的信息展示，打造冬奥绿电数据共享应用典范。

（6）前端可视化展示。基于三维数字孪生引擎的冬奥绿电溯源信息可视化模块，直观、实时、多维度展现绿电交易、传输、数据上链等复杂抽象场景。同时，可以对绿电交易、绿电溯源、数据上链、零碳感知等各个场景进行专题展示。

第七章

发挥市场配置资源的决定性作用

本章提要

本章简要回顾电力市场化建设成效，阐述电力市场的构成要素和主要机制，重点探讨适应能源清洁低碳转型的市场关键机制，分析碳市场和电力市场的关系并对两个市场的协同发展作出展望。

第一节　电力市场建设加速推进

2015年3月，《中共中央　国务院关于进一步深化电力体制改革的若干意见》（中发〔2015〕9号）印发，明确了“管住中间、放开两头”的体制架构和“三放开、一推进、三强化”的重点任务。七年多来，改革持续深入推进，电力市场化建设取得一系列突破性进展。

电力市场体系框架初步建成，省间、省内中长期交易常态化运行，现货市场试点稳步实施，涵盖多周期多品种的市场体系逐步建立，新能源消纳水平逐年大幅提高。适应市场化要求的价格体系初步确立，完成两个监管周期（2017—2019年，2020—2022年）的输配电价核定工作。2019年6月27日，《国家发展改革委关于全面放开经营性电力用户发用电计划的通知》（发改运行〔2019〕1105号）印发。2021年年底按照改革要求，放开全部燃煤发电上网电价，取消工商业目录电价，工商业用户全部进入市场，竞争性环节价格基本由市场形成。2022年，经中央深改委审议通过的《国家发展改革委　国家能源局关于加快建设全国统一电力市场体系的指导意见》（发改体改〔2022〕118号）和《中共中央　国务院关于加快建设全国统一大市场的意见》相继发布，全国统一电力市场建设进入了加速推进的新阶段。

延伸阅读

政策解读

政策	内容解读
全面放开经营性电力用户发用电计划	（1）大量中小用户进入市场，市场交易主体和电量激增，市场化程度明显提高，市场建设面临更高要求； （2）非经营性用户电量逐年增加，交叉补贴来源不足问题凸显； （3）市场竞争加剧
燃煤发电上网电价和工商业用户放开	（1）发购电两侧市场空间大幅提升，进一步加快电力市场化进程； （2）从燃料成本到上网电价再到终端价格的传导机制得以理顺； （3）进一步明确电网企业的职责定位，明确由电网企业向居民、农业提供保障性供电服务，代理未直接入市的工商业用户购电； （4）电网企业保障居民、农业用电产生的损益疏导途径得以明确
加快建设全国统一电力市场体系	《国家发展改革委　国家能源局关于加快建设全国统一电力市场体系的指导意见》对建设全国统一电力市场的原则、目标、重点任务等方面提出全面要求，是新形势下电力市场建设的纲领性文件，为我国加快形成统一开放、竞争有序、安全高效、治理完善的电力市场体系提供了根本遵循

第二节　交易机制是市场建设的核心

一、电力市场的构成要素

电力市场构成要素主要包括市场主体、市场客体、市场载体、市场规则以及市场机制等。建立健全市场机制是电力市场建设的核心任务。

（1）市场主体，即市场中开展买卖交易的组织或个人，主要包括发电企业、电力用户、售电企业、电网企业等。

（2）市场客体，即市场中买卖双方交易的对象，包括电力（电能）商品、辅助服务商品、容量商品等。

（3）市场载体，即开展电力市场交易所需的物质基础，主要包括电网、电力交易场所、技术支持系统等。

（4）市场规则，即市场主体参与交易活动的行为规范，主要包括准入退出规则、交易规则、监管规则等。

（5）市场机制，即市场运行的实现机制，是市场经济机体内的供求、竞争、价格等要素之间的有机联系。主要包括准入机制、交易机制、价格机制、监管机制、绩效评价机制等。

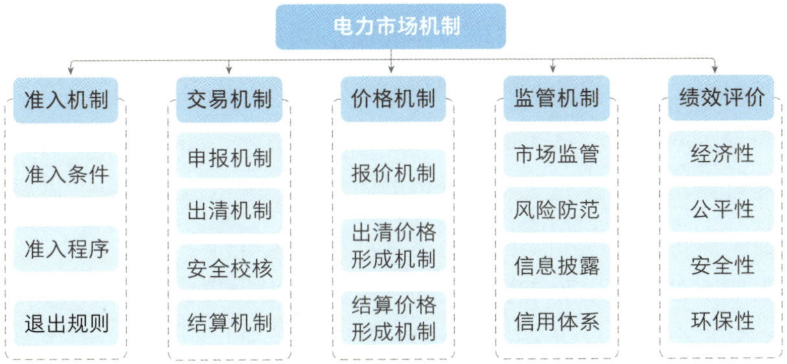

图 7-1 电力市场各项市场机制

二、适应清洁低碳转型的关键市场机制

“双碳”目标下的电力市场建设要充分适应新型电力系统特征，不断进行机制创新和突破，充分发挥市场作用，实现更大范围的资源优化配置。关键市场机制包括新能源参与市场的机制、支撑煤电功能定位转变的市场机制等。

新能源参与市场，重点是提升电力市场对新能源的适应性和包容性，充分考虑新能源发电边际成本低、系统消纳成本高的经济特点，以及波动性、随机性大的物理特性，构建支撑新能源快速增长的市场体系。考虑新能源集中式和分布式并举的发展模式，需要着力建立健全市场建设的“八个关键机制”。

（1）细化中长期交易机制，推进中长期交易向更短周期延伸、向更细时段转变，加大交易频次，缩短交易周期，带曲线交易。

（2）完善新能源现货市场竞价机制，鼓励新能源报量报价参与现货市场，借助变动成本低的优势实现优先调度。

（3）完善新能源偏差结算机制，激励新能源提高出力预测精度。

（4）完善新能源打捆交易机制，通过新能源与常规电源、储能等组成平衡单元，打捆参与电力市场。

（5）健全完善绿电交易机制。创新体制机制，通过绿色电力交易以市场化方式发现绿色电力的环境价值，体现绿色电力在交易组织、电网调度等方面的优先地位。引入带补贴新能源参与绿电交易，丰富绿电供给能力。将绿电交易作为工商业用户落实消纳权重、碳排放指标、能耗双控要求的主要途径，引导有需求的用户直接购买绿色电力。优化绿电认证体系，做好绿电交易与碳市场衔接，避免环境价值的重复计量和支付。

（6）探索分布式电源市场化交易机制，明确组织方式、参与主体、交易周期、交易平台等，促进分布式电源灵活消纳。通过合理收取系统备用费等方式疏导分布式电源消纳的系统成本。

（7）建立适应高比例新能源的辅助服务市场机制，不断丰富交易品种、优化组织方式和费用分摊机制，以市场方式发现调节资源价值，激发系统灵活调节潜力。优化设计调峰、调频辅助服务的开展方式，创新开展快速爬坡、备用、转动惯量等交易品种。统筹协调辅助服务与现货市场在时序、流程、出清机制、价格机制等方面的衔接。按照“谁受益，谁承担”原则建立用户侧参与的辅助服务费用分摊机制。

（8）充分考虑煤电在市场中的功能定位，以容量成本回收机制保障煤电企业固定成本回收，确保系统总体容量充裕度。可采用容量补偿机制起步，待市场基础完善后，探索建立容量市场。

容量补偿机制适用于电力市场发展初期，在政府部门指导下，通过对单位容量补偿标准和各发电机组可补偿容量的核算来实现容量补偿。首先，合理确定发电机组有效容量。机组有效容量的确定应充分考虑机组类型，机组固定成本等因素，并按规则折算跨省跨区送受电容量。其次，合理制定发电机组单位容量补偿费用。将不同机组进行分类，分别计算补贴强度。最后，确定容量补偿机制的结算机制。

第三节 电价承载多重价值

从国际上看，能源低碳转型过程同时也是“碳负外部性”在电力行业“显性化”的过程，势必推动电价水平上涨。

根据德国联邦经济事务和能源部统计，2011—2020 年，德国居民典型用户（年用电量在 2500 ~ 5000 千瓦时）电价上涨超过 20%。其中，发电部分稳中有降；输配电费上涨约 40%，占比稳定在 20% 左右；EEG 附加费几乎翻倍，其占比由 2011 年的 14% 升至 2020 年的 21%，成为居民电价增长的主要因素。

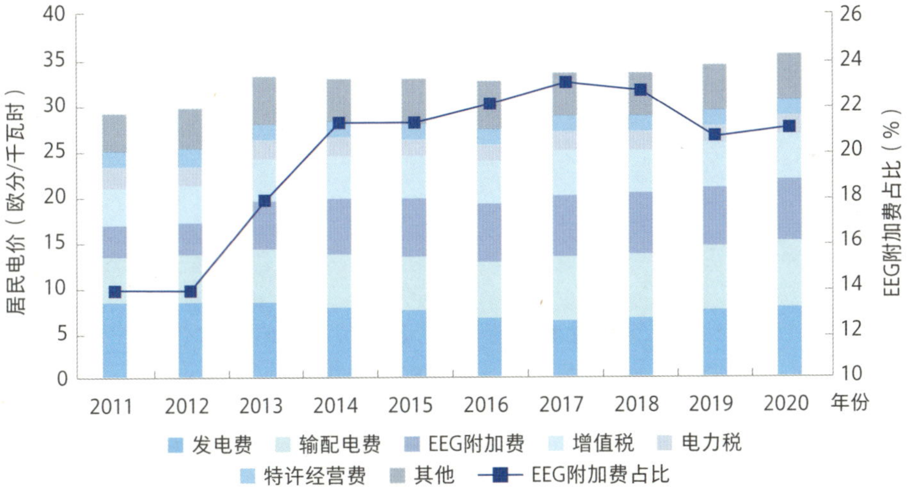

图 7-2 2011—2020 年，德国居民电价和 EEG 附加费变化

延伸阅读

EEG 附加费

EEG 即《可再生能源法》。2000 年德国首次颁布可再生能源法案，确定以固定上网电价为主的可再生能源激励政策，推动包括光伏在内的可再生能源大规模发展。EEG 附加费是终端电价的组成部分，约占总电价的 25%，其用途类似于可再生能源补贴。2021—2022 年，能源价格快速上涨，为缓解给企业和消费者带来的压力，德国决定自 2022 年 7 月取消电费的 EEG 附加费。

我国一次能源价格处于国际偏高水平，但电价整体偏低。与 38 个 OECD 国家相比，2020 年我国平均销售电价、工业电价、居民电价，分别列倒数第四位、倒数第六位、倒数第二位。2021 年，各国电价普遍大幅上涨，中外电价差距进一步拉大。

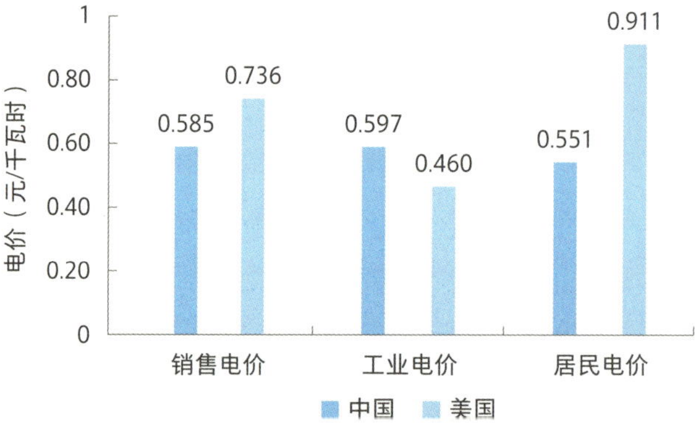

图 7-3　2020 年中美电价比较[1]

[1] 美国居民用电量占比约 40%，工业用电量占比约 25%，居民电价是工业电价的 1.98 倍，居民的用电量和电价均高于工业，具有典型发达国家特征。我国居民用电量占比约 20%，工业用电量占比约 54%，但居民电价仅是工业电价的 0.92 倍。我国工业用户承担了对居民用户的电价交叉补贴，是工业电价高于美国的主要原因。

电价过高影响经济运行和产业竞争力，而过低的用电价格又不利于节能降耗。电价体系面临支持新能源发展、促进节能提效、疏导新增供电成本等新挑战；同时“双轨制”下的老问题仍未得到妥善解决。2021 年 10 月，《国家发展改革委关于进一步深化燃煤发电上网电价市场化改革的通知》（发改价格〔2021〕1439 号）将工商业用户全部推入市场。现行交叉补贴模式在市场化建设中的矛盾愈发突出。如何逐步削减交叉补贴规模，稳定过渡期交叉补贴资金来源，是市场建设面临的新课题。

政策性降价对于稳定经济增长预期、减轻社会用电成本压力能够发挥一定作用，但从“双碳”目标和可持续发展的要求看，需要在电价机制中统筹发挥市场和政府作用，围绕实现绿色低碳、东西部平衡、稳定可靠供应等多重目标，加强一次能源价格调控，促进一次能源价格长期稳定在合理区间，保障终端电价水平基本稳定。同时，完善支持新能源接入电网的输配电价核价规则（比如足额认定新增政策性电网投资，合理确定折旧率、回报率等关键核价参数），提升电网投资发展能力。适应系统成本上涨的趋势，建立新型电力系统成本分摊机制和价格传导机制，促进电力上下游行业公平承担能源清洁低碳转型成本。加大市场化改革力度，更多地通过市场交易、机制创新，降低交易成本、制度成本，对冲系统成本上涨的压力。

延伸阅读

安徽省降电价政策对工商业降成本的贡献及影响

2018—2020 年，安徽省累计释放降电价红利 183 亿元。直接降电价释放红利约百亿元。落实 2018 年和 2019 年一般工商业电价降低 10% 的政策要求，安徽省先后五次调降电价，一般工商业平均销售电价由 2017 年的 0.790 元 / 千瓦时降至 2019 年的 0.678 元 / 千瓦时，2018—2019 年合计释放降价红利约 60 亿元，大部分降价空间来自电网环节。为应对疫情冲击，2020 年国家出台覆盖面更广的阶段性降电价政策，2020 年 2 月 1 日至年底，除高耗能行业外，工商业用户电费统一按原到户电价水平的95%结算。2020年释放降价红利近40亿元，降价资金全部来自电网环节。市场化降价释放红利约83亿元。随着电力市场化改革稳步推进，安徽省电力直接交易规模不断扩大，直接交易电量从2017年的549.5亿千瓦时增至2020年的984.3亿千瓦时，占国网安徽电力当年售电量比重由37.1%升至51.3%。市场化交易推动发电企业直接向用户让利，近年安徽省直接交易成交均价较燃煤机组上网基准价低近4分钱，合计降低2018—2020年工商业购电成本约83亿元。

基于安徽工商业营业成本与电量电费数据[1]，测算降电价贡献、用电成本占比等，科学评估降电价的降本成效。降电价对工商业整体降本存在一定贡献，但作用有限。近年来，安徽工商业单位增加值营业成本总体呈下降态势，2018—2020年年均降幅约2.5%。基于降电价对工商业降成本贡献率指标[2]测算，同期降电价对工商业降成本贡献率在2%左右，非用电环节对降低工商业成本的贡献率约98%。工商业用电成本占营业成本比重小，是降电价效果有限的主要原因。安徽工商业营业成本中，用电成本比重较低，且受持续、高频降价政策影响，比重呈小幅下降走势，由2017年的1.60%降至2020年前三季度的1.49%。用电成本已非工商业营业成本的重要组成，因而单纯降电价对工商业降本效果不明显。降电价对工业和商业降成本作用差异较大。工业各行业受降电价影响普遍较小，如三大高耗能行业[3]用电成本比重相对较高（约4%），2020年前三季度电价同比下降6%，但对行业降成本贡献仅1.7%；装备制造业用电成本比重约1%，同

❶ 工商业营业成本数据来源于安徽省统计局。

❷ 降电价对工商业降成本贡献率 =［本期售电量 ×（本期售电均价 – 上期售电均价）］/［本期可比价增加值 ×（本期单位增加值营业成本 – 上期单位增加值营业成本）］。

❸ 三大高耗能包括化学原料和化学制品制造业、黑色金属冶炼及压延加工业、非金属矿物制品业，因有色金属冶炼及压延加工业用电成本占比不足1%，且降电价对行业降成本贡献很小，因此文中不作重点分析。

期电价同比下降 9.2%，对行业降成本贡献仅 1%。服务业中，房地产[1]和住宿 / 餐饮业用电成本比重最大（分别约 32% 和 10%），享受降电价红利最明显，2020 年前三季度电价同比分别下降 7.3% 和 11.7%，对行业降成本分别贡献 14.3% 和 5.9%。

第四节 碳市场与电力市场的关系

碳市场是利用市场机制控制和减少温室气体排放的重要政策工具，交易标的是碳排放配额，主要功能为碳排放量控制和碳排放定价。交易体系的核心要素包括总量设定、配额分配、交易机制、碳排放监测、报告及核查机制（MRV）、抵消机制等。

我国于 2011 年 10 月批准在北京、天津等 7 省市开展碳交易试点工作。2017 年 12 月，随着《全国碳排放权交易市场建设方案（发电行业）》发布，全国碳市场启动建设。2020 年 12 月，生态环境部公布《全国碳排放权交易管理办法（试行）》，全国碳市场首个履约周期于 2021 年 1 月 1 日开启。全国碳市场目前只纳入发电行业。

从发展趋势看，全国碳市场将由基于强度的相对总量控制逐步转为绝对总量目标，引入有偿方式并逐步提高有偿比例，在配额现货交易基础上逐步发展碳金融，未来碳价将持续攀升，远期市场规模有望达到万亿级。具体来说：

趋势 1：覆盖范围从单一行业逐步到八大重点行业——发电、石化、化工、建材、钢铁、有色、造纸、航空。预计“十四五”八大行业将全部纳入

[1] 这里主要是指物业管理、中介服务、租赁经营等服务类业务，其成本主要包括人力、门面租赁、水电气暖等，而非建筑主体、安装、装饰等建筑业。

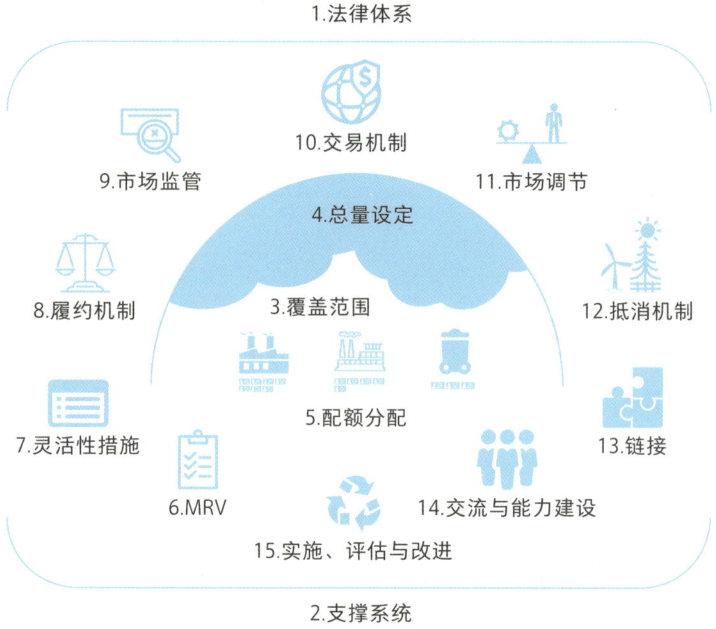

图 7-4　碳市场示意图

全国碳市场，最终覆盖 70% 以上排放。

趋势 2：总量控制逐步由相对量转为绝对量，考虑 2030 年前尽量以较低峰值达峰，全国碳市场有望在 2030 年前设定绝对总量上限，并确定年度下降速率，释放更强有力的长期减排信号。

趋势 3：配额分配在免费基础上逐步引入有偿拍卖，初期拍卖比例在 3%～5%。“十四五”时期，全国碳市场以免费分配为主；“十五五”时期，可尝试一定比例的拍卖（如 3%～5%）。

趋势 4：碳价水平逐步提升，远期呈现快速上升趋势。全国碳市场近期价格在 50 元 / 吨左右，预计 2025 年碳价达到 70 元 / 吨，2030 年碳价可能提升到 90～120 元 / 吨水平。

趋势 5：在配额现货交易基础上逐步发展碳金融，初期配额交易规模在 100 亿～200 亿元，随着碳期货市场引入，市场交易规模将达到万亿级。远期，随着深度脱碳和碳中和，直接排放量将大幅减少，碳市场配额总量将逐步萎缩。

从“两个市场”的关系看，碳市场和电力市场形成根源、交易标的不同，市场运作相对独立。碳市场是政策指令外生的市场，碳配额总量受政府调控；电力市场是自发需求内生的市场，电力需求由电力用户决定。火电企业是碳市场与电力市场的重要主体，通过其发电行为和交易决策将两个市场关联起来。电力市场化条件下，碳价能够向电价传导，同时电价也会反向影响碳价。

碳市场主要通过价格对电力市场产生影响，碳价影响市场主体报价策略，进而对市场结构、交易价格、跨省区交易、市场机制建设等产生影响。近期，全国碳市场配额分配宽松且全面免费，对电力市场现实影响较小；但长期看，潜在影响很大，碳价将推升火电成本，改变机组报价排序和电力调度结果，加速高碳机组转型及退出，促进新能源发展，推动新能源成为主要市场竞争主体，并加快辅助服务、容量市场等市场机制建设。随着未来配额逐渐收紧，将直接影响火电发展空间，并对保障电力供应和系统安全稳定运行产生一定影响。

第五节　电碳两个市场协同发展

我国电力市场和碳市场均在建立完善中，面临市场顶层设计统筹、市场进程衔接、碳价传导机制完善等问题，未来需要在市场空间、价格机制、市场政策三方面加强协同，在绿电认证体系、数据方面实现联通。

（1）市场空间协同：碳配额分配空间及行业基准线制定要有利于电力行业发展。随着碳达峰碳中和的深入推进，全国碳市场配额总量空间将逐步收紧，而电力要支撑经济持续稳定增长、承接工业和交通等其他行业转移的减排责任，仍面临相当长的扩张期。因此，应当合理划定“电－碳”市场空间，相互促进，避免相互掣肘、削弱。

（2）价格机制协同：优化“电－碳”市场利益分配格局，逐步建立完善碳价与电价传导机制和配套补偿机制。碳成本通过市场竞价传导到市场化用户，对于未参与市场的用户，需要设计相应的碳成本分摊机制，使碳成本在全社会不同行业分摊疏导，引导全社会节能降碳。

（3）市场政策协同：围绕“双碳”目标、能源转型“同一命题”，系统谋划政策体系、一体推进市场建设，在目标任务、建设时序、引导市场主体行为改变等方面加强统筹协调，推动电力行业控碳减碳政策关联耦合、彼此配套，加强碳市场政策和可再生能源发展机制（配额＋绿证交易）协调。

（4）绿证认证体系联通：我国绿电交易试点已顺利起步，绿电的环境价值需要在碳市场被认可，促进绿色电力消费。探索以绿色电力交易合同或凭证，在企业碳排放核算中扣除外购绿色电量相应碳排放，实现碳市场的协同增效作用。可再生能源项目可同时申请 CCER 和绿证，推动绿证与 CCER 体系信息联通，避免减排量重复计量和激励。

（5）数据联通：联通两个市场的交易数据、市场信用体系、市场力监控信息等，更有利于两个市场系统高效运行。

第六节 实践案例

案例 1 国网江苏电力建设市场化消纳机制促进新能源消纳

随着“双碳”目标的提出，以新能源为主体的新型电力系统对电网安全运行、电力电量平衡提出了更高要求，传统调节手段难以满足需要，新能源消纳压力与日俱增。国网江苏电力加强创新与突破，建立覆盖源网荷储各类资源的市场化机制，实现市场机制完备、市场运营高效、市场资金充实，有效提高系统调节能力，连续 15 年实现新能源全额消纳。

一、江苏新能源消纳面临的形势

江苏新能源装机容量已超过 3600 万千瓦，占总装机容量的 25%；预计

“十四五”末，江苏新能源装机容量将达到6100万千瓦，增长近70%，新能源消纳矛盾日益突出。

（1）源荷逆向分布增大新能源输送难度。江苏绝大部分新能源装机集中分布在苏北地区，电力负荷集中分布在苏南地区，大量富余电力必须送往苏南消纳。风、光大发时段，过江通道潮流越限，制约着新能源出力向负荷中心输送。

（2）高比例新能源加大电力平衡难度。新能源随机性、波动性特征明显。以2021年4月4日为例，当天负荷低谷时段，风、光最大发电2371万千瓦，占当时全省用电负荷的42%，负荷低谷叠加新能源大发，系统消纳能力突破极限。

（3）传统调节手段难以满足新能源消纳需要。一方面，常规燃煤机组调节范围仅为50%，抽蓄、燃气机组等灵活调节电源占比小，电源侧调节能力不足。另一方面，受煤价高企、发电利用小时数下降等因素影响，燃煤电厂效益普遍较差，改造动力不足。燃气电厂在高气价季节多发多亏，成本疏导面临挑战。

二、构建市场化机制促进新能源消纳

为了应对日益增长的新能源消纳需要，国网江苏电力从实际出发，充分挖掘各类资源调节潜力，建立了源网荷储高效友好互动的辅助服务市场机制，形成了市场品种全、市场规模大、价格激励强、资金渠道多的良好生态。

1. 探索市场品种和机制，促使各类资源协同发力

一方面，创新市场品种，适应各类新能源消纳需要。在电源侧，建立了燃煤机组、燃气机组、储能等共同参与的深度调峰、启停调峰辅助服务市场品种。在用户侧，建立了市场化用户、虚拟电厂、负荷集成商等共同参与的需求响应、可调负荷辅助服务市场品种。在新能源消纳存在困难时，通过深度调峰市场组织燃煤机组将出力降至最低技术出力以下，并通过需求响应、可调负荷市场组织用户增加用电。在新能源出力小、存在电力缺口时，通过

启停调峰市场组织储能放电和燃煤、燃气机组短时启机，并通过需求响应、可调负荷市场组织用户减少用电。

另一方面，健全市场价格机制，引导各类资源深挖调节潜力。在电源侧，建立深度调峰补偿机制，补偿费用覆盖机组灵活性改造成本，促使发电企业主动开展机组灵活性改造。健全启停调峰市场机制，合理测算不同类型机组短时启停成本，加大补偿力度，补偿上限达到计划模式的 3 倍，大幅释放调节能力。在用户侧，结合江苏峰平谷电价实际情况，确定可调负荷市场补偿上限，补偿上限远大于峰谷电价差，有效增强用户参与动力。截至 2021 年 9 月底，江苏已有 6239 万千瓦火电机组完成灵活性改造，占常规机组比例约 87%，平均调节范围从 50% 大幅提升至 63%，增加调节能力 811 万千瓦。在价格信号、激励机制引导下，用户侧调节资源规模已超过 700 万千瓦。

2. 高效运营各类市场，拓展新能源消纳空间

一方面，推动政府相关部门出台市场交易规则、推行尖峰电价、修订辅助服务管理办法，为合规运营市场奠定基础。另一方面，综合考虑调节价格、响应速度等因素，统筹运营各类市场，充分发挥各类资源优势特长，实现经济调用、全面利用；充分考虑输电线路潮流约束、新能源地理位置等实际情况，就近、优先安排江北调节资源，实现精准调用、高效利用。

通过深度调峰市场、启停调峰市场、填谷需求响应、可调负荷市场，分别拓展新能源消纳空间最大约 462 万、477 万、359 万、18 万千瓦。2019 年以来，江苏各类市场累计增加新能源消纳约 28 亿千瓦时，占同期新能源发电量的 2.6%。

3. 拓展市场资金来源，保障新能源全额消纳

“十三五”期间，随着江苏新能源超规划发展，系统调节需求迅速增长、调节频度大幅提升，相关市场的补偿资金从初期的 0.3 亿～0.5 亿元 / 年，快速提高至 4 亿～6 亿元 / 年，增加约 10 倍。

面对快速攀升的调节需求，江苏电力多措并举，打通了尖峰电价、电源侧分摊、用户侧分摊三个资金渠道，每年为市场增加资金来源 2 亿～4 亿

元，保障市场强劲健康发展。执行用户尖峰电价政策，2021 年进一步扩大尖峰加价的时段，充实需求响应资金来源。执行发电企业分摊政策，由核电等调节贡献小的发电企业，分摊部分补偿费用。依托可调负荷市场投入运营，探索向市场化用户分摊调节费用，开辟新的资金来源渠道。

案例 2　国外容量机制实践经验

随着现货试点的加速推进和新能源渗透率的不断提升，电力系统对灵活调节资源的需求更加突出，然而火电机组面临利用率下降、收益减少、经营压力增加等问题，系统发电容量充裕度面临挑战。容量市场的机制和规则设计受到广泛关注。

一、国外容量机制基本模式与对比分析

保障发电容量充裕性的方法主要有稀缺定价、容量补偿机制、战略备用容量机制、容量市场等。

1. 稀缺定价

基本概念：一种应用于单一电能市场的定价机制，通过允许部分发电商进行发电容量持留，使其可通过系统运营中短时供电短缺时产生的稀缺电价回收成本并创造收益。

典型案例：澳大利亚市场最高限价为 14700 澳元 / 兆瓦时，2019 年 1 月电价达到 14500 澳元 / 兆瓦时。美国德州最高限价为 9000 美元 / 兆瓦时，2019 年 8 月尖峰时刻电价达到 8983.88 美元 / 兆瓦时。

特点分析：机制设计简单，所需的监管干预较少。但容易导致电价剧烈波动，可能推动终端用电价格上涨。

2. 容量补偿机制

基本概念：通过监管机构制定的容量价格为发电企业提供容量补偿，帮助其回收固定成本。

典型案例：智利由政府指定的独立顾问委员会制定容量电价，由国家电力调度机构确定每台机组可补偿容量并提供清算依据，发电企业自行进行容量补偿费用结算。

特点分析：容量价格基于边际机组的投资成本，能够合理衡量市场容量价值，容量价格变化相对平稳。但较大程度上依赖于政府有关部门的管理，市场化手段应用不足。

3. 战略备用容量机制

基本概念：通过招标方式与一些发电机组（峰荷机组、老旧机组和低效机组等）签订合同，相关机组不参与电能量市场，仅由调度 / 市场运营机构在紧急时段进行调用。

典型案例：比利时的战略备用容量机制于 2015 年开始，计划于 2022 年结束，参与主体主要是天然气发电机组。比利时国家能源部根据输电运营机构（TSO）对发电充裕度的评估决定战略备用容量的大小，在供需紧张情况下调用。

特点分析：部分发电机组被剥离出电力市场之外，市场的投资引导作用无法充分发挥，也将增加终端用户的电费负担。

4. 容量市场机制

基本概念：以市场竞争的方式形成容量价格并实现发电容量成本回收、保障系统发电容量充裕度和长期安全稳定运行。

典型案例：

（1）英国容量市场。英国于 2014 年引入容量市场，由英国国家电网公司（NG）为政府提供相关分析并负责容量拍卖，包括 4 年拍卖（*T*–4）、1 年拍卖（*T*–1）、需求侧资源拍卖（Transitional Capacity Auction，TA）等。

（2）美国容量市场。由各区域电力市场运营机构开展容量市场，各区域在容量定额[1]、市场周期等具体机制设计方面存在一定差异，并采用多重二

[1] 容量定额：由系统运营商根据系统运行可靠性指标确定容量交易额度，包括目标容量和需求曲线。

级市场对容量交易结果进行调整。

（3）法国容量市场。由输电运营商负责容量市场运营，以容量证书交易为核心，由容量义务方（主要是售电公司）向容量认证方（火电、核电等拥有高可靠性的发电机组或需求响应提供商）购买容量证书来满足系统运行和充裕度要求。

表 7-1　　英国、美国、法国容量市场对比情况

国家	交易方式	容量定额方式	时间尺度
英国	集中拍卖	垂直需求曲线、变化需求曲线	1 年和 4 年提前期（1 次基本市场拍卖，1 次二级市场拍卖）
美国	集中拍卖、双边交易	垂直需求曲线、容量义务	30 日至 4 年提前期不等（1 次基本市场拍卖 + 多次二级市场拍卖）
法国	集中拍卖、双边交易	变化需求曲线、容量义务	4 年提前期（1 次或多次拍卖），执行年 1 次调整拍卖

特点分析：建立了市场化的容量充裕度保障机制，有助于控制平均投资成本。但对系统预测、市场管控、技术支撑等要求较高。

综上分析，稀缺定价机制通过允许系统短时出现极高的价格尖峰实现容量补偿，适用于社会对高电价风险承受力强的地区；容量补偿机制是在政府部门指导下，通过对单位容量补偿标准和各发电机组可补偿容量的核算来实现容量补偿，主要适用于电力市场发展初期，经济社会和金融市场仍欠发达的地区；战略备用容量机制使得部分机组不能参与电力市场，往往作为缓解电力供应风险的一种过渡机制，使用具有一定局限性；容量市场以市场竞争的方式形成容量价格，对市场基础条件要求较高，主要适用于电能量市场发展已经相对完善的国家或地区。

二、对我国电力市场设计的启示

（1）逐步建立容量成本回收机制，稳步推动容量市场建设，科学引导电力规划投资，保障电力可靠供应。我国初期可探索建立容量补偿机制，合理确定容量电价，将容量成本纳入市场运营公共服务成本，分摊至用户侧。随

着市场的建设发展，逐步建立容量市场机制，以长期市场均衡引导容量投资布局，形成以市场为驱动的电力规划新模式，促进不同类型电源之间、电源电网之间协调发展，保障发电容量充裕度和安全可靠供应。

（2）多种时间尺度容量市场协调开展，并做好与电能市场、辅助服务市场等的衔接协调。逐步丰富容量市场的开展周期，并从容量交付时间提前量和执行时间段、容量需求确定的考虑因素等方面，做好与中长期电能交易计划、现货交易申报、备用辅助服务市场等的衔接，共同形成较为完备的市场价格信号。

（3）逐步建立供需双方参与的容量市场，不断丰富容量资源，提升容量市场的效率与效益。随着市场深化，逐步引导容量需求方在容量市场中进行报价，或通过容量义务[1]的方式从容量提供方购买容量证书，从而更好地激发容量市场活力。在传统机组外，可逐步引入需求侧响应、虚拟电厂等各类市场主体作为容量提供方，进一步丰富容量资源、降低容量成本。

案例3 华北地区负荷侧资源参与辅助服务市场

一、负荷侧资源参与辅助服务市场的价值

华北电网电源结构呈现“一高一多一少”特点，即新能源装机容量占比高，占总装机容量的30%；供热机组多，占火电装机容量的70%；水电机组少，仅占总装机容量的2%，属于典型的调峰资源稀缺型电网，新能源消纳形势十分严峻。2018年以来，华北分部积极推进电力市场建设，深入开展调峰辅助服务市场运行，通过价格信号引导发电机组释放调峰潜力，提升新能源消纳空间。2020年6月底，组织华北全网692台（套）、2.41亿千瓦机组参与辅助服务市场运行，占全网统调火电装机容量的95%以上，基本

[1] 容量义务：电力用户等具有容量义务，即需要履行承担容量费用的义务，容量义务可由其他用电规模确定。

实现了全网调峰资源通过市场优化配置。在市场运行时段，京津唐电网发电负荷率最低已达 50.9%，结果表明，在火电机组未开展灵活性改造的情况下，发电侧资源调峰潜力挖掘已趋于极限，需要积极推动负荷侧资源参与电网调峰，才能进一步拓展新能源消纳空间。

负荷侧资源主要包括电动汽车、分布式储能、楼宇空调、电采暖、工业园区等，具有点多面广、容量小、接入电压低、用户主体多等特点，调峰能力增长前景广阔。

（1）电动汽车。京津唐地区电动汽车约 40 万辆、可调节容量约 180 万千瓦，数量仍在快速增长。通过对充电桩进行技术改造或新建有序充电桩、V2G（车网互动）充电桩，即可纳入电网运行控制，助力削峰填谷。

（2）分布式储能。通常指容量较小（50 兆瓦以下）的模块式储能设备（锂电池、铅酸蓄电池等），具有可充 / 放电双向调节、负荷调节速度快、控制硬件响应灵活等特点，但受限于造价较高、对电网供电的政策限制等，数量相对较少。京津唐地区分布式储能总容量约为 20 万千瓦，主要分布在大型酒店和写字楼。

（3）楼宇空调。负荷特性受季节、气候和温度影响较大，用电时间主要集中在夏季，约占电网夏季用电高峰负荷的 40%。随着智能家电的推广普及，使得楼宇空调具备了远程集中控制的条件，通过对楼宇空调的调度优化控制，可以减少夏季尖峰负荷，降低电网运行风险，避免拉路限电。京津唐地区楼宇空调总容量约 180 万千瓦。

（4）电采暖。主要包括蓄热式电锅炉、热泵等类型，功率 2 ~ 1000 千瓦。京津唐地区电采暖用户已达 163 万户、总容量约 60 万千瓦。电采暖用电时间集中在秋冬季，秋冬季与“富风期”重叠，通过对此类负荷资源调度控制，可以有效提升电网低谷时段负荷，促进风电消纳。

（5）工业园区。指由制造企业和服务企业形成的企业社区，其负荷种类主要包括工业负荷、分布式光伏等。其负荷特性是耗量大、峰谷分布不规律，受产业类型影响大。

总的来看，负荷侧资源具有以下特性：用电时间有弹性，即负荷资源充

（用）/ 放电在时间上具备一定转移、平移的空间；用电行为可引导，即通过管理机制和经济激励手段可引导负荷侧资源改变原有用电时间和习惯；用电规律可预测，即同一类负荷资源用电基数足够大时，该类负荷用电特性具有一定的规律性，可实现对其跟踪、预测；用电方式智能化，即通过物联网、移动互联、边缘计算等技术的应用，实现电力、电量、运行状态等信息的可测可控。基于上述特性，通过多点聚合方式和市场价格引导对负荷侧资源进行调控，可逐步改变其用电时间和习惯，有效缓解电网调峰矛盾，促进新能源消纳，提升电力系统整体投资和运营效率，同时通过调峰辅助服务补偿等经济手段，有效促进负荷侧资源的建设和可持续发展。据测算，如将京津唐地区负荷侧资源全部纳入电网优化控制，预计可增加调峰资源约 400 万千瓦，节省电力投资 1.2 亿元，每年提高新能源消纳电量 50 亿千瓦时，降低煤耗 3%～4%，节约燃煤 200 万～300 万吨。

二、负荷侧资源参与辅助服务市场运行现状分析

建成全国首个源网荷储多元协调调度控制平台，实现了对负荷侧资源的安全感知和优化控制；编制全国首个获国家能源局批复的负荷侧资源参与电网辅助服务市场方案，并于 2019 年 12 月 12 日零时在华北电网结算运行。截至 2020 年 6 月底，已接入京津唐电网的电动汽车充 / 换电站、分布式储能电站、电采暖等负荷侧资源约 3 万个负荷终端，运行情况如下。

（1）电动汽车。接入 2618 座充 / 换电站和 27018 台充电桩，总容量 9.8 万千瓦。以电动公交车为例：引导前，车辆在运营结束后开始充电，后夜低谷电网调峰最困难时已完成充电；引导后，车辆运营结束后先低功率充电，在后夜低谷调峰最困难的 2:00—5:00，提高功率或最大功率完成充电，增加低谷用电负荷，为电网提供调峰并获取收益，单站调峰能力最大提升 77%。

（2）分布式储能。接入北京朝阳区人济大厦、石景山区丽贝亚大厦等分布式储能电站 6 座，总容量 0.7 万千瓦。以人济大厦分布式储能电站为例：引导前，按峰谷电价在 23:00 开始充电，后夜低谷电网调峰最困难时未满功率充电；引导后，在 23:00 后先不充电，在夜间低谷调峰最困难的时段高功

率或最大功率充电，分布式储能可同时获取峰谷电价收益和调峰收益，对电网的低谷调峰能力最大提升 2 倍。

（3）电采暖及工业园区等。接入负荷容量 15.2 万千瓦。以张家口市东源热力为例：引导前，在 20:00 将直供热和蓄热设备全部投入运行，负荷调升到最大，后夜低谷电网调峰最困难时功率下降；引导后，在夜间低谷调峰最困难时段蓄热设备以高功率储热，调峰能力最大提升 50%。

从 2019 年 12 月—2020 年 4 月运行情况看，上述接入的负荷侧资源规模约 26 万千瓦，为京津唐电网提供最大调峰电力约 4 万千瓦，负荷侧资源累计获得调峰收益约 268 万元，平均每度电收益约 0.14 元，促进新能源消纳 1958 万千瓦时。

第八章

能源转型的体制机制保障

本章提要

本章从社会制度、行业监管、价格政策、投融资政策和风险防范五个方面，探讨能源转型所需的保障条件，围绕发挥我国新型举国体制优势，以问题导向、底线思维和创新思维提出相关政策设想。

第一节　发挥新型举国体制优势

党的十九届五中全会提出，健全社会主义市场经济条件下新型举国体制，就是强调充分发挥我国社会主义制度能够集中力量办大事的优势。

我国经济体制改革的目标是建立社会主义市场经济体制，市场化是大方向。在此过程中，处理好改革、发展和稳定的关系，处理好宏观调控和发挥市场作用的关系至关重要。从能源电力改革发展历程看，我国长期实行“输配电网统一规划、统一管理、电网和调度一体化”的管理体制。实践证明，这是符合国情和电网技术经济特点的制度选择，是区别于欧美国家的重要体制优势。

过去 20 年来，相比欧美国家和巴西、印度等新兴经济体多次出现大停电事故和严重电力危机，彰显我国制度优势。

表 8-1　　2003—2021 年国外主要大停电事件

序号	时间	地点	停电范围	损失负荷（兆瓦）	影响用户规模	恢复供电时间（小时）
1	2003 年 8 月 14 日	美国中西部、东北部及加拿大安大略省	美国俄亥俄、密歇根、宾夕法尼亚、佛蒙特、马萨诸塞、康涅狄格、新泽西以及加拿大安大略省等地区	61800	5000 万	29
2	2005 年 5 月 25 日	俄罗斯	莫斯科南部、西南和东南市	3539.5	400 万	6
3	2009 年 11 月 10 日	巴西	全国 18 个州，停电范围约占巴西国土面积的一半	24440	8700 万	7

续表

序号	时间	地点	停电范围	损失负荷（兆瓦）	影响用户规模	恢复供电时间（小时）
4	2012 年 7 月 31 日	印度	印度北部、东部、东北部区域电网	48000	6.7 亿	16
5	2015 年 12 月 23 日	乌克兰	超过一半的地区和部分伊万诺 – 弗兰科夫斯克地区	73	140 万	6
6	2019 年 8 月 4 日	印度尼西亚	印尼首都雅加达和西爪哇地区	2700	停电人口超过印尼总人口一半，印尼总人口约 2.67 亿	7.5
7	2019 年 3 月 7 日	委内瑞拉	23 个州和首都加拉加斯地区	—	3000 万	15

延伸阅读

大停电事件风险及应对

一、我国发生大停电事件的风险分析

针对各类停电事件，建立层次分析模型，其中准则层即采用了大停电事件的五要素。通过构造对比矩阵等中间计算过程，最后得出三类停电风险，从高到低排序为：第三类停电、第四类停电和第二类停电。

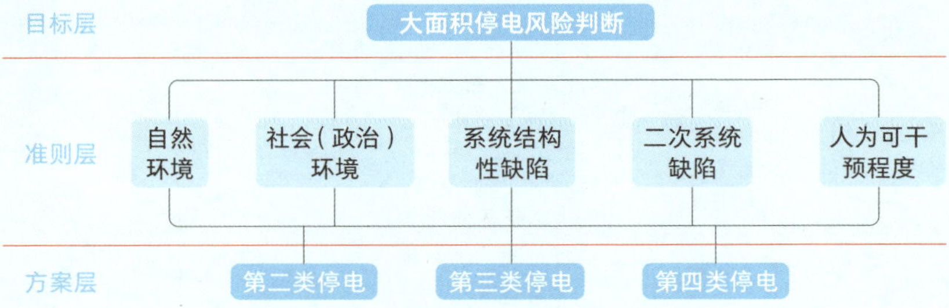

图 8-1　大停电风险层次分析法模型

我国《能源生产和消费革命战略（2016—2030）》提出到21世纪中期，非化石能源比重达到50%以上。据此测算，预计到2035、2050年，我国风电、太阳能发电等新能源装机容量占比将分别达到38%、52%，届时将面临类似澳大利亚、英国同样的系统环境，因此发生第三类大停电事件的风险不容忽视。乌克兰和委内瑞拉停电事件虽然有其发生的社会（政治）背景，但是通过网络对电力系统实施攻击已成为现实威胁，从战略高度重视第四类停电风险并制定防范措施必要且紧迫。

二、大停电事件的预防对策

从策略层面看，一是坚持统一规划、统一调度、统一管理的体制机制，持续提升人员素质；二是充分重视第三类大停电事件风险，从规划、运行和技术上全面开展行动，化解风险；三是战略上要重视第四类大停电风险，联合社会各类资源、系统，做好战略研究和技术储备。

从技术层面看，在现有防控及应急体系的基础上，一是构建极端事件场景，进一步完善大面积停电应急预案；二是推动构建涵盖供应链、电网、网络、用户空间维度和事前（预防）、事中（抵御）、事后（恢复）时间维度的全场景安全立体防御体系。

面向未来，我国能源转型面临保障电力安全可靠供应与构建新型电力系统、服务碳达峰碳中和等多重目标要求，必须准确把握新型举国体制科学内涵，形成新发展阶段、新发展格局下集中力量办大事的新机制。

重点是强化能源电力统一规划，加强能源电力发展的顶层设计，更好统筹“双碳”目标和能源强国的要求，实现能源电力、电源电网统筹规划，优化电源开发时序布局，实现新能源大范围消纳。发挥大电网协同优势，统筹助力解决城乡、区域发展不平衡不充分问题。强化管理责任，加强电力运行的统筹协调，快速应对各种故障和突发情况，保障电力安全可靠供应。强化企业创新主体地位，推动各类创新要素向企业聚集，面向重大科研需求，形成国家战略科技力量和社会资源协同攻关的组织模式和运行机制。

第二节 健全行业监管

从改革趋势看，能源监管呈现“三化”趋势，即法制化、现代化、严格化。法制化是指践行依法治国，监管法律法规体系更加健全，监管职权的设定、行使都将实现有法可依。现代化是指基于大数据、“互联网 +”等先进技术的运用，监管更加精细化、多样化、具有穿透力，更能适应市场化改革和现代企业治理方式的变化。严格化是行业监管的基本要求，特别是反垄断监管方面。

监管的重点包括：维护公平公正的市场秩序，把绿色低碳发展的相关市场交易、能源开发利用等情况纳入监管范围；加强能源电力企业在规划落实、价格政策落实、优质服务、公平开放、社会责任、合规运营等方面的监管；适应能源转型新形势，重点关注能源保供、生态环保等职责履行，以审慎包容的原则完善自然垄断企业的考核监管机制，鼓励企业降本减碳、提质增效；对综合能源服务、储能等正在孕育和发展中的新模式新业态，创新监管方式，推动战略性新兴产业高质量发展。

第三节 完善价格政策

能源价格是经济社会全面绿色转型最有力的“指挥棒”。各类能源以及碳价的价格形成与定价模式，都值得深入研究并在实践中创新完善。完善一次能源定价机制，以科学的管制和市场机制形成能源价格。在市场建设中动态优化价格体系，反映消纳大规模新能源所需容量资源和灵活性资源的价值。持续研究疏导“双碳”发展产生的增量成本。

完善输配电价定价机制，细化成本分摊，加大对服务“双碳”等政策性投资的认定范围。建立服务“双碳”激励机制，完善终端收费政策，促进成本合理回收。健全储能成本疏导机制，推动电网侧储能有序发展，促进电力安全运行。

通过适当扩大峰谷电价价差、合理设定低谷时段等方式，充分利用价格信号引导电力消费、促进移峰填谷和节能减碳。统筹完善碳市场、绿证市场、绿电市场等机制，支持全社会减碳。

延伸阅读

与新能源发展相适应的峰谷电价

新能源的大规模接入，使得电网传统意义上的“峰谷”特性和对应时段已发生根本性改变，呈现出典型的“鸭子曲线”特征。在这种情形下，原有峰谷电价的引导作用一定程度上已经失效，甚至可能起到反作用。研究表明：通过调整优化峰谷电价体系，使之与新能源发展相适应，可在源网侧“零”成本投资下，大幅提升电网新能源消纳空间，缩减系统综合运行成本。

一、光伏高占比电网的“鸭子曲线”特性分析

由于风电全天出力经地理因素平滑后相比光伏具有时间上的平均性，因此，光伏发电装机规模的快速增长对电网运行特性的影响更为显著。从运行数据看，光伏出力集中于白天，中午达到极值，其功率曲线呈现典型的“馒头型”。随着光伏发电装机容量比重的不断提高，常规电源功率曲线呈现出明显的“鸭子曲线”特征，即晚高峰为高昂的“鸭头”，日间由于光伏集中上网成为下沉的“鸭肚子”，傍晚时段因光伏发电的极速降低导致细长的“鸭脖子”。“鸭子曲线”的出现改变了电网传统意义上的峰段、平段、谷段。光伏高占比电网中，午间“平”段常规电源功率显著降低，持平甚至小于“谷”段，“平”“谷”发生了倒置。

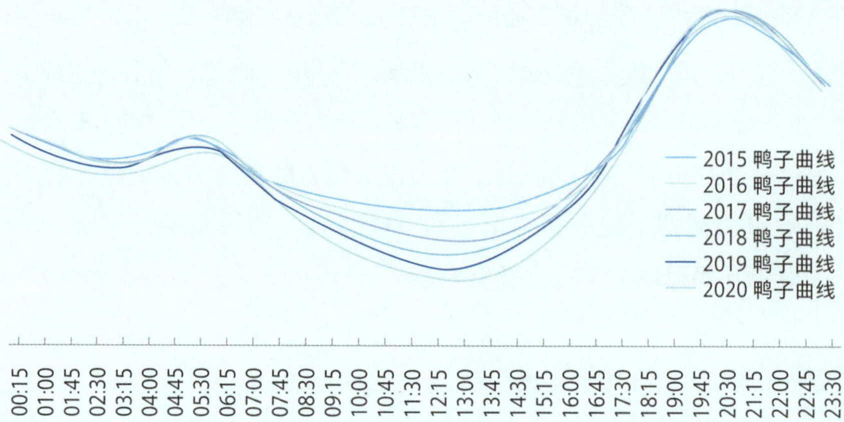

图 8-2　逐年变化的西北电网等效负荷“鸭子曲线”

根据全国光伏发展地图推算，大部分省（区）的电网特性都将逐渐向典型“鸭子曲线”转变，将给电网运行带来巨大挑战。一是电网调节成本不断增加。需要火电灵活性改造深度不断加大，在部分调峰辅助服务市场中，火电调峰补偿最高费用已达 1 元 / 千瓦时，触及新能源承受能力的“天花板”。二是电网安全风险压力增大。光伏接入比例越高，“鸭肚子”越下沉，电网常规备用和惯量储备越小，大幅增加了电网安全风险。三是常规电源利用效率大幅下降，为满足调峰需求，火电经济性和环保性难以保障。

二、现行峰谷电价体系的不适应性分析

全国各地现行峰平谷时段划分不一致，但早高峰电价时段多集中在 8:00—12:00，午间平电价时段集中在 12:00—16:00，后夜谷电价时段集中在 0:00—7:00。在光伏大发时段，为促进消纳，应鼓励用户增加用电负荷，但在传统峰谷电价引导下，用户为节约用能成本选择在传统的峰段和平段减产或停产，反而降低了光伏发电空间。因此，亟须调整优化光伏高占比电网峰平谷时段和电价机制，引导用户主动转移负荷（即减小“鸭肚子”），实现电网削峰填谷，提高电网平衡能力，扩大新能源消纳空间。

三、优化峰谷电价引导负荷参与电网调峰

选取东部、西部各一个光伏高占比电网，构造峰谷电价优化模型，以用户电量、电费不变为原则，以新能源最大化消纳为目标，开展测算分析，得出如下结论。

（1）光伏高占比电网在划分峰平谷电价时段时，宜将午间光伏大发时段（9:00—16:00）设定为谷电价时段，可有效引导用户在该时段增大自身用电负荷，减小“鸭肚子”。

（2）通过增大峰谷电价差，可有效促进用户参与电网调峰。在用电成本占企业总成本比重较高的地区，如西部地区，仅用较小的峰谷价差即可较好地引导用户参与调峰；反之，则需较大的峰谷价差进行引导。

（3）通过调整优化峰平谷时段和电价，可在网源侧“零”成本投资下，大幅提升地区电网新能源消纳空间，缩减电力系统综合运行成本。同时，优化后释放的大量调峰空间可进一步支撑地区光伏行业的持续发展。

在西北电网先行先试峰谷电价优化方案，以青海铁合金行业为试点，进行了峰谷电价优化、提质增效的实践。2019 年促请青海发展改革委正式发文将铁合金行业原峰平谷时段根据新能源消纳需求进行了调整。目前，已有 7 家铁合金企业试点参与，2020 年 1—9 月累计增发新能源约 4000 万千瓦时，助力新能源企业获取增发收益约 510 万元，同时节约煤炭消费 1.11 万吨，减少二氧化碳等气体排放共计 2.75 万吨。

四、应用展望

一是在新能源占比较高省（区），推动建立适应新能源消纳的价格机制和市场平台；二是提前开展配电网规划，满足负荷侧调节能力挖潜需要；三是通过电价信号更好地引导各类用户改变用能习惯、优化用能空间布局，更好地落实国家降低用电成本的有关部署。

第四节 创新投融资政策

清洁能源产业的稳健发展，需要更多的资金投入和绿色融资政策的支持。

（1）完善多元化投融资政策。大力支持电力保障、清洁低碳能源项目。研究扩大 REITs 试点范围，推进新能源发电、抽水蓄能、区域综合能源等基础设施领域 REITs 项目试点，拓展清洁低碳能源项目资金来源。加大中央财政资金统筹力度，建立健全更大范围东西帮扶机制。

（2）以市场化的方式引导金融体系提供直接投融资支持，鼓励社会资本以市场化方式设立绿色低碳产业投资基金。引入战略投资，吸引社会资本参与新型电力系统产业链上下游研发创新。鼓励金融机构为新能源、降碳项目提供长期稳定融资支持，降低新型电力系统建设融资成本。

（3）发展能源供应链金融、碳金融，引导金融机构加大对碳减排效益显著、引领示范作用大的项目的支持。有序推进绿色低碳金融产品和服务开发，推动绿色金融、减排货币工具等有利金融机制尽快落地。加强碳金融研究，推进期货、期权、互换等碳金融衍生品创新试点，推进碳质押、碳回购、碳托管等融资服务创新试点，探索碳汇权益交易试点，加强与碳足迹挂钩的金融产品创新研究，推进排放权融资方式创新。

（4）创新电力投资模式，发挥对社会投资的带动作用。积极探索绿色证券助力新型电力系统建设的有效方式和路径。建立分类核定电网投资的激励性政策，以可持续电网投资支撑“双碳”目标实现。科学引导新能源投资，防止项目过热，脱离国家规划。

延伸阅读

资本市场对光伏产业的推动作用

作为典型的资本密集型产业，光伏产业发展资金需求量大。受政策因素限制，较多中小型光伏企业面临融资难度大、融资成本高、融资方式少的困境。

一、光伏产业发展的资金需求

随着光伏产业持续快速发展，其投资力度不断创新高，资金需求日趋增加。一是资金需求量大。光伏产业发展需要投入巨额资金建设生产线、光伏电站以及研发新技术。截至2020年年底，我国光伏企业公布的重大投资项目总投资额已突破4100亿元。二是主要依赖债务实现扩张。光伏企业仅靠自身资本实力很难实现既定扩张目标，大部分企业需要依赖债务实现扩张，甚至很多企业的负债规模增速高于投资规模增速，导致光伏企业负债率高企。2020年市值前十光伏上市公司投资规模862.46亿元，较2019年增加了324.45亿元，同时负债规模达2367.54亿元，同比增加501.55亿元。光伏企业负债增加额远高于投资增加额，使得平均资产负债率高达53.45%。

二、资本市场对光伏产业发展的影响

随着我国能源结构转型的深入推进，资本市场对光伏产业的关注度和支持力度越来越大，对光伏产业在技术、产能、估值上起到关键作用。

1. 资本市场融资是光伏企业获得发展资金的重要途径

一方面，光伏企业通过上市融资可以提升现金流、降低负债，加速企业发展。A股市值前十光伏企业上市以来累计募资达3612.36亿元，其中通过定向增发、可转债、短期融资券等方式从资本市场直接融资1243.2亿

元。另一方面，股权融资和债权融资是国内光伏企业的主要融资方式。我国多数光伏企业融资成本在 8% 左右，部分企业甚至高达 10% 以上。高企的融资成本侵占了光伏企业利润，制约了光伏产业技术革新。

表 8-2　光伏企业主要融资方式

融资方式		资金来源	资金成本
股权融资	定增	二级市场	摊薄股本
	可转债	二级市场	
	产业投资基金	产业基金	
	股权转让	金融机构	
债权融资	银行贷款	国开行、商业银行	上浮 6.55% 或下调 10%~20%
	债券	债权人	4.80%
	金融租赁	境外机构	7% 以上
	资产证券化	金融租赁公司	10% 左右
	票据	金融机构	10% 左右
	信托贷款	信托 / 国内公众	10% 以上

2. 资本市场推动光伏企业市值高企

在我国能源结构转型进程中，光伏产业未来 10 年发展势头依然强劲。2020 年众多的顶级投资机构看多光伏发展，加速进入光伏产业。其中，高瓴资本以 158 亿元认购隆基股份 6% 股份；通威股份定增 60 亿元，被易方达等公募基金和高瓴资本等私募机构追捧。截至 2020 年年底，中国光伏产业在 A 股、美股、港股上市公司总数已达 150 家，总市值合计 2.3 万亿元，同比增长 1.45 万亿元，涨幅达 1.7 倍。

3. 资本市场推动光伏企业优胜劣汰

一方面，资本市场青睐拥有先进技术的光伏企业，在资本的加持下迅速扩大产能，推动光伏产业技术进步；另一方面，技术落后的光伏企业得不到资金支持，在竞争中逐步被淘汰。

第五节 防范转型风险

在绿色低碳转型进程中，应当树立底线思维，未雨绸缪，既要防止“灰犀牛”，也要防范“黑天鹅”。

（1）关注新能源供应链风险。我国新能源部分重要矿产资源储量有限，主要依赖进口，供需矛盾突出。从保障国家能源安全的角度，防范可能存在的供货中断、原材料“卡脖子”、专利陷阱等风险。加大科技创新力度，结合资源优势推进产业发展，推动技术装备自主研发和工程应用。

（2）完善能源保供应急体系。建立企业为主体、市场化运作的一次能源应急储备体系。建立高效协调机制，关键时刻启动政府干预。依托《国家大面积停电事件应急预案》，提高应急处置联动效率，提升应急资源协调能力和专业化组织能力。动态修订应急法规和标准，强化能源电力应急各主体责任和措施权威性。

（3）提升全社会应急处置能力。拓展政企合作，加强能源资源气象、地质等信息共享，健全特殊自然条件、气象条件下的应急保障措施。加强应急物资的科学布局和调度，完善应急条件下能源物资保障供应机制。加强宣传策划和主题传播，增强全民应急安全意识和防灾减灾能力。

延伸阅读

大数据助力防范绿色低碳转型风险

绿色低碳转型全面加速，受运动式减碳、信息不对称等因素影响，潜在风险也在逐步显现。

一、对绿色低碳转型风险的认识

（一）绿色低碳转型对电力保供和电网安全影响较大

一是电力保供难度增大。常规火电装机增速受限，风电、太阳能发电出力“靠天吃饭”，在用电负荷高峰时段只能按装机容量5%~10%的比例纳入电力平衡，加大了电力供需平衡难度。二是电网调节压力增大。伴随绿色低碳转型，终端能源消费清洁化、多元化、电气化进程加快，负荷类型更为多元、负荷特性更为复杂、负荷与电网间双向互动更为高频，电力系统安全运行面临的影响明显增多增大。

（二）绿色低碳转型对产业链安全稳定带来冲击

一是过急过快转型造成产业链经营成本整体上涨，部分企业陷入转型困境。前期，部分省市对高碳企业采取“一刀切”限电限产，叠加海外疫情影响，一系列大宗商品价格不断上涨，2021年全年生产价格指数（PPI）同比上涨8.1%，产业链中下游企业经营成本和压力倍增，部分中小企业陷入转型困境，对电费回收、售电量增长也造成直接影响。二是限电限产扰乱了产业链运行节奏，增加了有序用电实施难度。前期，为完成能耗双控目标，部分地区在缺乏充分市场论证的前提下，采取“开二停五”“限产90%”等强制性限电限产措施，扰乱了产业链的采购、生产节奏。

（三）绿色低碳转型对金融稳定造成影响

一是金融政策环境更加复杂。转型过程中高碳行业产能压降和新技术“大干快上”，可能引发实体经济产能波动，弱化货币金融政策的传导效果，增加精准化施策的难度。二是金融市场波动更加剧烈。高碳行业转型势必伴随部分企业违约、重组甚至破产清算，如前期永煤集团、盛京能源等违约引发债券市场出现整体性下跌，对金融市场稳定的影响不容小觑。三是金融机构投融资难度更加显著。部分高碳企业趁当前绿色金融标准不完善、金融机构专业储备不足，进行“洗绿、漂绿”融资，影响了政策支持低碳发展的精准力度，增加了金融机构开展绿色金融服务的项目识别和风控难度。

二、电力大数据助力防范化解绿色低碳转型风险

（一）电力大数据助力履行好电力保供责任

一是提升电力供需预测的准确性，防止过度打压煤电和煤炭。通过对电煤储备供应、区域负荷变化等源网荷储全环节监测分析，为国家完善电力产供储销体系建设提供决策依据。二是提升需求侧管理的有效性，助力高耗能企业有序实施节能减排。通过对企业用电特征的大数据分析，建立科学的用能需求预测、用电策略模型，为企业提供用能画像、关键设备节能改造等服务，并通过推广电费套餐、虚拟电厂等模式，以市场化手段引导高耗能企业多在低谷用电、多用绿电、多挖掘节能降耗潜力，推动需求侧管理进一步走向实时化、智能化。

（二）电力大数据助力防范产业链断链断供风险

一是精准支撑政府做好产业链断点堵点分析、预判转型风险。以业扩报装、实时用电等数据为核心，对产业链断点堵点进行全方位分析，辅助有关部委、地方政府准确了解产业链转型风险状况，深化“六稳”“六保”工作。二是助力降低产业链绿色转型的成本和压力。立足产业链各环节的用电数据，融合企业采购备货、生产计划等信息，引导企业平稳有序进入电力市场，科学高效用电，降低因限电限产带来的生产中断、订单违约等成本。同时，推广基于电力大数据的绿电价格在线预测、碳配额交易等产品和服务，助力企业优化产能、降本增效。

（三）电力大数据助力监管及金融机构防范洗绿、漂绿风险

一是辅助监管部门精准施策。电力大数据可以聚焦到特定企业，能够加快产业金融政策落地信息反馈时效，便于监管部门精准施策。二是充实信用评估体系，缓解金融市场因信息不对称导致的价格波动。电力大数据

可以辅助金融机构完善对高碳企业的信用评价体系，缓解金融市场面对特定企业违约因信息不对称带来的剧烈价格波动。三是照亮中小企业信息盲区，助力绿色金融发展。电力大数据通过实时监测中小企业运行状况，缓解金融机构面对大量中小企业信息缺失的困境，辅助金融机构精准评估风险，优化融资策略。

第六节 政策解读

解读1 人民银行推出碳减排支持工具政策

2021年11月8日，中国人民银行推出碳减排支持工具。碳减排支持工具是落实《中共中央 国务院关于完整准确全面贯彻新发展理念做好碳达峰碳中和工作的意见》和《2030年前碳达峰行动方案》等政策要求的重大举措，是金融领域服务“双碳”目标的关键抓手，将有利于发挥货币政策传导作用，助推“双碳”目标实现与社会绿色发展。

一、政策要点

碳减排支持工具属于结构性货币政策工具，通过向符合条件的金融机构提供低成本资金，以稳步有序、精准直达方式，支持碳减排领域发展，撬动更多社会资金促进碳减排。

重点支持领域：抽水蓄能、智能电网、跨地区清洁电力输送系统、应急备用和调峰电源等清洁能源领域，新型电力系统改造等节能环保和碳减排技术领域。

发放对象：暂定为全国性金融机构。

发放机制：人民银行通过“先贷后借”的直达机制，按贷款本金的60%提供资金支持，利率为1.75%，期限1年，可展期2次。金融机构贷款利率应与同期限档次贷款市场报价利率（LPR）大致持平。

信息披露要求：金融机构申请碳减排支持工具时，需提供并公开披露相关贷款的碳减排数据。

二、主要影响

碳减排支持工具将充分发挥政策示范效应，引导金融机构和企业更充分地认识绿色转型的重要意义，鼓励社会资金更多投向新型电力系统建设等绿色低碳领域，助力实现“双碳”目标。

（1）助力碳减排项目获得更多资金支持。据国家气候变化专家委员会及清华大学研究，实现碳中和目标需要新增投资约138万亿元人民币。碳减排支持工具相当于向绿色低碳领域定向降准降息，如能有效落地，市场预计将释放超万亿资金。碳减排工具将引导社会资本投入到新型电力系统建设等绿电项目，提高资金的可得性与流动性。

（2）将显著降低碳减排项目融资成本。新能源等绿色项目市场融资成本优势尚不明显，民营企业贷款利率多在5%以上、国企贷款利率约4%。碳减排支持工具与同期贷款基准利率（LPR）基本持平，将引导碳减排项目整体融资利率下行，特别是显著降低“小而精”企业的融资成本。

（3）为金融机构带来业务机会，同时也对资产配置能力提出更高要求。一方面，碳减排支持工具可为银行带来新的资产配置方向以及约1.26%的年息差收益。商业银行与其他金融机构已开始研究落实碳减排工具的措施。另一方面，中长期看碳资产支持工具将引导碳减排领域整体社会资金成本的下行，或加剧金融机构间的竞争，对资产配置能力、风险管理能力提出更高要求。同时，碳减排支持工具将催生大量碳减排量认定与核查需求，为碳管理公司带来增量业务空间。

解读 2 《碳排放权交易管理暂行条例（草案修改稿）》

2021 年 3 月 30 日，生态环境部发布《碳排放权交易管理暂行条例（草案修改稿）》，以立法的形式对碳排放交易、温室气体排放控制和管理进行约束规范。

一、《条例》内容梳理

相比 2019 年发布的意见征集稿，本次修改稿主要做了以下调整。一是细化主管部门的职责。国务院生态环境主管部门负责技术规范制定以及交易活动的监督指导，省级主管部门负责本行政区域内碳排放额度的分配、清缴、核查、监管的具体实施。二是明确配额的分配方式。初期以免费分配为主，根据国家要求逐步引入并扩大有偿分配比例。三是明确配额余额的使用方式。重点排放单位的碳排放配额清缴量应大于等于上一年度核查的实际排放量，足额清缴碳排放配额后仍有剩余的，可结转使用或依法出售；不够足额清缴的，可通过全国碳排放权交易市场购买配额等方式完成清缴。四是将自愿减排核证纳入配额清缴范围。重点排放单位可从其他单位购买经核证并登记的温室气体削减排放量，用于抵消一定比例的碳排放配额清缴。五是加大未足额完成配额清缴行为的处罚力度。不清缴或未足额清缴碳排放配额的，处 10 万元以上 50 万元以下罚款；逾期未改正的，下一年度碳排放配额等量核减未足额清缴部分。

二、政策影响分析

《碳排放权交易管理暂行条例（草案修改稿）》的发布，标志着我国碳市场交易进入全国范围碳交易阶段，对能源及相关行业的发展将带来以下影响。

（1）推动碳监测技术和行业发展。碳交易系统的建立离不开碳监测。国际上碳排放监测有两种方法：一种是物料衡算法，根据具体设施或工艺的物质平衡或化学当量计算碳排放量；另一种是在线监测法（也叫 CEMS 方法），通过碳监测设备对企业的碳排放浓度与流量进行监测。现阶段我国采用物料平衡法，后续 CEMS 方法有可能被引进，对碳监测技术及设备行业形成利好。

（2）为自愿减排核证（CCER）交易铺平道路。《碳排放权交易管理暂行条例（草案修改稿）》规定了抵消机制，即重点排放单位可使用 CCER 抵消其不超过 5% 的经核查碳排放量。CCER 交易将为可再生能源、垃圾焚烧与填埋、CCS（碳捕集与封存）以及电动汽车充电站 / 充电桩等行业创造市场机遇。部分企业在 CCER 交易方面已开展探索，如中国节能旗下华璟碳资产管理公司将京运通公司 50 兆瓦分布式光伏发电项目开发为 CCER 并代理参与 CCER 交易，每年为业主增收 100 万元左右。

（3）节能和碳减排将成为更多企业的共识。目前参与碳交易市场的重点排放单位采用行业基准法进行配额分配，即企业的配额基于该类企业标杆水平进行测算，表现优于基准的企业获得的配额比所需更多，进而有多余配额出售。随着"十四五"期间更多行业纳入全国碳交易市场，在相关利益驱动下，将有越来越多企业通过技术、管理等手段推动单位产品碳排放下降。

（4）"绿色征信"有望成为新的金融征信类别。中国人民银行负责人表示，人民银行已按季度评价银行绿色信贷情况，正研究评价金融机构开展绿色信贷、绿色债券等业绩。未来，金融机构在贷款、融资方面将更为青睐绿色低碳项目，用来评估项目低碳水平并提供绿色信用担保的"绿色征信"将成为新的重要金融征信类别。

解读 3 《江苏省电力条例》解读

2020 年 5 月 1 日，《江苏省电力条例》正式实施，这是全国首部针对省级电力规划、建设、生产运行、供应与使用全过程进行规范的地方性法规。对电力行业发展方向以及各类具体问题作出明确规定，细化实化了相应的法律制度和法律责任，符合我国电力发展趋势，又充分体现了地方特色，具有较强的可操作性。

（1）突出了推动绿色发展、提高社会综合能效的立法理念。《江苏省电力条例》提出合理规划布局可再生能源发电项目，实行可再生能源保障性收购制度；推进电能替代，提高电能占终端能源消费比重；引导智能电网发展，构建能源互联网；促进综合能源服务等新业态发展，构建社会综合能效评价体系，提升社会整体能效水平。

其意义在于：一是把建设能源互联网纳入法规，为能源互联网建设提供了法律支撑；二是厘清了政府、市场主体、社会各方在可再生能源发展和消纳方面的职责和义务，有利于统一认识，促进可再生能源有序健康发展；三是关于推进电能替代、促进综合能源服务发展、推动源网荷储友好互动等的相关规定，为新兴产业提供了法律保障。

（2）强化了保障电力安全、维护社会公共利益的行业特征。《江苏省电力条例》针对电力安全管理，规定了政府的监管责任和电力企业的主体责任，提出用户应当对自身设备的用电安全负责；加强电力行政执法机构和队伍建设，建立和完善电力联合执法机制；推动可中断负荷资源利用与源网荷储友好互动系统建设，增强电力系统调节能力和抗风险能力；细化危害电力设施的禁止行为，重点对放飞无人机作出规范；理清供电企业可以中断供电的情形；对用电安全检查作出规定，明确窃电量计算方法。

其意义在于：一是把电力安全管理摆在突出重要位置；二是进一步强化政府安全监管和用户安全管理责任，形成共同维护电力安全的合力；三是细化了危害电力设施行为、可中断供电情形等，形成共同维护电力安全生产的良好局面。

（3）明确了优化营商环境、构建共赢共享生态的共同义务。《江苏省电力条例》鼓励各种所有制经济主体依法参与电力设施和电力市场建设；进一步明确县级以上地方政府在电力规划实施中的职责和作用，并规定“做好定点定线等落实工作”；优化电力建设用地办法、审批流程、限时办结审批手续等；鼓励电力市场主体参与综合能源管理。

其意义在于：一是简化电力建设项目审批流程，推动电网规划与地方规划有效衔接，有利于重大电网工程建设项目更快落地建设；二是鼓励多元主体参与能源生产、传输、存储、消费、电力交易各环节，有利于打造各市场主体、利益相关方共同创造价值、共享利益，实现协同发展的能源生态圈。

（4）体现了强化民生保障、各方共担社会责任的价值趋向。《江苏省电力条例》规定了地方政府、电力企业、新闻媒体等在电力宣传方面的义务；明确了供电企业的普遍服务、保底服务、信息公开义务等；提出了用户应当按照法律法规和合同约定安全、有序用电；对新建居住区供配电设施运行维护、电动汽车充电设施建设作出规定，鼓励支持在电动自行车集中停放的场所设置智能充电设施；突出加强农村电网建设，落实“美丽乡村”和“强富美高”新江苏建设要求。

其意义在于：一是推动政府、企业、用户等社会各方共同履责，维护和谐稳定的供用电秩序；二是明确供电企业服务责任和要求，一方面提升电力用户用电品质、增强获得感，另一方面促进供电企业提升服务能力和水平。

第九章

国内外能源企业转型案例

本章提要

本章主要从煤炭、油气和电力三个行业，选取典型企业转型案例，深入剖析企业转型的关键举措和成效，梳理成功经验和失败教训。

第一节　煤炭企业转型发展案例分析

本节主要分析煤炭企业转型发展案例。

一、全球煤炭行业发展概况

从煤炭行业发展史看，全球煤炭行业发展可概括为四个阶段：快速发展阶段、萧条阶段、再发展阶段和分化阶段。

快速发展阶段（1950 年之前）。传统的煤炭市场中，服务对象以城市消费者为主，但是在以冶金、电力为代表的新兴工业消费市场中，低成本的煤炭供应是工业建立的前提。随着工业领域的发展，煤炭产业的需求也一直攀升。在此阶段，工业革命为主要驱动因素，驱动煤炭行业的快速发展。

萧条阶段（1950—1973 年）。油气替代最先出现在美国，第二次世界大战之后成为工业发达国家的普遍趋向。1966 年石油超过煤炭成为世界第一能源，煤炭市场萎缩，产量增长速度大大下降，20 多年间煤炭产量只增加 12.2%。在此阶段，油气能源的替代是造成煤炭产业萧条的核心因素。

再发展阶段（1973—2000 年）。1973 年第一次石油危机以后，世界各国为摆脱石油危机，寄希望于煤炭，于是煤炭重新受到重视，煤炭产业出现了转机。生产和利用都有很大发展。在此阶段，石油危机是煤炭产业发展的主要驱动因素。

分化阶段（2000 年至今）。2000 年之后，中美印成为全球主要煤炭消费国。其中，中国煤炭行业在政策推动下进入十年黄金发展期；美国煤炭消费则在政策转型下大幅下滑，煤炭行业走向衰落。进入分化阶段，各国不同的能源政策及相关技术发展成为煤炭行业发展的主要驱动因素。

从世界能源产消结构看，整体已进入多元化发展阶段，近五年内煤炭在一次能源消费占比中呈下降趋势，但煤炭仍是现代经济社会重要的一次能源消费产品。19 世纪末 20 世纪初，内燃机与电力两项革命性技术的诞生，使人类对油气能源的需求飞速上升，石油替代煤炭成为第一大能源消费产品；20 世纪末至今，随着人类环保意识的不断提升，可再生能源快速发展，促使世界能源消费形成多元化结构。但纵观能源结构发展变化，煤炭在一次能源消费中仍然占据重要地位，保持较高的消费水平。

分国别看，中国、美国、印度是全球主要消费国家，电力行业对煤炭的需求是推动煤炭消费增长的主要因素。2000 年之后以中印为主的亚洲地区成为消费主导地区。2020 年，中国煤炭消费占全球的 50%，印度升至 11% 左右，美国下降到 6% 左右。从煤炭消费变化看，中国近 15 年是煤炭消费调整的重要时期，一次能源消费占比显著下降；美国煤炭消费在 2000 年之后急剧下降；印度煤炭消费仍处于上升阶段。

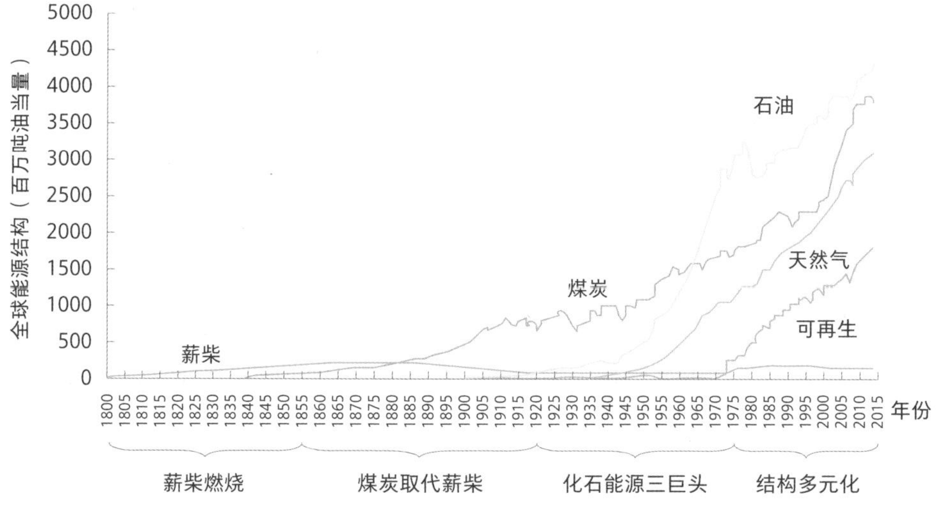

图 9-1　1800—2015 年全球能源结构变化

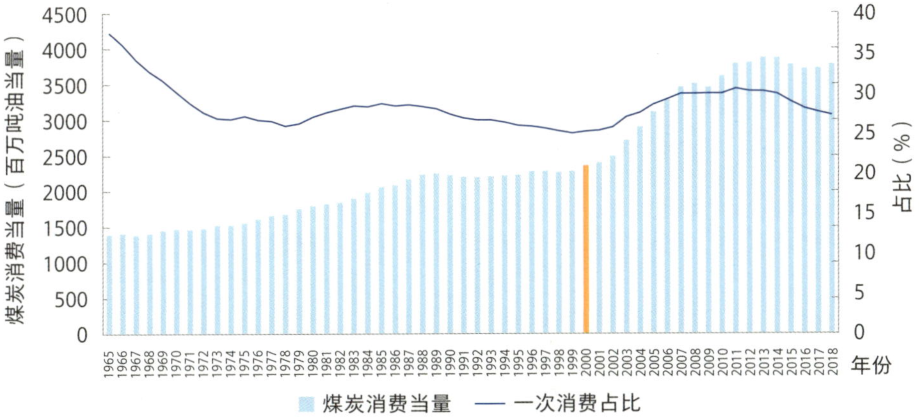

图 9-2　1965—2018 年全球煤炭消费趋势

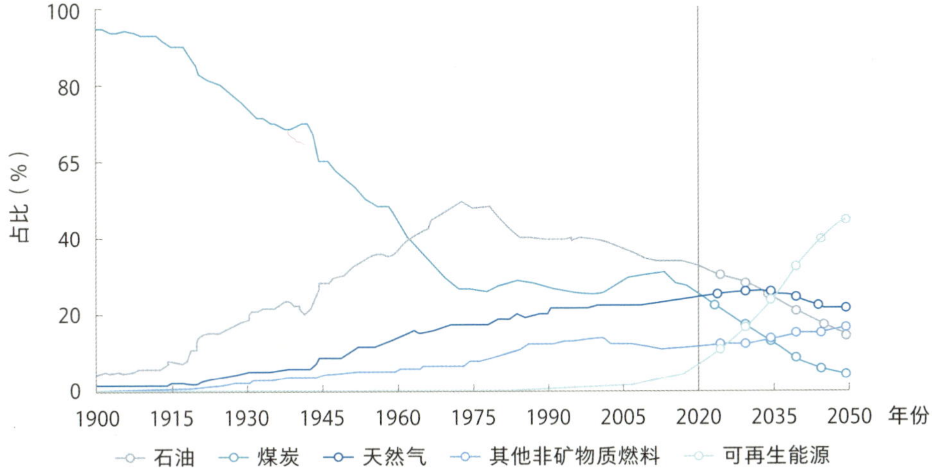

图 9-3　近五年内全球煤炭在一次能源消费占比中呈下降趋势

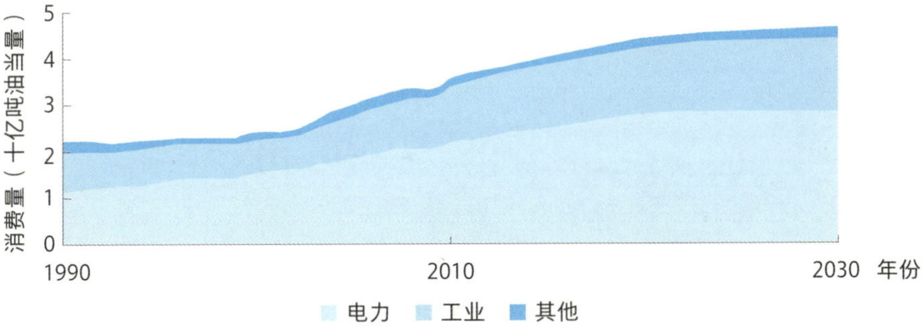

图 9-4　不同行业中的煤炭消费量

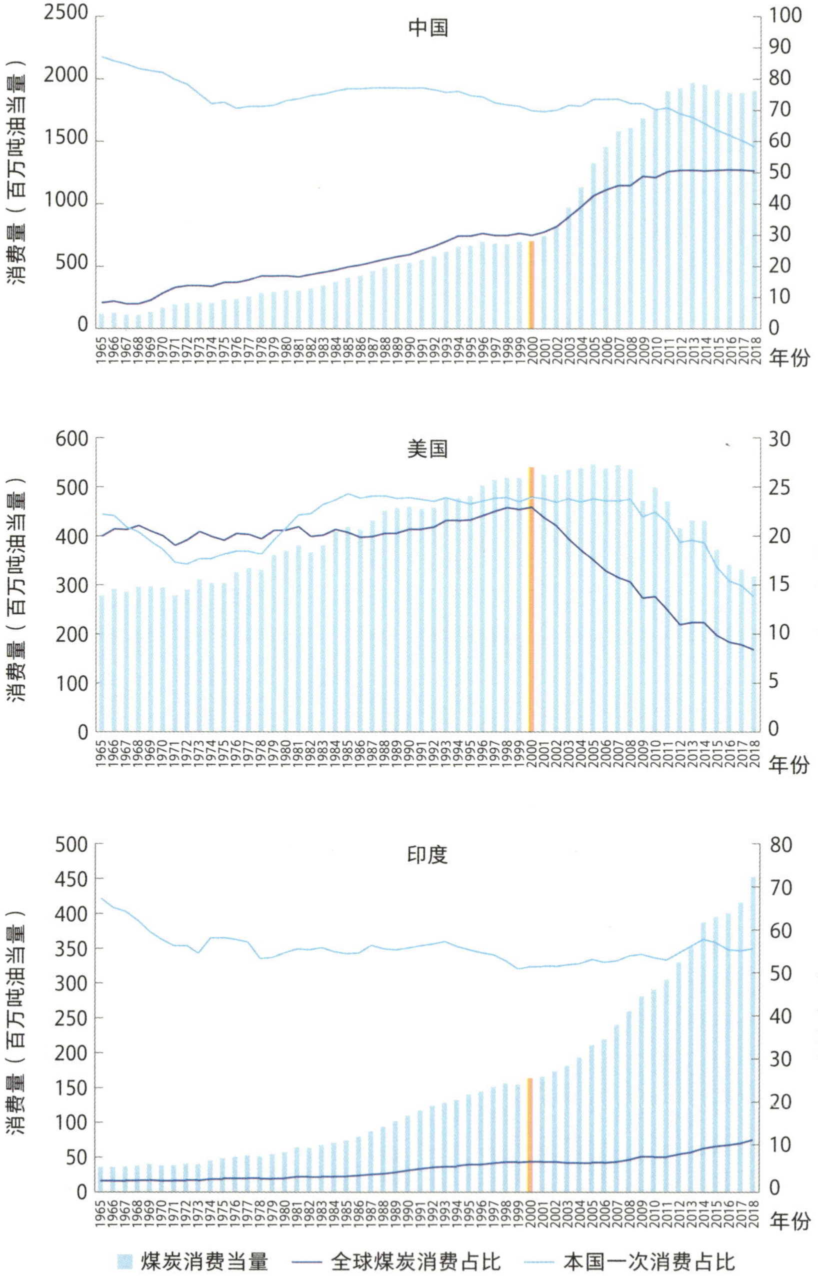

图 9-5　1965—2018 年中国、美国、印度煤炭消费及占比变化

其中，中国既是全球第一大煤炭生产国也是全球第一大煤炭消费国，中国煤炭企业在全球煤炭行业内占据重要地位，中国煤炭企业在产量及营收上均处于全球领先地位。2019 年全球煤炭总产量为 81.29 亿吨，比上一年上涨 0.5%，产量排名前十位的国家分别为：中国、印度、美国、印度尼西亚、澳大利亚、俄罗斯、南非、德国、哈萨克斯坦和波兰。2019 年，全球煤炭消费总量为 157.86 艾焦（1 艾焦 $=1\times10^{18}$ 焦耳），煤炭消费量排名前十位的国家分别是：中国、印度、美国、日本、南非、俄罗斯、韩国、印度尼西亚、德国和越南。

表 9-1　　2019 年世界前十大煤炭生产国　　单位：亿吨

国家	2019 年	2018 年	同比（%）
世界总产量	81.29	80.90	0.5
中国	38.46	36.98	4.0
印度	7.56	7.60	–0.5
美国	6.39	6.85	–6.7
印度尼西亚	6.10	5.57	9.4
澳大利亚	5.06	5.05	0.2
俄罗斯	4.40	4.41	–0.3
南非	2.54	2.53	0.4
德国	1.33	1.68	–20.7
哈萨克斯坦	1.15	1.18	–2.6
波兰	1.12	1.22	–8.2

表 9-2　　2019 年世界前十大煤炭消费国　　单位：艾焦

国家	2019 年	2018 年	同比（%）
世界消费量	157.86	158.79	–0.6
中国	81.67	79.83	2.3

续表

国家	2019 年	2018 年	同比（%）
印度	18.62	18.56	0.3
美国	11.34	13.28	–14.6
日本	4.91	4.99	–1.7
南非	3.81	3.76	1.4
俄罗斯	3.63	3.63	—
韩国	3.44	3.63	–5.3
印度尼西亚	3.41	2.84	20.0
德国	2.30	2.90	–20.7
越南	2.07	1.59	30.2

表 9–3　2019 年全球煤炭企业产量前五名情况　单位：万吨

排名	企业名称	2019 年煤炭产量
1	印度煤炭公司 CIL	60800
2	国家能源投资集团（原神华）	52413
3	中国中煤能源集团	19222
4	美国皮博迪 PEABODY	16400
5	兖矿集团	16148

表 9–4　2019 年全球煤炭企业营业收入前五名情况　单位：亿元

排名	企业名称	2019 年营业收入
1	国家能源投资集团（原神华）	5422
2	山东能源集团有限公司	3390
3	陕西煤业化工集团	2805
4	兖矿集团	2572
5	冀中能源集团	2363

二、主要国家煤炭行业改革情况

行业改革是影响企业转型发展的重要变量。梳理主要国家煤炭行业改革情况，可以看出行业改革与企业兴衰之间的内在关联。

（一）美国煤炭行业改革情况

回顾近年来美国煤炭行业改革情况，可以总结为三句话：一是奥巴马政府能源政策促使煤炭企业衰落；二是特朗普政府强调“能源权力”，为油气煤炭行业松绑；三是页岩气革命加速美国煤炭企业破产。

2005 年布什政府推出《能源法案》，提出扩大可再生能源的生产和使用，保障能源供应。2009 年后，奥巴马政府的“新能源计划”将新能源发展上升到战略层面，试图从根本上降低对化石能源的过度依赖。2015 年《清洁电力计划》的推出，进一步加大了煤炭使用的监管限制，一批煤炭企业相继宣布破产。

表 9-5　奥巴马政府主要能源政策一览

年份	法案名称	战略重点
2009	《清洁能源与安全法案》	第一，要求逐步提高来自风能、太阳能等清洁能源的电力供应，到 2020 年可再生能源需满足其电力供应量的 20%；大力建设插电式汽车基础设施，实施大规模车辆电气化计划；设立清洁能源创新中心，确保美国在能源技术方面的领先地位。 第二，首次对企业的二氧化碳等温室气体排放作出限制。 第三，对排放指标、分配额度作出规定，并引入排放配额交易制度
2011	《能源安全未来蓝图》	第一，油气开发回归美国本土，增加传统能源供应；在清洁能源领域开展全球合作，引领世界开拓新兴能源供应。其中，减少石油依赖，加大新能源的开发和利用，是解决美国能源危机的根本途径。 第二，寻找新能源，以天然气和可再生生物燃料为突破领域，树立清洁电能发展榜样，以车辆燃料效率提高为重要手段，大力推进电动汽车发展；推广节能减排，削减美国能源消费。 第三，激发创新精神，加快发展清洁能源。实施能源人才振兴计划，在清洁能源领域重返“创新”引领者的地位；激励民间资本投资，使民众在“能源独立”和“清洁能源”计划中受惠得益

续表

年份	法案名称	战略重点
2015	《清洁电力计划》	清洁电力计划将减少发电厂这一国内最大的碳污染来源，同时保持能源的可靠性和经济性。该计划目标是，到 2030 年，美国发电企业的碳排放量将在 2005 年基础上减少 32%。 同年 8 月，美国环保署发布了新的最终碳污染标准，提出了联邦政府计划和示范规则，以协助各国在实施清洁能源计划

特朗普政府实施新“能源现实主义”政策，立足页岩气革命带来的能源资源优势，辅以适当的工具和手段，将美国打造为真正的能源超级大国，扩大美国影响力或领导力。特朗普政府所实施的能源政策，在国内政策层面表现为“为油气松绑”，积极鼓励化石能源生产；在国际层面表现为“促油气外销”，积极扩大化石能源出口，同时“以油气为筹码”，在实现国家安全与对外政策目标时频繁借力能源工具。

表 9-6　特朗普政府主要能源政策一览

政策纲领	具体政策
开发本土能源，降低石油对外依存度	2017 年 1 月，签署行政令推动钥石管线（KeystoneXL）和达科他管线（DakotaAccess）的建设
	2017 年 3 月，签署《能源独立》行政令，解除部分石油开采限制，降低环保要求
取消“气候行动计划”，解除美国能源工业限制	2017 年 1 月，颁布“美国第一能源计划”，取代“气候行动计划”
	2017 年 6 月，美国退出《巴黎协定》
继续页岩气革命	2017 年 2 月，宣布修订《有害空气污染物标准》，降低天然气开采排放标准
	2017 年 6 月，推动天然气基础设施增加 2000 亿美元投资
发展清洁煤技术，重振美国煤炭工业	2017 年 3 月，在“能源独立”行政令中，废除煤炭禁令
	2017 年 10 月，废除奥巴马政府《清洁电力计划》

据美国俄亥俄州凯斯西储大学（CAse Western Reserve University）能源研究院的研究表明，美国煤炭消费下降与美国页岩气革命高度相关。2008 年以来美国天然气产量增长 10 倍，价格下降了一半。2012 年 1 月—2016 年

1 月的 49 个月内，美国 Henry Hub 的天然气价格有 43 个月低于美国阿巴拉契亚煤炭生产成本。特朗普接任美国总统后，提出“能源独立”政策，并试图结束奥巴马政府的反煤炭规定，但仍然难以扭转美国煤炭行业下行趋势和煤炭企业破产命运。

拜登在就职首日签署了重返《巴黎协定》的行政令，并表示美国到 2050 年要实现净零排放目标。当前，由于俄乌冲突和能源危机，推高了对化石能源的需求，但能源清洁低碳转型是大势所趋。美国能源经济与金融分析研究所预测，未来 10 年美国煤电至少将关停 45%。随着更严格的环保规则和燃煤电厂运营维护成本的增长，转型步伐或将更快。

（二）中国煤炭行业改革情况

近 20 年内中国煤炭行业主要经历两个发展阶段，一是 2000—2011 年的十年黄金发展期，二是 2012 年以来的转型升级期。其中，煤炭价格的市场化改革贯穿行业发展各个阶段。“煤电一体化”成为化解煤炭、电力“顶牛”现象的政策手段。

黄金发展期。2002—2011 年，煤炭产业进入超常规快速发展阶段。2005 年国务院发布了《国务院关于促进煤炭工业健康发展的若干意见》（国发〔2005〕18 号），并研究制定《能源法》，修订《煤炭法》，发布实施《煤炭产业政策》。这一时期，随着我国经济的快速发展，煤炭需求大幅增加，煤炭产业得到了快速发展，煤炭产量大幅增加。国家统计局数据显示 2002 年国内煤炭消费量和产量分别是 10.8413 亿吨标准煤和 11.0732 亿吨标准煤，2011 年分别达到 23.9286 亿吨标准煤和 24.6931 亿吨标准煤，年均增长率分别为 9.2% 和 9.3%。大型煤炭企业集团快速发展壮大，企业兼并重组取得成效，以煤为主、多元产业共融发展格局基本形成，形成了 7 个亿吨级企业，特别是神华集团的煤炭产销量居世界第一，产量超过 4 亿吨。

转型升级期。经历了黄金十年的煤炭产业进入低迷发展期，政府努力为煤炭行业平稳健康发展创造环境。2013 年 11 月《国务院办公厅关于促进煤炭行业平稳运行的意见》下发，从坚决遏制煤炭产量无序增长、切实减轻煤炭企业税费负担、加强煤炭进出口环节管理、提高煤炭企业生产经营水平和营造煤炭企业良好发展环境等五个方面，提出促进煤炭行业平稳运行的意见和措施。但煤炭产业面临市场、环境等压力，迫切需要转型升级。2016年2月，《国务院关于煤炭行业化解过剩产能实现脱困发展的意见》（国发〔2016〕7号）印发，2016年12月国家发展改革委、国家能源局发布《煤炭工业发展“十三五”规划》进一步为煤炭企业转型升级提供有力支撑。

煤炭价格的市场化改革贯穿始终。早期“计划煤”价格低于“市场煤”，造成煤炭企业与发电企业的合同兑现率偏低；而当煤炭价格下行或者水电对火电替代作用增强的时候，长协合同难以履行。为解决上述问题，国家层面发布多项政策调整电煤市场价格机制。2017年11月，《国家发展改革委办公厅关于推进2018年煤炭中长期合同签订履行工作的通知》（发改办运行〔2017〕1843号）发布，提出各地区要积极推动供需双方签订一年以上、数量相对固定以及有明确价格机制的中长期合同。其中，中央和各省区市及其他规模以上煤炭、发电企业集团签订的中长期合同数量，应达到自有资源量

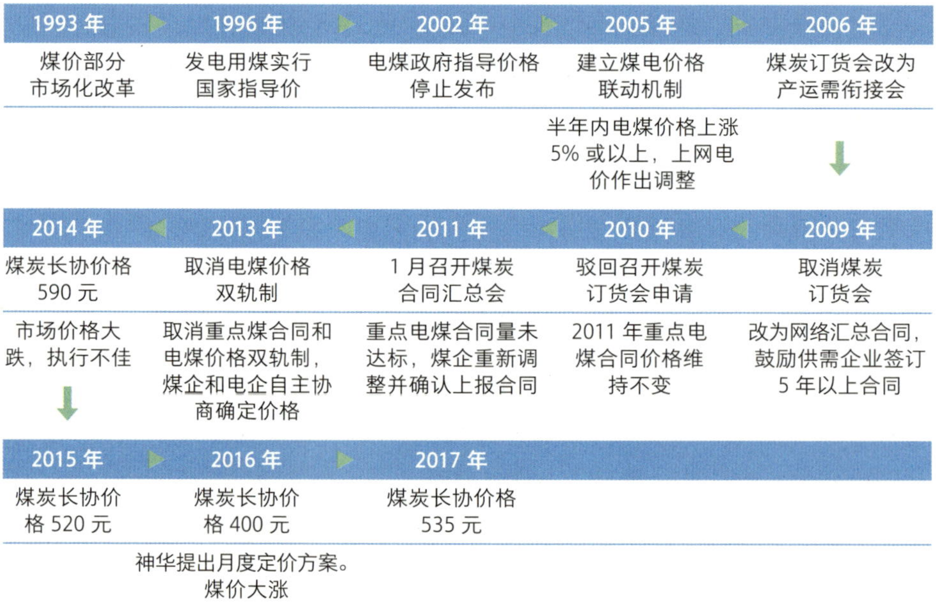

1993年
煤价部分市场化改革
1996年
发电用煤实行国家指导价
2002年
电煤政府指导价格停止发布
2005年
建立煤电价格联动机制
半年内电煤价格上涨5%或以上，上网电价作出调整
2006年
煤炭订货会改为产运需衔接会
2009年
取消煤炭订货会
改为网络汇总合同，鼓励供需企业签订5年以上合同
2010年
驳回召开煤炭订货会申请
2011年重点电煤合同价格维持不变
2011年
1月召开煤炭合同汇总会
重点电煤合同量未达标，煤企重新调整并确认上报合同
2013年
取消电煤价格双轨制
取消重点煤合同和电煤价格双轨制，煤企和电企自主协商确定价格
2014年
煤炭长协价格590元
市场价格大跌，执行不佳
2015年
煤炭长协价格520元
2016年
煤炭长协价格400元
神华提出月度定价方案。煤价大涨
2017年
煤炭长协价格535元

图9-6　我国煤炭定价机制的历史演变

或采购量的 75% 以上。同时要求下水煤和铁路直达煤的供需双方参照“基准价 + 浮动价”的办法协商确定合同价格，而区域内合同定价机制则要根据煤矿生产经营实际、下游用户承受能力等因素综合协商确定。

为化解煤炭、电力“顶牛”现象，政府推行“煤电一体化”。2016 年 4 月国家发展改革委印发的《关于发展煤电联营的指导意见》指出，煤电联营是煤炭和电力生产企业以资本为纽带，通过资本融合、兼并重组、相互参股、战略合作、长期稳定协议、资产联营和一体化项目等方式，将煤炭、电力上下游产业有机融合的能源企业发展模式，其中煤电一体化是煤矿和电厂共属同一主体的煤电联营形式。但煤电一体化道路仍存在不确定性。究其原因，市场化的煤电联营，应当建立在火电行业景气度回升，以及煤炭行业资产负债表明显修复的基础之上。进入“十四五”时期，煤炭行业发展面临能源清洁低碳转型和保障经济增长的重要责任。据煤炭工业协会发布的《2021 煤炭行业发展年度报告》，2030 年以前，是我国煤炭消费进入总量峰值平台期并转入总量回落的历史变革期，也是煤炭行业承担保供重任、谋求转型发展的攻坚期。

案例 1　中国神华的转型之路

神华集团有限责任公司（简称神华集团）成立于 1995 年 10 月，是以煤为基础，电力、铁路、港口、航运、煤制油化工为一体，产运销一条龙经营的特大型能源企业，是我国规模最大、现代化程度最高的煤炭企业和世界最大的煤炭经销商。神华集团于 2004 年设立上市公司中国神华能源股份有限公司（简称中国神华），并将优质资源全部装入中国神华，中国神华的发展路径基本代表了神华集团的发展路径，故此基于神华集团的研究重点围绕中国神华展开。

2014 年之前，神华集团重点实现从“成为全球最大煤炭经销商”到“具有国际竞争力的世界一流煤炭综合能源企业”的发展。2017 年，煤炭价格有所回升导致电力企业亏损明显，同时为进一步解决发电、煤炭企业同质化发展、重复建设等问题，神华集团与国电集团合并组成国家能源投资集团有限责任公司（简称国家能源集团），打造具有全球竞争力的一流能源集团。

中国神华的发展历程，可以用一句话概括，即：神华集团将优质资产打包上市打造煤炭行业龙头企业，最终形成“煤电运化”四位一体业务模式。2004年11月，神华集团独家发起设立中国神华能源，主营业务包括煤炭生产、销售、铁路及港口运输和电力业务。2005年5月，中国神华与神华集团签署《避免同业竞争协议》，神华集团承诺剥离并向中国神华注入14项资产，涉及业务包括煤炭、电力、煤化工等。中国神华基于煤炭的生产和销售，积极布局下游电力、铁路、港口、航运、煤化工等业务，逐步涵盖了煤炭行业的全产业链。截至2019年，中国神华是国内煤炭类上市公司中唯一可以做到煤炭全产业链运营的企业。“煤电运化”四位一体业务模式构筑了公司强大的核心竞争实力。

2017年，中国神华与中国国电集团有限公司（简称国电集团）合并，开启新的发展历程。合并前后，集团公司业务和发展战略发生了重大改变。

合并前，神华集团基于“一体化”发展模式构建核心竞争力。自1995年成立至2017年（与国电集团合并前）神华集团推进跨行业、跨产业的一体化发展模式，提高产业集中度，增加产品附加值，形成规模优势，以“煤（矿）、电、化（工）、路港航”一体化发展，形成企业核心竞争力。合并后，以“稳定一体化、拓展一体化、超越一体化”为新的发展模式。2017年11月28日，国家能

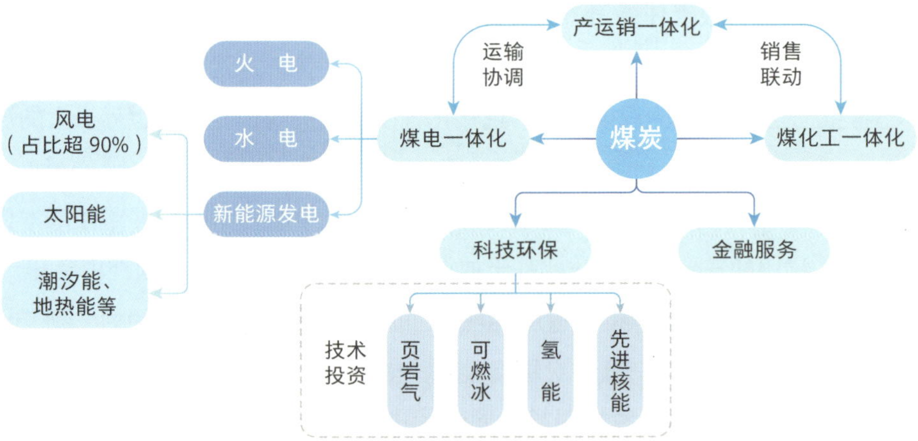

图9-7　神华集团“稳定一体化、拓展一体化、超越一体化”发展模式

源投资集团有限责任公司正式挂牌成立，公司坚持"一体化运营一盘棋"，构建"稳定一体化、拓展一体化、超越一体化"生产运营大格局，煤电运化各产业紧密协作，产运销上下游高效联动，发展的整体性协调性持续增强。

一、核心煤炭业务以"规模化"发展为主，构建产煤成本优势

截至2019年年末，中国神华拥有煤炭保有资源量300亿吨（中国标准下），煤炭保有可采储量146.8亿吨，均位列中国煤炭上市公司前列。核心煤炭业务较其他竞争者成本优势显著。近10年内，中国神华自产煤吨煤成本基本维持在125元/吨以内，2019年实现自产煤吨煤成本119元/吨，在行业内具有显著优势。

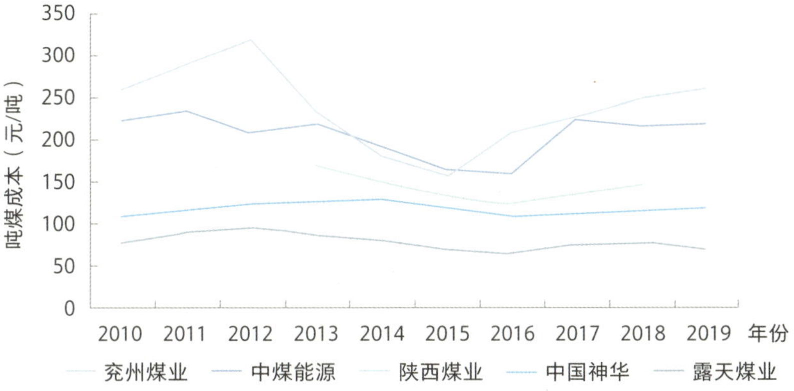

图9-8　中国神华自产煤成本优于国内其他煤炭企业

二、以"煤"为核心配套电厂选址布局打造煤电一体化

装机容量经历扩展期后自2015年后平稳发展。2007—2011年，在煤炭价格大幅上涨、国内火电投资低迷的背景下，中国神华大力发展火电加快电力板块扩张和布局，五年间通过自建和并购的方式实现装机规模复合增速19.74%。2015年后电力装机进入平稳期。国家能源集团的成立，将原有煤炭和电力领域龙头企业的资源合并，将有效缓解当前同质化发展、资源分散等问题，更高水平实现资源的优化配置。国家能源集团总火电装机容量达到

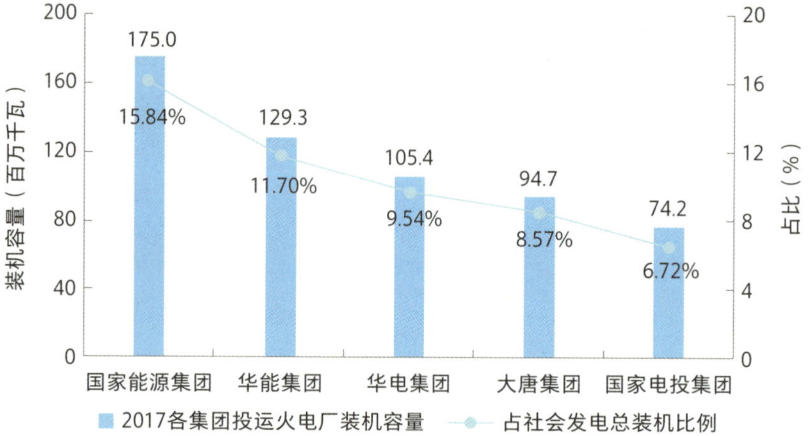

图 9-9 2017 年国家能源集团火电装机容量情况

1.75 亿千瓦，位居全国首位。

中国神华的电厂选址靠近主要煤炭产区及自有铁路沿线实现煤电联营。发电厂分布于用电有缺口省份实现消纳的同时减少输耗电成本。

在电力市场改革政策的推动下探索售电业务。自 2016 年开始，神华集团探索售电业务，当年成立神华广东售电公司，并于 2017 年分别成立江苏、山东售电公司。在神华集团公开资料中显示，售电公司主要业务为代理客户采购需求电量，以及为客户提供增量配电网业务及综合能源服务等，神华集团将积极应对电力市场化改革，加快推进售电公司业务。

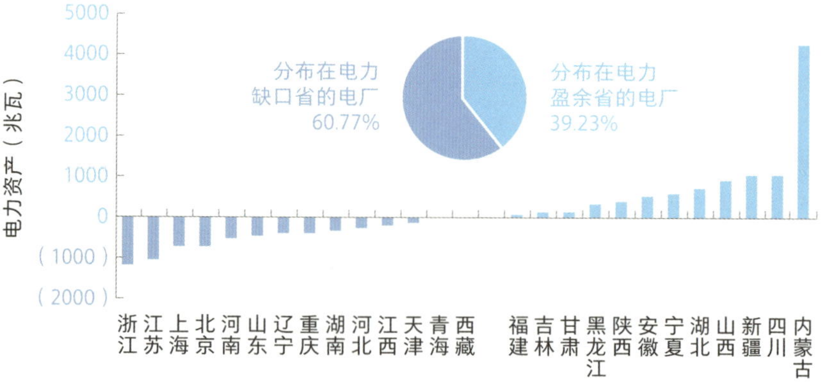

图 9-10 中国神华电力资产分布情况

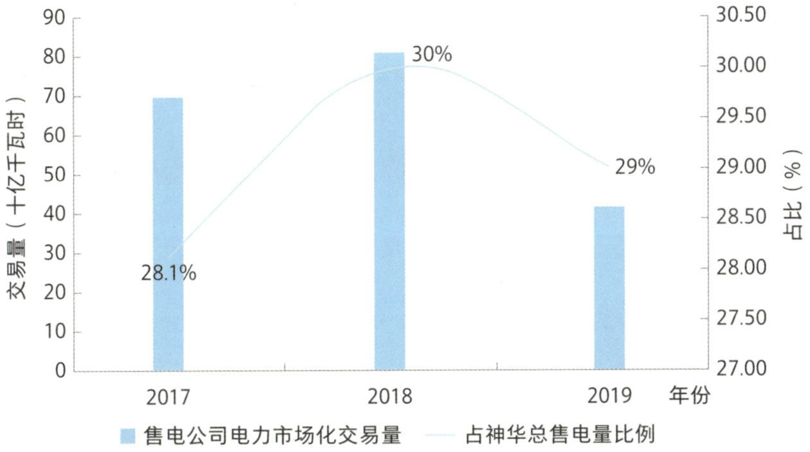

图 9-11 神华集团 2017—2019 年市场化电力交易量变化情况[1]

三、围绕"路港航"联运打造产运销一体化

中国神华拥有由铁路、港口和航运组成的大规模一体化运输体系。其 90% 的煤炭都可以通过铁路进行运输。依靠自有铁路、自有港口、自有航运，以及市场中的相关运输体系将供给侧（自有煤矿的自产煤和从市场采购的商品煤）和需求侧（自有电厂、油化企业和其他市场用户）从空间和时间

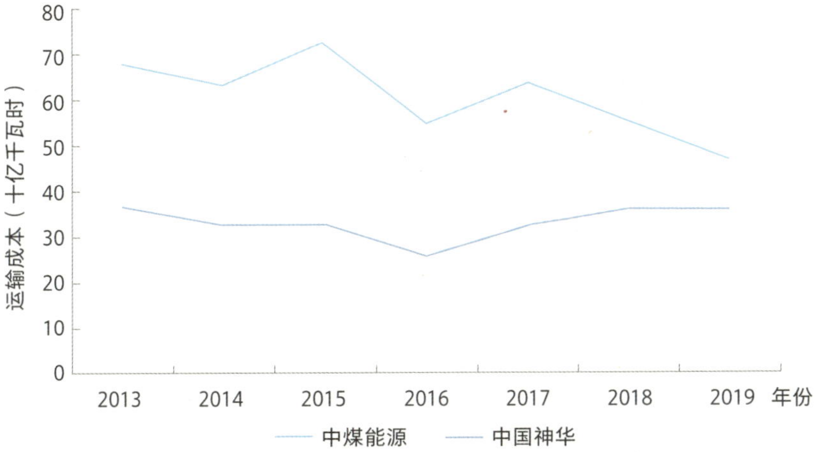

图 9-12 中国神华和中煤能源吨煤运输成本

[1] 2019 年与国电电力合资成立北京国电后，部分交易量未并表神华。

上衔接，全面保障煤炭供需之间的有效匹配。

基于主要煤炭产区打造自营铁路资源。中国神华围绕核心产区“三西地区”布局了铁路运线，对其主要矿区实现了有效覆盖。广泛布局的自营铁路运线网络对比其他行业内竞争对手体现出明显的运输成本优势。

四、煤化工业务平稳发展，神华集团相关资源正有序装入

中国神华少量接收神华集团煤化工资产，煤化工板块规模不断扩大，盈利能力有望持续提升。

“十四五”期间，中国神华将着力建设清洁高效煤电机组，积极推进现役煤电机组节能提效改造，大力推进煤炭清洁生产、现代化煤化工、二氧化碳捕集及利用等研究。利用煤矿沉陷区、电厂闲置空地等区域发展光伏发电，积极寻找风电资源，适度开发优质风电项目。以经济效益为中心开展股权投资、并购或参股优质新能源项目，还将通过参与设立新能源产业基金，借助基金平台参与新能源产业发展。

案例小结

（1）坚持以煤炭业务作为一体化运营的基础。抓好自产煤的生产、扩能改造、新矿区建设，外购煤源组织，努力实现自产煤量和外购煤量的双增长。

（2）发挥发电业务的稳定器和增长极作用。持续优化电力结构、电源布局，继续增大发电自用煤量，关注新能源发展动向并适时推进，全面增强电力板块的可持续发展能力。

（3）适度超前发展运输业务。规划建设、运营好重要的铁路、港口码头和海江航运通道，持续巩固和发展独特的资源优势和支撑效能。

（4）统筹海外发展积极开拓新业务。做好经营中的海外项目和煤炭进口业务，继续推进氧化铝、页岩气等项目进展，培育新的经济增长极。

案例 2 美国皮博迪能源公司（Peabody Energy）的战略转变

皮博迪能源公司（简称皮博迪）成立于 1883 年，截至 2014 年年底，皮博迪仍然是美国最大的煤炭生产商，年煤炭产量达到 1.9 亿吨，占美国全国产量的近 20%。1883—2001 年，皮博迪以在美国本土发展为主，伴随着美国煤炭行业的发展，在资本的支持下大量收购美国本土煤炭资源，成为美国本土产量第一的煤炭公司。2001 年皮博迪在纽交所上市。上市后，皮博迪公司大举进行国际化经营，在澳洲进行资源的投资与收购超过 60 亿美元，2011 年之前皮博迪保持着较快的发展速度。但随着全球煤炭消费需求的下降，2011 年后煤炭价格开始下行，以及美国本土“页岩气革命”的爆发，导致皮博迪出现严重的债务危机，一度申请破产。

一、早期皮博迪执行规模化战略，实现由美国最大到全球最大

20 世纪 50—60 年代，美国煤炭消费量继续下滑，行业迎来并购潮，皮博迪作为美国前三大煤炭企业（主要经营井工矿）与 Sinclair（主要经营露天矿）并购，且开始收购美国西部矿井，成为美国最大的煤炭企业，产能翻倍。

20 世纪 70—80 年代，OPEC 颁布石油禁令，原油价格大涨，煤炭需求逐步回升，皮博迪迎来较大发展机遇，陆续收购了阿姆科的西弗吉尼亚州煤矿和东部燃气燃料联合公司的煤矿，成为全球最大的煤炭企业。

二、上市后皮博迪重点执行煤炭资源、煤炭采掘业务国际化战略

2005—2010 年，在全球经济普遍低迷的背景下，亚洲经济快速发展，带动了煤炭资源需求的快速提升，从美国出口的煤炭资源数据来看，亚洲自 2007 年以来，进口量迅速攀升，已跃居为美国煤炭出口的第二大区域。

为扩大在亚洲地区的市场份额，皮博迪逐步开展国际化战略，首先是资源的国际化：2006 年 10 月，皮博迪以 17.47 亿美元完成对澳大利亚独立煤炭公司 Excel Coal Ltd. 的收购；2011 年，皮博迪以 51 亿美元收购了澳大利亚 Macarthur 煤炭公司。其次是核心煤炭采掘业务的国际化：皮博迪从 2010

年前后正式进军亚太，从业务类型上来看，前期基本以贸易为主，之后随着与亚太各国合作的深入，与中国、蒙古等国家逐步合作进行煤矿资源开发，但从实际运营情况来看，进展并不快。

表 9-7　　皮博迪煤炭采掘业务国际化战略

业务所在地	业务
中国	2011 年 7 月，与新疆签署建设年产 5000 万吨露天煤矿的框架协议，是首家进疆参与煤炭资源开发的外资企业
	2011 年 12 月，购永晖焦煤 5.1% 股权
	2013 年，与中国神华成立战略合资企业，扩展在亚洲的现货交易和经纪业务
	2013 年，作为唯一“绿色煤”的非中国参与者，推动新一代技术的开发和部署，以实现近零排放
印度	在新德里和新加坡都设全球营销和交易平台办公处；帮助制定煤炭供应的长期解决方案；积极参与打造印度煤电行业的监管架构
印尼	达成多个印尼煤炭的承购协议，总量为几百万吨
蒙古	提供开采技术，追求长期的贸易和合资机会；在乌兰巴托设业务发展办公室，且已获得数个勘探许可
新加坡	2009 年设立办事处，作为东南亚国际煤炭贸易新中心，以促进海运煤炭市场高速增长

三、受多重内外部因素影响，2016 年申请破产保护

2011 年后，新能源崛起，美国经济衰退及电力需求下滑等多因素的影响，美国煤炭行业逐渐走入低迷，整体矿井的产能利用率低于正常水平；在“页岩气革命”的冲击下，美国本土众多燃煤电厂转为燃气电厂，本土煤炭消费进一步下跌。2011 年后，煤炭价格持续走低。皮博迪于 2016 年申请破产保护。

皮博迪关注煤化工、煤炭清洁利用等技术，以提振煤炭消费。2017 年，皮博迪投资英国 Arq Fuel 公司研发“煤屑制油”技术（Arq Technology）。皮博迪表示，自 2018 年起的未来 7 年内，将以皮博迪现有煤矿为核心，在靠近煤矿的地方投建多达 50 座“煤制粉”（coal-to-powder）工厂，远景实现年产 10 万桶的目标。

皮博迪正在向清洁能源领域拓展业务。根据 2022 年 3 月的声明，皮博迪组建了可再生能源开发合资企业。业务初期，在退役煤矿附近开发公用事业规

模的太阳能项目。未来五年开发 3.3 吉瓦太阳能发电能力和 1.6 吉瓦电池储能。

案例小结

皮博迪通过执行规模化战略快速发展的做法值得借鉴，但过于激进的投资策略导致最终走向破产。从 2012 年开始，皮博迪公司整体净利润出现亏损，究其原因，美国区域的煤炭业务整体仍然盈利，亏损主要来自澳洲区域。在澳洲的投资失误是导致皮博迪破产的根本原因。

第二节 油气企业转型发展案例分析

本节主要分析油气企业转型发展案例。

一、全球油气行业发展概况

全球油气产品需求不断增加，但清洁化成为主要关注点。随着全球经济的增长，石油需求也将继续增长。全球中产阶级人群逐步增多导致汽车需求量增加，家庭人均汽车拥有量以及汽车使用寿命都在稳定增长，使得石油消费保持增长，但其消费结构出现了一定的变化，从过去以汽油为主的消费结构转为以柴油需求大幅增长推动石油消费增加的结构，这主要是由于全球经济增长带动了工业用油的需求，以及 IMO2020 政策推动了对低硫燃料油的需求，而汽油消费则由于油价过高受到了一定的抑制。这种消费结构的改变也促使炼厂向大型化、一体化的方向发展，炼油中心也从过去的美湾、西欧以及新加坡转移至中国东南沿海、波斯湾以及印度西海岸。

伴随着石油需求量的增长，全球石油供应也将继续保持稳定增长的步伐。2018 年与 2019 年全球石油供应增量分别为 220 万桶 / 天与 180 万桶 / 天，供应总量超过 1 亿桶 / 天。从供应种类上来看，未来的石油供应主要以轻质石油为主。与此同时，全球对环境生态的重视程度不断提高，石油作为最主要的碳排放源受到最大关注。未来数十年，世界石油天然气产业的关注重点将从总规模和总产能的增加，转向更加关注质量、效益和环境友好。全球石油天然气行业产业重心转移将以提高产业和产品国际竞争力为驱动力，产业重心向着有利于某一个产业和产品发展的方向转移。

全球油气供需格局正在发生巨大改变。以美国为代表的全球天然气市场新变量正在改变市场激烈竞争的格局，俄罗斯作为最大的天然气生产国，采用价格战手段力保市场份额，天然气生产大国美国和俄罗斯2017年产量全球占比分别为20%和17%。天然气价格的持续下行使其在发电领域对煤炭的替代作用越来越显著，同时，液化天然气（LNG）在世界能源市场的重要性不断提升，管道天然气的基础设施正在加速建设和布局中，在LNG和管道天然气的共同发展下，将逐步形成全球统一的天然气市场。

天然气消费将大幅增加。在人类可持续发展理念的推动下，全球能源利用一直在向低碳化、清洁化方向演进。其中，石油和煤炭消费在全球一次能源消费中占比总体呈现下降趋势，天然气占比稳定扩大。一方面，全球能源利用清洁转型将继续引领部分国家和地区天然气消费需求增长，部分国家根据本国国情，发布相关政策，引导天然气行业发展；另一方面，部分国家和地区获得了多处规模较大的天然气勘探突破，为全球天然气市场供给奠定了较好的资源基础，将进一步扩大全球天然气市场供给规模。另外，由于清洁、便利的特点，LNG得到了更加广泛的应用，LNG在天然气消费结构中占比提升，随着全球范围内众多大型LNG项目的投产，LNG市场供应将爆发式增长，传统管道天然气将与新兴的LNG争夺市场份额。天然气将成为未来一次能源消费的主要增量，预计到2040年天然气需求量将继续增长近50%，是唯一和可再生能源一样份额增长的能源。

二、主要国家和地区油气行业发展情况

全球石油资源主要分布于中东地区和美洲地区，随着世界经济增长步伐加快，石油行业复苏稳健，沙特阿拉伯和委内瑞拉的石油行业遥遥领先于全

球其他国家。同时，作为全球重要的石油大国，美国石油和天然气储量大，开采生产技术水平高，石油天然气行业发展快，而受轻质致密油页岩油产量增长的驱动，预计到 2023 年，美国的石油产能将达到 1300 万桶 / 天，成为全球最大生产者，且几乎与其国内需求相匹配。另外，作为新兴经济体的代表，中国、印度两国石油需求增量占全球比重高达 60%，并且在欧美等国对炼能扩张需求较低的背景下，未来新增炼能将主要来自中国、印度等发展中国家。

在美国、俄罗斯、伊朗、卡塔尔和澳大利亚主要天然气供给国家市场竞争格局中，美国和俄罗斯占比最大，在页岩油革命之后，美国天然气产量超越了俄罗斯，展现出巨大发展潜力，中东地区天然气产量也一直保持高速增长，未来有望成为全球天然气增量的核心主力。相对于亚太、北美和中东地区天然气产量的增加，欧洲大陆天然气的产量逐年下降，而需求持续上升，这为欧洲管道天然气和 LNG 扩大进口创造了空间，同时基于欧洲每年 5000 亿立方米的天然气交易量，以及再气化能力低、市场贸易流动性强、采购合同灵活性大的特点，欧洲必将成为天然气供应商竞争之地。

案例 1　荷兰皇家壳牌集团的三次转型

荷兰皇家壳牌集团（简称壳牌）是 1907 年由壳牌运输和贸易公司与荷兰皇家银行合并而成。经过一百多年的发展，成为一家以能源和石化业务为主的全球公司，业务领域覆盖石油、天然气和新能源、下游石油产品、化学产品及非油业务等。

壳牌的转型案例代表了油气行业环境剧烈变动下的业务转型。自 1995 年以来，壳牌经历了三次转型，分别是“以清洁化为特征的能源多元化转型”“重点发展天然气业务、开拓非油新业务的转型”和“电气化转型”。

一、第一次转型：以清洁化为特征的能源多元化转型（1995—2013 年）

主要动因：20 世纪 90 年代全球化和信息化趋势使得石油行业经营环境

发生巨变，油价剧烈波动，给以石油为主业的壳牌带来了巨大的风险；民众对于环境保护问题愈发重视；生物燃料技术和天然气液化技术在20世纪90年代发生了巨大飞跃，壳牌开始向多元化能源转型。

主要举措：通过收购、合资进入石油化工行业；开发超级酶，生产木屑、乙醇等生物质燃料；整合油井勘探资源，进军煤炭领域；初步进入风力发电领域。

转型成效：煤炭业务和风电业务稳定发展，生物质燃料在加拿大、美国等多个国家发展成规模性产业，成为世界上最大的甘蔗乙醇生产商之一。

二、第二次转型：重点发展天然气业务、开拓非油新业务的转型（2014—2018年）

主要动因：2013年全球油价下降，财务指标缓慢下降，于2014年初发出盈利预警。

主要举措：大量剥离上游资产；构建天然气产业链，拓展LNG业务；积极建设加氢站，发展氢能销售业务；借助终端零售网络进军食品饮料等非油零售领域。

转型成效：下游业务利润大幅增加；建立完整天然气产业链，成为全球第一大LNG生产商；建成美国首个卡车加氢网络；非油业务成为重要利润贡献点。

三、第三次转型：电气化转型（2019年至今）

主要动因：气候变化形势严峻，各国碳排放约束进一步收紧，传统能源业务面临巨大压力。为实现《巴黎协定》目标，世界各国政府纷纷出台碳排放权交易、碳税、可再生能源补贴等政策，支持可再生能源发展，增加高碳排放行业企业的排放成本，引导社会降低二氧化碳排放。可再生能源发电成本下降。随着电气化和低碳能源转型的加快，壳牌预计，未来几十年全球天然气和电力市场具有强劲的增长潜力；尽管液体和气体燃料（包括生物燃料和氢气）将继续成为能源结构的重要组成部分，但要实现《巴黎协定》的目标，电力就需要在世界上发挥更大的作用；全球能源结构正在发生重大变化，电力作为清洁、高效、便捷的二次能源，在各国能源转型中的作用日益显著。

主要举措：核心上游业务以深水、页岩和常规油气为主，引领转型业务以天然气一体化、化工、石油产品为主，新兴业务聚焦电力领域，以发电、售电和推进消费侧电能替代业务为主。

其中，新兴电力业务将加快发展天然气发电和可再生能源发电，重点关注商业模式的构建，积极参与电力供应系统的全流程，从直接向客户提供电力和相关服务到购买、销售、交易和优化电力系统全流程全覆盖。

发电。进入风能发电领域。购入荷兰著名风能企业 Blauwwind 20% 的股份。在北海建造了第一个大型风力发电厂，与 Alphabet 内的独立公司 Makani 合作，将其空中风力发电系统带到了海上环境；在美国运营四个陆上风电场。

售电。在英国投资售电业务；壳牌在北美、欧洲、巴西、日本、菲律宾、澳大利亚等地区，已成为当地市场主要的售电交易商之一。

建设充电网络。投资加氢设施和电动汽车充电装置；壳牌相继收购荷兰电动汽车充电公司 NewMotion 和英国的电力公司 FirstUtility、德国电池储能制造商 Sonnen；与宝马、戴姆勒、福特和大众成立了合资公司 Ionity，计划在欧洲的 10 个国家建设充电网络。

转型成效：电力和低碳能源业务加速布局，电力业务投资占壳牌每年投资总额的 5%～10%，呈现向全球规模的电力公司转型趋势。

案例 2　中国海洋石油集团有限公司的四次转型

中国海洋石油集团有限公司（简称中海油）1982 年 2 月 15 日于北京正式成立，是中国最大的海上油气生产商。经过 40 多年的改革与发展，中海油已经发展成主业突出、产业链完整、业务遍及 40 多个国家和地区的国际能源公司，形成了油气勘探开发、专业技术服务、炼化与销售、天然气及发电、金融服务等五大业务板块。2019 年总资产 12883 亿元，营业收入 7509 亿元，在世界 500 强排名中跃升至 63 位。

中海油自20世纪90年代以来，主要经历了四次比较明显的转型，推动企业向国际综合能源公司发展。

一、第一次转型：上下游一体化（1997年至今）

主要动因：受1997年的亚洲金融危机冲击，国际石油价格急剧下跌，中海油濒临亏损。20世纪90年代后期，国际石油公司经过新一轮大重组，强化了垄断地位。在国内，中国石油天然气集团公司、中国石油化工集团有限公司两大公司进行重组，成为上下游一体化石油公司。作为中国最大的海洋石油生产企业，中海油成立多年却还未涉足炼油、石化及油品、化工品销售领域，严峻的形势迫使中海油实施上下游一体化发展。

主要举措：上游以油气勘探开发为基础，在巩固和提高上游产业生产效率的同时，开始逐步向中下游产业链延伸，先后成立气电公司、化学公司、炼化与销售事业部，开展炼化业务，开拓上游国际业务资源，切入化学工业领域，发展气电业务。

转型成效：2008年，中、下游项目全面建成投产，上下游一体化基本形成，产业结构更加完善合理；年产油气达到4000万立方米油当量以上；桶油全成本，净资产回报率及储量替代率都在同类公司的较好水平或以上；管理机制与管理体系基本与国际石油公司接轨。

二、第二次转型：国际资本运营（2001年至今）

主要动因：随着经济全球化，特别是我国加入世界贸易组织后国内市场国际化，国际竞争国内化趋势的加快，国内许多产业和企业面临日益严峻的国际竞争和挑战。中海油通过资本市场获取低成本发展成为可行选择。

主要举措：实施公司重组，建立现代企业治理机制；实现成功上市，发展金融资本业务。

转型成效：实现了投资主体多元化，进而转变了经营机制，有力推动了企业全面提高管理水平，促使公司采取各种措施提高产量，大幅提高了经济效益。旗下中海石油化学股份有限公司以并购、参股方式进入了煤化工领域，有利于中海油完善产业链，提升下游产业科技创新能力，有利于长远发展。金融板块使得中海油拥有产业资本和金融资本两大重要业务，实现了产业经营和资本运营双赢。在资本市场积累的经验为中海油全方位参与国际竞争提供了重要支撑。

三、第三次转型：海外发展（2003 年至今）

主要动因：国际现代石油公司的重要特征就是具有获取全球资源的强大能力。石油产品的市场和价格是全球化的，而资源分布又呈现不均衡的地域特征，这决定了国际化是石油公司发展的必然走向。油气勘探的高风险和巨额的投入又使得石油公司之间有必要进行合作以分担风险。2003 年，中海油完成改革重组后，现代企业制度不断完善。基于对世界石油产业发展总体趋势的把握，中海油着力提升国际竞争力，公司进入跨越式发展的新阶段。

主要举措：通过国际资本市场大规模并购国际油气行业标的，将中国近海的油气资源对外合作演绎为全球范围的国际石油合作，初步成为一个国际现代石油公司。

转型成效：利用自身与国际石油公司在国内海域长期合作的优势，在投资领域、投资地点、合作伙伴等方面按照“有选择”的策略，稳步进入国际市场，走出了一条较低成本的国际化捷径。通过“走出去”的不断尝试，中海油对国际地缘政治、健康安全环境、法律合同、经营管理、技术、民族文化等风险逐步熟悉，同时按照国际惯例建立了一支能够在复杂的政治、社会、经济和技术条件下执行公司国际化战略的团队，为进一步发展奠定了良好基础。

四、第四次转型：降本增效（2012 年至今）

主要动因：国际市场原油价格持续下跌，不仅对中海油上游影响巨大，同时也波及中下游的各个业务板块。政府要求石油企业更加注重成本收益。

主要举措：做好降本增效工作，切实加强成本管控，进一步提升协同发展水平。

转型成效：以降低成本为中心，构建起一个和谐发展的中海油，形成企业发展的合力，实现集团价值最大化。2019 年得益于产量增长和成本管控，在国际油价下跌约 10% 的情况下，中海油全年实现营收、利润双增长。

案例 3 BP 的四次转型

BP 由威廉·诺克斯·达西创立于 1909 年，前身为 Anglo Persian 石油公司，1954 年改为现名。BP 由前英国石油、阿莫科、阿科和嘉实多等公司整合重组形成，是世界最大私营石油公司之一，也是世界前十大私营企业集团之一，2019 年财富世界 500 强排名第 8。

BP 业务遍及全球能源系统，包含油气勘探开发、炼油、天然气销售和发电、油品零售和运输，以及石油化工产品生产和销售等。BP 在全球近 30 个国家开展油气勘探开发业务，优质资产主要集中在阿拉斯加、墨西哥湾、北海、阿塞拜疆、俄罗斯、安哥拉等国家和地区；在全球拥有 16 个炼油厂，主要分布在美国、欧洲、澳大利亚、新西兰、南非等国家和地区；化工业务主要分布在美国、欧洲及亚洲，产品销往 40 多个国家。

BP 自 20 世纪 90 年代以来主要经历了四次大的转型。

一、第一次转型：优化资产结构（20 世纪 90 年代—21 世纪初）

主要动因：亚洲金融危机打破亚洲经济急速发展的节奏，引发经济危机，引发美欧国家股市汇市的全面剧烈波动。导致全球经济增长减速，1998 年全球经济增速从前一年的 4.18% 降至 2.5%，全球石油需求增速降至 0.5%。1997 年 1 月—1998 年 12 月，近两年的时间布伦特原油价格自高点 24.80 美元 / 桶跌至 9.75 美元 / 桶，区间最大跌幅 61%。BP 借国际油价大跌的机会，利用私有化积累的资金，大规模并购美国公司，转型发展成为国际一流的石油巨头。

主要举措：并购美国三大公司，迅速实现规模和结构优化。

1998 年以 620 亿美元与阿莫科公司合并，成立英国石油阿莫科公司，在当时成为石油行业历史上最大的一次并购。

2000 年以 268 亿美元并购阿科，并购润滑油领域的行业顶级创新公司嘉实多。

转型成效：通过并购，BP 的业务结构与市场结构得到全面提升，规模扩展到全球，业务领域涉及油气开发、炼化、成品油销售等。BP 实现了真正意义的全球化资产布局与全产业链的业务布局。

二、第二次转型：加强核心业务（21 世纪初—21 世纪 10 年代）

主要动因：美国次贷危机令 BP 意识到提升运营管理绩效和业务核心竞争力是应对危机的唯一选择，作出了收缩战略规模、提升业务核心竞争力及强化成本控制管理的决策。

主要举措：大力推进“回到根本”战略，加强核心业务，精简机构，剥离非核心资产。

转型成效：进一步提升了业务管理的标准化程度，将管理的重心上升到业务板块层面，在集团层面构建共享服务中心，业务的核心竞争力与管理能力得到了很大提升，成本控制不断优化。

三、第三次转型：回归安全本质（2010 年至今）

主要动因：墨西哥湾漏油事件使得 BP 造价 3.5 亿美元的钻井平台被毁，11 人死亡，17 人受伤，成为美国历史上最严重的一次海洋漏油事件。事故最初的清理费用再加上后续的赔偿和罚款，总计超过 500 亿美元，不仅在财务上对 BP 的正常运行产生了严重的影响，还损害了 BP 的行业声誉。

主要举措：对外，积极应对漏油事件带来的不良影响，对内实施大规模的组织机构改革，重组上游业务。按照业务技术与安全管理的需要，将上游业务分拆成三个部门，即勘探业务、开发业务和采油业务，并对第三方承包商的管理进行细致且范围广泛的检查。

转型成效：提升了业务的安全性、可靠性和基本业绩，2010 年全年经营业绩大幅下滑，亏损达 33.24 亿美元；2011 年，通过积极实施战略调整和强有力的管理变革，实现营业收入 3755 亿美元，净利润 260.97 亿美元。实施超过管制要求的新作业标准，强化本地化的运营管理系统；建立由全套的标准、流程、工具和方法构成的风险管理体系；供应链管理加强，优化承包商安全及运营风险的监督管理。形成具有独立督导权的专门的安全及运营风险管理职能部门，专业技术活动得到指导监督。BP 重新获得政府、社会和行业的认同。

四、第四次转型：低碳绿色发展（2017 至今）

主要动因：能源低碳化已成全球共识，推动 BP 在聚焦主业与可持续发展之间寻找平衡乃至统一，向低碳甚至零碳转型。此外，《BP 世界能源展望》表示到 2040 年，石油、天然气、煤炭和非化石能源将各占世界能源的 1/4 左右，超过 40% 的能源需求增长将来自可再生能源。要保持世界领先能源企业地位，必须探索低碳绿色的发展方式。

主要举措：大力发展天然气业务、可再生能源业务，积极发展电力业务，提出建设零碳企业，向综合能源服务商转型。

天然气业务。在向绿色低碳转型过程中，天然气被视为重要推手。2010 年时，天然气在 BP 业务总量中的占比是 40%，2018 年已经增至 50%，到 2025 年这个比例会超过 60%。2017 年，BP 实施的 7 个重大生产项目，其中有 6 个是天然气项目，2018 年 6 个新项目中也有 4 个与天然气相关。在大力发展天然气的过程中，BP 还将全力控制甲烷逸出比例，目标是控制在 0.2% 以内。

可再生能源业务。与同行横向对比，BP 的可再生能源业务规模是最大的，是可再生能源领域的领军企业。BP 的可再生能源业务起步于 2004 年，具有丰富的经验和成果。BP 的可再生能源业务在生物燃料、风能、太阳能等细分领域均有布局。

积极发展电力业务。一是关注电动出行领域。投资电动汽车快充技术公司，BP 看好以电动汽车为代表的未来交通出行方式，而充电是必备的基础。二是发展储能业务。风能、太阳能等可再生能源的高速发展催生出巨大的储能需求。

在 BP 加快布局移动出行、光伏产业等举措中，中国市场是布局重点。2018 年 BP 风投宣布对蔚来资本的美金基金投资 1000 万美元，用于支持蔚来探索电动汽车及相关技术、新能源基础设施、智能汽车系统、车联网和包括电池在内的新材料等方面的新机遇。2019 年 8 月 1 日，滴滴与 BP 宣布成立合资公司，共同在中国建设开发和运营新能源车充电桩站，为滴滴车主和社会车主提供高效、便利的充电服务。2020 年 BP 与中国国内光伏巨头晶科电力签署谅解备忘录。根据协议，双方将以设立合资公司的方式，联合开发中国大型商业楼宇和工业设施的应用场景，开发创新的、综合的能源解决方案业务。

零碳计划。2020 年 BP 发布零碳计划，宣布将从一家专注于生产资源的国际石油公司，转变为专注于为客户提供解决方案的综合性能源公司，目标是“2050 年或之前，成为净零公司”。

为确保公司转型的同时价值稳定增长，BP 宣布未来十年将在三个方面加强工作。一是建设集成的能源系统，沿着价值链和跨价值链，将所有 BP 的功能结合在一起，以优化能源系统并为客户提供全面的服务。二是积极与国家、城市和产业合作，利用 BP 在低碳方面的专业技术优势，帮助国家、城市和产业实现净零排放。三是深入推进数字化和业务创新，依靠能源数字基础，以新的方式强化与客户互动，提高业务效率并不断探索、支持新的业务。

第三节　电力企业转型发展案例分析

本节主要分析电力企业转型发展案例。

近年来，新兴经济体对基建和工业基础建设力度的增加对全球电力需求的拉动十分显著，中国、印度、巴西、南非经济体的快速发展带来电力投资的大幅增长，印度和巴西分别实施了特高压交直流工程。

根据 IEA 估计，2015—2035 年，全球电力领域累计投资将达到 16.4 万亿美元。从细分市场看，输配电领域和可再生能源占电力领域投资比例最高，分别达到 42% 和 31%。从区域来看，到 2035 年，欧洲电力领域投资累计达到 2.2 万亿美元，其关注点在老化电力基础设施替换和低碳发展需求；新兴国家如印度，到 2035 年，其电力投资总额将达到 1.6 万亿美元，其关注点在发展电力基础设施。

长期以来，我国经济增长的总体情况良好，年均 GDP 复合增速保持在 8% 以上；2008 年后，受全球金融危机和我国经济结构调整的影响，我国经济增长速度出现一定程度回落，但仍然是全球经济的主要助推器。作为支撑国民经济发展的基础性行业，电力行业的增速往往领先于国民经济的增速。我国全面建成小康社会后，逐步进入后工业化时期。经济增长速度将较以往略有回落，但年发电量和用电量仍将保持较快增长。2020 年中国人均用电量 5317 千瓦时，约为世界平均水平的 17 倍，人均生活用电量 878 千瓦时，略高于世界平均水平。1980—2020 年，中国人均用电量、人均生活用电量年均增速分别为 7.0%、11.3%，在主要国家中增长最快。[1]

案例 1　意大利电力公司的三次转型

意大利电力公司（Enel）成立于 1962 年，是世界上最大的非国有电力运营商，业务聚焦于发电、输配电、售电和天然气领域。其电力终端客户超过 7300 万，其中零售客户群体达到 7000 万，新能源装机容量达 46 吉瓦，在全球五大洲 40 个国家开展电力、天然气和其他能源衍生业务。作为在意大利和美国同步上市的能源公司，Enel 目前的股权结构比较分散，其中来自北美和欧洲的各类机构投资者以及意大利经济金融部控股占比超过八成。

[1] 数据来源：国家统计局。

1993 年以来，Enel 经历了电力业务重组与多元化转型、聚焦电力业务的国际化转型、从能源产品供应商向能源服务提供商转型三个阶段。

一、第一阶段：政策环境剧变下的业务重组与多元化（1993—2002 年）

主要动因：欧洲一体化要求包括意大利在内的各成员国加快电力市场改革，建成统一电力市场；意大利自 20 世纪 90 年代开始实行经济自由化改革，实施贝萨尼改革法令，加快推进电力市场化改革。

主要举措：加快电力业务重组与布局、积极进入电信等非电领域发展多元化业务、抓住欧洲建设统一电力市场的机会开拓国际业务。

转型成效：多元化转型效果不佳，未达到转型发展的最初目的。主要原因是 Enel 电信业务投资过多、长期亏损，加上欧美网络经济泡沫拖累整体经济，其他业务投资收益显著低于电力投资收益，1998—2002 年企业总体投资回报率下降了 9.6%。

二、第二阶段：重新聚焦发电、配电、售电业务，大力拓展国际市场（2003—2014 年）

主要动因：企业负债率居高不下、股东投资回报不佳、国内市场发展有限，其他国际电力公司国际化扩张示范效果明显，刺激其大规模国际扩张。

主要举措：一是出售电信、水务等非电力业务，聚焦能源电力业务；二是通过海外并购大规模进入东欧、拉美等国际发电、输电、配电、售电市场；三是收购俄罗斯等国家的天然气公司，向发电产业上游延伸，构建完整的“气–电”产业价值链。

转型成效：最终形成了发电和能源管理业务、基础设施和网络业务、国际业务等板块，构建了完整的“气–电”产业价值链，转型为全球性的能源产品供应商。2014 年，Enel 经营区域分布于全球 40 多个国家和地区，国际业务营收占比接近 50%，企业投资回报率走势常年高于标普欧洲 350 指数。

三、第三阶段：从能源产品供应商迈向能源服务商（2015 年至今）

主要动因：全球能源系统加快低碳绿色转型，传统能源需求增势趋缓、消费者在能源系统中的主体地位不断提升。

主要举措：推进清洁低碳转型、建设智能配电网、挖掘客户侧能源消费“新下游”、优化企业内部管理提升经营效率。

根据 Enel 2020—2022 战略计划，Enel 将在持续推进低碳化转型、加快电网数字化改造、不断扩大零售业务客户群体、加快拓展新业务方面持续增加投入，确保建成拥有最大零售客户基础、全球领先的可再生能源和电网业务私人运营商。

推进低碳清洁转型。逐步淘汰燃煤电厂，大力发展可再生能源发电，借助绿色债券等现代金融手段确保清洁能源投资规模，积极储备地热、光伏、光热混合发电等先进新能源技术。

建设智能配电网。大规模部署第二代智能电能表，建设远程管理系统，采用人工智能、3D 建模等现代数字技术不断增强电网灵活性。

优化企业管理提升经营效率。实施“业务 / 地域”矩阵式管理架构，形成全球电力、全球基础设施和网络、全球贸易、全球创新（Enel X）4 大业务部门，大规模推进数字化改造，从生产型组织向服务型组织转变。

挖掘客户侧能源消费“新下游”。积极参与公共数字基础设施建设，重点从城市、家庭、商业和电动汽车 4 个领域提供智慧城市服务、家居能源解决方案、储能等新业务。

（1）城市领域：开展智能公共照明、建筑照明、电动公共交通、智能城市设备、公共建筑能效解决方案等业务，积极参与政府数字基础设施建设，开发智慧城市服务。

（2）家庭领域：提供智能家居设备销售、能源服务和能效解决方案，家庭金融和小额保险业务。

（3）商业领域：以“能源即服务”的理念，开展分布式发电和微电网解决方案、能源效率解决方案、能源基础设施建设与服务方案、智能账单管理、能源咨询和能源管理软件系统开发、储能系统开发、发电厂运维服务、需求侧响应服务等业务。

（4）电动汽车领域：建设家用、公用和商用电动汽车充电站、建设智能充电和管理平台、开拓公共电动交通工具运维业务等。

转型成效：通过实施能源转型战略，Enel 的发展成效显著。电力服务能力不断提升。通过加大对电网的投资及对系统和流程的数字化改造，Enel 现为全球 7500 万终端用户提供电力服务，其中 60% 的用户配备了智能电能表。同时，连接到集团电网的产销合一者（既是消费者又是发电商的客户）已超过 100 万。此外，2021 年其在全球的输电量已达到 510 太瓦时。绿色发展和碳减排成效显著。通过积极发展可再生能源、推动能源转型，Enel 的碳排放量不断减少。

案例 2　东京电力公司的两次转型

东京电力公司（TEPCO，简称东电）成立于 1951 年，是日本十大电力公司之一，也是亚洲最大的私营电力企业。其服务对象主要是东京及周边的县市，业务覆盖发电、输电、配电、售电和天然气销售领域，用户总数达 4500 万个。

2011 年以来，东电经历了两次转型：一是应对核泄漏事故压力下，以精简业务、降低成本为核心的被迫转型；二是以拓展新业务、加快国际化，构建公用事业 3.0 为主要内容的新一轮转型。

一、核事故压力下的被迫转型：精简业务、降低成本（2011 年至今）

主要动因：处置福岛核泄漏事故、缓解善后处理和赔偿重建过程中的财务压力。

主要举措：出售房地产等非核心业务资产，保持最小投资规模，大幅压缩企业运营成本，检修、加固或关停现役核电站。

二、电改加速下的新转型：拓展新业务、加快国际化，构建公用事业3.0（2016年至今）

2016年以来，东京电力基于对日本电力行业将呈现5D发展趋势的判断，在持续精简业务、压缩成本的同时，积极拓展新业务，加快推进国际化，向电力系统运营商转变，着力构建公用事业3.0，开始新一轮转型。

东电认为，进入公用事业3.0时代，电网将与水网、气网、交通网等其他基础网络设施充分交互，将形成能源市场管理平台、网络基础设施集成和数据平台、能源消费侧综合能源服务平台等三大平台。一是在能源供给侧，构建能源市场管理平台，为可再生能源、大宗能源、储能等提供交易环境。二是在能源输配侧，构建网络基础设施集成平台。为互联网、交通、供热等基础设施提供资源整合平台，电网与其他基础网络设施（水、气、交通）进行充分交互。三是在能源消费侧，构建综合能源服务平台。未来消费者在能源供需关系中的地位将更加中心化，终端用户将与电力供应商实现频繁、实时互动，同时电能的价值将从纯粹商品转移至能源服务，通过要素重组实现供需对接和融通创新，构建综合服务平台将成为公用事业单位的发展方向。

主要动因：日本电力体制改革加速、电力零售市场全面放开，电力行业面临清洁低碳、安全高效、智能互动发展的新挑战。

主要举措：大力发展可再生能源、推进电网数字化改造、改善企业管理持续降本增效、拓展新的业务增长点、构建协同创新生态圈、研发新一代电力交易平台、积极开拓国际市场。

大力发展可再生能源。大规模发展水力、风力、太阳能发电项目，并联合其他企业开拓海上风电等新的发电业务。

推进电网数字化改造。构建以智能输配电平台为核心的“四位一体”平台系统、大规模部署新一代智能电能表、重点研发虚拟电厂等前沿技术，提高电网的可靠性和稳定性。新一代智能电能表系统涵盖了从开发设计新仪表到通信、运维管理等全部业务，东电将其定位为“家庭能耗管理平台”和“大数据分析平台”，倾力打造“互联家庭平台”，构建用户侧的电力物联网应用场景，通过物联网提高居民用户的便利性和节能性，在有效帮助用户实现高效节能、满足客户的多样化需求的同时，大幅提高电网基础设施的效率。

改善企业管理持续降本增效。进行大规模业务重组，借鉴丰田生产原则，持续推进以降本增效为核心的“持续改进商业计划”，构建数据驱动的商业运行模式，提升企业效率。

拓展新的业务增长点。成立新的直属公司 TEPCO Ventures，孵化、促进新业务，借助 IoT 等现代数字技术激活塔杆、电线、电站等资源，向工商业、家庭、公共机构等领域的客户提供储能、电动汽车充电桩、儿童保护服务等新业务。面向工商业客户，重点发展电能频率调节、储能、工业数据托管、大数据分析、能源互联网软件系统开发、商业节能服务、分布式能源解决方案、商业资源共享等业务。向家庭用户，借助能源基础设施和电力数据，重点开展儿童保护、家庭养老看护、生活综合服务等，建设家庭、社区智慧能源管理平台，积极布局家用充电桩业务，并扩展新能源在线零售业务。面向公共机构客户，拓展无人机高速公路、城区数据中心、共享充电宝等业务，积极布局电力船只、高速载波通信等前沿领域，开展能源互联网实证试验。

构建协同创新生态圈。强化与制造商、设计公司和其他合作伙伴的关系，搭建开放式创新平台，积极探索分布式能源技术、海上风电技术等前沿技术和电动汽车商业模式创新。

研发新一代电力交易平台。利用 AI 和基于需求预测的电力可视化技术建设新一代电力零售平台 Utility Suite，并与东京大学、丰田汽车公司协同开发基于能源区块链技术的下一代电力交易系统。

积极开拓国际市场。强化与国际同行的合作与交流，广泛开拓海外输配电项目，开展电力基础设施规划、设计、咨询等业务。

转型成效：通过两轮转型发展，东电企业成本大幅精简，营收稳定向好，核事故和电改带来的发展压力得到有效缓解，转型发展成效明显，但资本市场表现不佳。

案例 3 法国电力公司的三次转型

法国电力公司（EDF）成立于 1946 年，是法国最大的国有电力企业，也是全球最大的核电运营企业，主营业务覆盖电力行业全环节和天然气领域。EDF 83.6% 的上市股份由法国政府持有，拥有多个独立运营的子公司。

1990 年以来，法国电力公司经历三次转型，分别是国际化、市场化和低碳化转型。

国际化转型（1990 年）：业务覆盖全球 24 个主要国家，主要是核电、可再生能源发电、配售电等领域。

市场化转型（2000 年）：输配电业务独立，分别成立了输电子公司 RET（2005 年）和配电子公司 Enedis（2008 年）。

低碳化转型（2015 年）：2015 年发布 CAP2030 战略，开启全新的以低碳化为主的战略转型。

一、国际化转型（1990 年开始）

主要动因：本土业务增长受限和国内电力市场自由化改革压力是主要动因，外部电力市场自由化和经济快速增长提供了机遇。

主要举措：立足核心竞争力选择业务领域，根据不同市场类型、因地制宜地选择进入模式，并建立适应国际化发展的管控模式。为了对国际业务进行差异化管理，EDF 于 2006 年成立了国际业务事业部，加强海外区域分部统一协调的权限，国内业务与国际业务管理相对独立。

转型成效：发展成为具有较强竞争力的全球跨国电力企业。EDF 拥有 15 家境外子公司，业务范围覆盖全球 24 个主要国家。海外装机容量达到 33.6 吉瓦，占总装机容量的 26%。

二、市场化转型（2000 年开始）

主要动因：2000 年开始电力市场化改革，在发电和售电侧引入竞争，并逐步放开用户选择权，将输配电业务列为监管业务，发售电业务确定为非监管业务。

主要举措：

（1）按照政府要求将输电和配电业务剥离，成立独立的输电子公司 RTE 和配电子公司 Enedis，将监管业务与非监管业务从物理、管理、财务、人员等方面进行有效隔离。

（2）建立合规官机制，定期对外发布年度合规报告，并按照合规官的建议及时调整公司经营管理制度，确保 RTE 公司的业务始终符合法国能源法案的要求。

（3）实施差异化销售和个性化服务，不断提高服务水平，持续改善与用户及合作伙伴的关系。

转型成效：依托发电领域的优势地位和服务质量，有效维持 EDF 在法国电力市场的主导地位。发电环节，EDF 装机容量占全国总容量的 3/4，发电量占全国发电量的 87%。输电环节，EDF 的输电子公司 RTE 拥有并经营法国全部输电网络，RTE 的经营管理基本独立于 EDF 集团。配电环节，配电子公司 Enedis 经营法国大部分配电网络，少部分配电网由 160 个地方配电公司经营管理。售电环节，仅 10% 的用户选择其他零售商（20 个左右），EDF 占据大部分市场份额（77.7% 的企业客户，56.9% 的居民客户），拥有大部分电费现金流。

三、低碳化转型（2015 年开始）

主要动因：能源低碳化发展加速、政府鼓励绿色增长、发挥自身核电优势。低碳化转型是发挥自身优势的必然选择。法国电力集团的发电结构以核电为主，2019 年全球发电装机容量中 60% 为核电，18% 为水电，6% 为其他可再生能源发电。EDF 集团 2019 年 90% 的发电量是无碳化的，其全球平均碳排放量约为 490 克 / 千瓦时。EDF 集团 2018 年直接温室气体排放量较 2017 年减少 30%。

主要举措：发布 CAP2030 战略，以能源服务、低碳发电和国际业务为重点方向，积极布局太阳能、储能和电动出行三大领域，发展成支持低碳增长的高效和负责任的电力公司。

能源服务方面，借助技术和模式创新，向家庭、企业、地方政府提供市场化能效解决方案和个性化绿色能源服务。面向家庭客户：提供能源消费监控解决方案、用能特征模拟、节能环保设备、创新市场化用能价格等服务。帮助和引导用户了解自身能耗，养成正确的能源消费习惯，降低客户能耗水平。面向企业客户：提供定制式能源合同、能源预算优化、故障协助服务、能源解决方案等服务，共建未来工厂。面向地方政府：提供低碳建筑、城市微网、可持续交通等领域的创新式、定制化能源解决方案，积极参与建设低碳城市相关项目，成为地方政府的天然合作伙伴。

低碳发电方面，提高核电设施安全和性能，延长核电站使用寿命，通过创新可再生能源融资加快光伏等可再生能源发展，在当前清洁发电占比90% 的基础上实现 2050 年零排放。

国际业务方面，充分发挥在核能、可再生能源和能源服务方面的专业优势，重点在欧洲核心国家和新兴经济体拓展低碳发电、能源服务以及工程贸易业务。

第四节 能源电力企业转型特征分析

一、能源电力企业转型的共性特征

总体来看，国内外能源电力企业转型普遍呈现四大特征：平稳有序、外部驱动、聚焦主业、开拓国际。

平稳有序：立足安全稳定要求转型整体平稳。能源电力企业多为公共事业单位，以保障能源供应和安全为首要任务，转型影响面广，较少出现激进转型。

外部驱动：主要受政策和体制改革推动，政府在其转型过程中扮演重要角色。

聚焦主业：企业转型主要表现为业务转型，业务方向仍聚焦能源电力领域，拓展上下游业务，尚未发生业务领域的根本性变革。

开拓国际：出于缓解国内政策变化、需求饱和带来的经营压力，通过扩大国际市场占有以获取更大的市场空间和更高的边际收益。积极开拓国际市场成为转型发展的共性选择。

二、转型成功的基本经验

转型成功的能源电力企业往往着力于拓展业务领域、创新业务模式、突破关键技术和变革组织管理四个方面。

表 9-8　　转型成功企业的具体做法和典型案例

着力方面	具体做法	典型案例
拓展业务领域	沿产业链向上下游拓展，重点发展综合能源业务	东电成立合资公司 JERA，全力拓展能源上游业务，发展成为综合能源公司，2019 年 JERA 营收超过东电
	向公共机构、家庭和企业用户内部延伸，挖掘个性化、多元化能源需求，开展能效提升、电动汽车充电、能源金融服务等“表后”业务	意大利电力公司成立 Enel X，加快发展“新下游”业务，转型成为能源服务商
	抓住能源与数字技术深度融合的机遇，发展电力数据分析等能源数字业务，参与公共数字基础设施建设	意大利电力公司顺应欧洲加快数字转型的政策要求，建设大型公共宽带基础设施项目，估值已达 30 亿～60 亿欧元
创新业务模式	抓住能源技术进步、能源与数字技术的深度融合在工业智能制造、新型数字基础设施、绿色交通等领域创造的新需求，扩大业务群体范围	美国 NRG 能源公司为 Skybox 数据中心提供个性化、高质量、经济可持续的绿色电能，每年共同创造的经济效益高达 1240 万英镑
	创新商业模式，注重营销创新、价值重构、生态协同，不断巩固和扩大客户基础	东电面对日本电力市场深化改革和新能源大规模发展的形势，打造新能源零售交易平台，盈利模式从赚取电价差额转向收取能源服务和平台中介费用，重构业务价值重点，实现新增长
	积极开拓国际市场，以国内主业优势带动其他业务协同出海，实现边际收益的最大化	英国国家电网、意大利电力公司、法国电力公司的国际业务占比均超过四分之一；英国国家电网国际业务占比甚至高达 66%
突破关键技术	重视原始技术创新。重点在新材料、新工艺、核心关键部件等领域加大投入，实现以核心技术引领带动整体业务扩张	法国电力公司重视核电领域的原始技术创新，培育强大的基础科研人才队伍，与知名研究机构协同推进，始终确保充足稳定的 R&D 经费投入，在核电大型设备的设计、生产和系统集成方面实现了世界领先，在核原料、核废料处理等方面具有显著的行业优势，确保了法国电力公司在核电业务领域的领导地位

续表

着力方面	具体做法	典型案例
突破关键技术	注重引进技术再创新。引入同行企业或者其他领域的先进通用技术，实现吸收、优化和集成再创新，增强企业竞争优势	中海油在吸收欧美先进深海钻井技术的基础上，成功自主研发“海洋石油 981”平台，达到世界一流水平，深水油成本从 70 美元 / 桶降至 40 美元 / 桶，企业竞争优势大幅提升
变革组织管理	建立扁平化组织架构、科学化管控模式、标准化管理规范和符合资本市场要求的、公开透明的现代企业治理制度	意大利电力公司取消行政等级制，优化业务归口管理，建立基于“业务 / 地域”的矩阵式组织架构，决策效率显著提升。 中海油根据资本市场准入要求，建立和完善现代管理制度，企业透明度不断提升，成功实现上市，为扩张业务规模、应对市场竞争提供了充足的低价资本支持

三、转型失败的主要教训

能源电力企业的转型发展并非毫无风险，转型失败的案例可以概括为三类。

（1）面对形势剧变，实施盲目跨界的多元化转型。例如，意大利电力公司在 20 世纪 90 年代末，开展 IT 服务、电信、工程建设、金融财务、燃气、水务等大多数与能源电力行业无关的多元化业务，总体投资回报率不仅没有改善，反而下降。

（2）对本行业内细分领域发展特点研判失误的转型。例如，BP 于 2018 年斥巨资收购必和必拓的美国页岩油气资产，在国际油价大幅波动背景下带来巨大业务风险。

（3）过于注重短期收益的激进转型。最典型的就是美国通用电气公司在推进数字化转型过程中过于关注短期绩效，且缺乏转型试点，历时 7 年后遭遇失败。

参考文献

[1] 国家电网公司．国家电网有限公司“碳达峰、碳中和”行动方案 [R]. 2021.

[2] 国家电网公司．国家电网有限公司关于构建以新能源为主体的新型电力系统行动方案（2021—2030）[R]. 2021.

[3] 全球能源互联网发展合作组织．中国 2030 年前碳达峰研究报告 [M]. 北京：中国电力出版社，2021.

[4] 全球能源互联网发展合作组织．中国 2060 年前碳中和研究报告 [M]. 北京：中国电力出版社，2021.

[5] 国网能源研究院有限公司．国内外电力市场化改革分析报告 [M]. 北京：中国电力出版社，2021.

[6] 国网能源研究院有限公司．国内外能源电力发展及转型分析报告 [M]. 北京：中国电力出版社，2021.

[7] 国网能源研究院有限公司．中国电力供需分析报告 [M]. 北京：中国电力出版社，2021.

[8] 国网能源研究院有限公司．国内外电网发展分析报告 [M]. 北京：中国电力出版社，2021.

[9] 国网能源研究院有限公司．国内外能源与电力价格分析报告 [M]. 北京：中国电力出版社，2021.

[10] 国网能源研究院有限公司．中国能源电力发展展望 [M]. 北京：中国电力出版社，2021.

[11] 中国氢能源及燃料电池产业创新战略联盟．中国氢能源及燃料电池产业发展报告 2020[M]. 北京：人民日报出版社，2021.

[12] 科技部社会发展科技司，中国 21 世纪议程管理中心．中国碳捕集利用与封存技术发展路线图 [R]. 北京：科学出版社，2019.

[13] 蔡博峰，李琦，张贤，等 . 中国二氧化碳捕集利用与封存（CCUS）年度报告（2021）——中国 CCUS 路径研究 [R]. 生态环境部环境规划院，中国科学院武汉岩土力学研究所，中国 21 世纪议程管理中心，2021.

[14] 清洁供热产业委员会 . 中国清洁供热产业发展报告 [M]. 北京：中国经济出版社，2019.

[15] 舒印彪，张丽英，张运洲，等 . 我国电力碳达峰、碳中和路径研究 [J]. 中国工程科学，2021，23（06）:1-14.

[16] 黄维和，韩景宽，王玉生，等 . 我国能源安全战略与对策探讨 [J]. 中国工程科学，2021，23（01）:112-117.

[17] 王珺，曹阳，王玉生，等 . 能源国际合作保障我国能源安全探讨 [J]. 中国工程科学，2021，23（01）:118-123.

[18] 赵云龙，孔庚，李卓然，等 . 全球能源转型及我国能源革命战略系统分析 [J]. 中国工程科学，2021，23（01）:15-23.

[19] 舒印彪，陈国平，贺静波，等 . 构建以新能源为主体的新型电力系统框架研究 [J]. 中国工程科学，2021，23（06）:61-69.

[20] 张运洲，鲁刚，王芃，等 . 能源安全新战略下能源清洁化率和终端电气化率提升路径分析 [J]. 中国电力，2020，53（02）:1-8.

[21] 陈国平，董昱，梁志峰 . 能源转型中的中国特色新能源高质量发展分析与思考 [J]. 中国电机工程学报，2020，40（17）:5493-5505.

[22] 舒印彪，张智刚，郭剑波，等 . 新能源消纳关键因素分析及解决措施研究 [J]. 中国电机工程学报，2017, 37（01）:1-8.

[23] 文云峰，杨伟峰，汪荣华，等. 构建 100% 可再生能源电力系统述评与展望［J］. 中国电机工程学报，2020，40（6）：1843-1855.

[24] 黄海霞，程帆，苏义脑，等 . 碳达峰目标下我国节能潜力分析及对策 [J]. 中国工程科学，2021，23（06）:81-91.

[25] 张森林 . 基于“双碳”目标的电力市场与碳市场协同发展研究 [J]. 中国电力企业管理，2021（4）:50-54.

[26] 汪军 . 碳中和时代：未来 40 年财富大转移 [M]. 北京：电子工业出版社，2021.

[27] 陈大宇 . 电力现货市场配套容量机制的国际实践比较分析 [J]. 中国电力企业管理，2020（01）:30-35.

[28] 胡源，薛松，张寒，等 . 近 30 年全球大停电事故发生的深层次原因分析及启示 [J]. 中国电力，2021，54（10）:204-210.

[29] 马来平，刘君钦 . 软科学研究方法改进的基本方向 [J]. 中国软科学，2002,（04）:27-30.